O DIREITO E O PROCESSO DO TRABALHO

Na visão dos especialistas

Conselho Editorial

CARLOS EDUARDO OLIVEIRA DIAS
COORDENADOR

O DIREITO E O PROCESSO DO TRABALHO

— Na visão dos especialistas —

MATRIOSKA
EDITORA

Publisher – Editorial: Luciana Félix
Publisher – Comercial: Patrícia Melo
Copidesque e preparação de texto: Renato Mello Medeiros
Revisão: Equipe Matrioska Editora
Editoração e capa: Marcelo Correia da Silva

Matrioska Editora
Atendimento e venda direta ao leitor:
www.matrioskaeditora.com.br
contato@matrioskaeditora.com.br
facebook.com/matrioskaeditora
instagram.com/matrioskaeditora

Dados Internacionais de Catalogação na Publicação (CIP)
(Câmara Brasileira do Livro, SP, Brasil)

Direito e processo do trabalho na visão dos especialistas / [coordenação Carlos Eduardo Oliveira Dias]. -- 1. ed. -- São Paulo : Matrioska Editora, 2023.

Vários autores.
Bibliografia.
ISBN 978-65-86985-99-3

1. Direito do trabalho 2. Justiça do trabalho 3. Processo do trabalho I. Dias, Carlos Eduardo Oliveira.

22-140236 CDU-34:331(81)

Índices para catálogo sistemático:

1. Brasil : Direito do trabalho 34:331(81)

Aline Graziele Benitez - Bibliotecária - CRB-1/3129

Impresso no Brasil
2023

OS AUTORES

Barbara Gomes Peressin

Advogada. Graduada em Direito pela Universidade Metodista de Piracicaba – UNIMEP (2009). Especialista em Direito do Trabalho e Direito Processual do Trabalho pela Escola Superior de Advocacia da Ordem dos Advogados, Seção de São Paulo – ESA (2022).

Carina Alamino Trida

Advogada. Especialista em Direito do Trabalho e Processo do Trabalho pela Faculdade de Direito de Ribeirão Preto – FDRP/USP, especialista em Direito Internacional Aplicado pela Escola Brasileira de Direito – EBRADI. Graduada em Direito pelo Centro Universitário Padre Albino. Graduada em Gestão Empresarial pela Fatec Catanduva. Pedagoga. E-mail: carinatrida19@gmail.com.

Caroline de Santana Masiero

Graduada em Direito e Jornalismo pela Pontifícia Universidade Católica de Campinas, pós-graduada em Direito do Trabalho pela Universidade Presbiteriana Mackenzie.

Damaris Vieira da Silva Rodrigues

Advogada. Especialista em Direito e Processo do Trabalho pela Universidade Presbiteriana Mackenzie (UPM/Campinas, 2021). Graduada pela mesma

Universidade (2019). Vice-presidente da Comissão de Direito do Trabalho da OAB/SP, Subseção de Sumaré/SP. E-mail: damarisvr_sp@hotmail.com.

Danieli de Aguiar Pedroli

Advogada militante na área trabalhista desde 2012. Formada pela Faculdade de Direito da Alta Paulista – FADAP (2005-2009); pós-graduada *lato sensu* em Direito e Processo do Trabalho pela Faculdade de Direito de Ribeirão Preto–USP Campus Ribeirão Preto e atualmente pós-graduanda do curso de especialização em economia do trabalho e sindicalismo pela Universidade Estadual de Campinas–Unicamp. E-mail: danielipedroli@gmail.com.

Danila Manfré Nogueira Borges

Graduada em Direito pela Universidade Paulista–UNIP (2001). Especialista em Direito e Processo do Trabalho pela Pontifícia Universidade Católica do Rio Grande do Sul–PUCRS (2020). Especialista em Direito e Processo do Trabalho pela Faculdade de Direito de Ribeirão Preto da Universidade de São Paulo – FDRP/USP (2021). Membro do Grupo de Pesquisa "A transformação do Direito do Trabalho na sociedade pós-moderna e seus reflexos no mundo do trabalho" da Faculdade de Direito de Ribeirão Preto da Universidade de São Paulo (FDRP/USP). Sócia fundadora do escritório Nogueira e Borges Sociedade de Advogados.

Danilo Eduardo Querido

Advogado. Pós-graduado em Direito e Processo do Trabalho pela Faculdade de Direito de Ribeirão Preto da Universidade de São Paulo (FDRP/USP). Pós-graduando em Advocacia Cível pela Fundação da Escola Superior do Ministério Público. Membro da Comissão Especial da Advocacia Trabalhista da OAB/SP. Membro da Comissão de Direito do Trabalho da 12ª Subseção da OAB/SP. Presidente da Comissão de Direito do

Trabalho da Associação dos Advogados de Ribeirão Preto/SP – AARP. E-mail: contato@queridoadvogados.adv.br.

Débora Kastucia Alves Mendes

Advogada. Graduada em Direito pela Universidade do Oeste Paulista – Unoeste. Pós-graduada em Direito do Trabalho e Processo do Trabalho pela Pontifícia Universidade Católica de São Paulo. Especialista em Direito Coletivo do Trabalho pela Escola Superior da Advocacia e pós-graduanda em Economia do Trabalho e Sindicalismo pela Universidade Estadual de Campinas – Unicamp.

Elaine Cristina Pereira Tomaz

Advogada. Especialista em Direito do Trabalho e Processo do Trabalho pela USP/Ribeirão Preto. Graduada em Direito pelo Centro Universitário do Norte Paulista – UNORP. E-mail: tomazelaine13@gmail.com.

Gabriela Casciano Correa da Costa

Advogada. Pós-graduada em Direito e Processo do Trabalho pela Universidade Presbiteriana Mackenzie. Graduada em Direito pela Universidade Presbiteriana Mackenzie. Membra do Grupo de Pesquisa "Interfaces jurídicas, sociológicas e econômicas do regime de integridade empresarial (compliance) no território brasileiro" da Faculdade de Campinas-FACAMP.

Guilherme Nogueira Ramos

Advogado. Pós-graduando em Direito e Processo do Trabalho pelo Instituto Presbiteriano Mackenzie.

Hayenne Sartori Vasconcelos

Advogada. Bacharel em Direito pela Universidade Presbiteriana Mackenzie – *campus* Campinas. Pós-graduada *lato sensu* em Direito e Processo do Trabalho pela Universidade Presbiteriana Mackenzie – *campus* Campinas.

Larissa Rombaldo Arantes

Advogada. Graduada em Direito pela Universidade Presbiteriana Mackenzie. Especialista em Direito e Processo do Trabalho pela Universidade Presbiteriana Mackenzie.

Letiane Corrêa Bueno Nogueira Ramos

Pós-graduada *lato sensu* em Direito e Processo do Trabalho pela Universidade de São Paulo. Especialista com MBA Executivo Internacional em Direito Empresarial pela Fundação Getúlio Vargas e módulos internacionais em Global Business pela University of Miami/FL e Strategic Law School New York. Pós-graduada em Gestão Pública Municipal pela Universidade Federal do Estado do Rio de Janeiro. Pós-graduada em Direito e Prática Previdenciária pelo Complexo de Ensino Renato Saraiva. Pós-graduanda em Compliance, LGPD & Prática Trabalhista. Autora de teses e trabalhos publicados em livros, jornais, revistas, periódicos, congressos e eventos sobre a área trabalhista em âmbito nacional e internacional. Advogada. CV: <http://lattes.cnpq.br/3944548483950086>.

Leticia da Silva Dias

Advogada. Pós-graduada em Direito do Trabalho e Processo do Trabalho pela Faculdade de Direito de Ribeirão Preto - USP (2017). Bacharel em Direito pela Faculdade Barretos (2014). Coordenadora de Cursos Jurídicos de Atualização e Aperfeiçoamento Profissional em Campinas/SP e região.

Lívia Vendramin

Advogada, formada pela Universidade São Francisco (USF) em 2000 e pós-graduada em Direito do Trabalho pela Pontifícia Universidade Católica de São Paulo (PUC/SP) em 2020. Com mais de 22 anos de experiência no contencioso civil e trabalhista empresarial, sendo 10 anos de dedicação à indústria da Construção Civil e Incorporação e Loteamento Imobiliário, atuando como advogada e gerente jurídica.

Marcela Costa Paro

Advogada. Bacharel em Direito pela Faculdade de Direito de Franca (2014). Especialização em Direito do Trabalho e Processo do Trabalho pela Faculdade de Direito de Ribeirão Preto – USP (2017). Conciliadora capacitada pelo CNJ (2018). Especialização em Direito Processual Civil pela Escola Superior de Advocacia (2019). Pós-graduação em Direito Empresarial pela FGV (2022).

Marcelo Petta Gonzaga Franco

Bacharel em Ciências Jurídicas pela Universidade Metodista de Piracicaba – UNIMEP, desde janeiro de 2006. Inscrito na Ordem dos Advogados do Brasil – Secção São Paulo, desde novembro de 2006. Pós-graduado em Administração de Empresas, Nível Especialização, pela Fundação Getúlio Vargas – FGV, desde julho de 2012. Pós-graduado em Direito do Trabalho e Direito Processual do Trabalho, Nível Especialização, pela Escola Superior de Advocacia – OAB/SP, desde março de 2022. Sócio fundador do escritório Gonzaga Franco – Sociedade de Advogados.

Thais Pereira Polo

Advogada, graduada em Direito pelo Centro Universitário Moura Lacerda (2007). Especialista em Direito do Trabalho e Processo do Trabalho pela Escola Superior de Advocacia – ESA (2015).

Carlos Eduardo Oliveira Dias (Org.)

Juiz Titular da 1ª Vara do Trabalho de Campinas, Juiz Convocado da 4ª Câmara do TRT de Campinas e Juiz Auxiliar da Vice-Corregedoria Regional. Foi Juiz Auxiliar da Corregedoria-Geral da Justiça do Trabalho e Conselheiro do Conselho Nacional de Justiça. Mestre pela PUC-SP e Doutor em Direito pela USP. Atualmente faz pesquisas de pós-doutoramento no Instituto de Economia da UNICAMP. Professor dos Cursos de Pós-Graduação da PUC-SP, da Faculdade de Direito da USP – Ribeirão Preto, da Escola Superior da Advocacia e do Instituto Presbiteriano Mackenzie.

APRESENTAÇÃO

Depois de mais de trinta anos de magistério, na última metade desse período tenho me dedicado especialmente à docência nos cursos de pós-graduação *lato sensu*, além de proferir palestras e ministrar aulas em cursos de aprimoramento profissional, dedicados, sobretudo, a advogadas e advogados.

Ao longo destes quinze anos, ministro aulas regulares em cinco instituições: na Pontifícia Universidade Católica de São Paulo, no Instituto Presbiteriano Mackenzie, em Campinas, na Faculdade de Direito da Universidade de São Paulo (Ribeirão Preto), na Faculdade de Direito de Franca e nos diversos cursos de pós-graduação realizados pela Escola Superior da Advocacia (ESA), no Estado de São Paulo.

A convivência com centenas de alunas e alunos trouxe gratas surpresas, com estudantes dedicados, muitos dos quais ingressaram no universo da pesquisa jurídica, cumprindo aquilo que se espera em cursos de especialização. Ciente do rico conteúdo produzido por esses pesquisadores, comecei a provocá-los para transformar seus estudos em textos acadêmicos, que pudessem ser compilados em um livro. Sabendo das dificuldades de cada um, que acumulam tarefas pessoais e profissionais, os instiguei para despertar o espírito acadêmico, como um convite para que iniciassem nesse fantástico mundo da produção intelectual.

Depois de uma ampla seleção, foram reunidos dezoito textos, que compõem este volume – que espero seja o primeiro de muitos –, como uma contribuição recíproca: a apresentação à comunidade jurídica de trabalhos relevantes na área trabalhista e, em contrapartida, a oportunidade para a publicação de um texto em uma coletânea diferenciada e singular. São alunos e alunas dos diversos cursos de pós-graduação nos quais ministrei aulas, o que influenciou na escolha do título da obra: O Direito e o Processo do Trabalho na visão dos especialistas.

Os assuntos são da mais alta relevância e, por certo, irão oferecer aos leitores grandes subsídios para seus estudos e suas pesquisas.

Campinas, agosto de 2022.

Carlos Eduardo Oliveira Dias

(organizador)

SUMÁRIO

A SUBORDINAÇÃO À LUZ DA CHAMADA REVOLUÇÃO DIGITAL OU 4.0

Barbara Gomes Peressim

Introdução

A proposta deste artigo é fazer uma breve reflexão sobre o impacto da revolução digital nas relações de trabalho, em especial quanto à subordinação do prestador ao tomador de serviços. O trabalho tem como apoio os livros indicados na bibliografia, bem como artigos de periódicos de autores especializados em Direito do Trabalho.

As revoluções industriais pelas quais o mundo passou trouxeram evoluções para a indústria, com o advento de novas formas de produção, através da mecanização, da eletricidade, dos meios de comunicação. Contemporaneamente, temos a quarta revolução, denominada digital ou 4.0, em que merece destaque a conexão das máquinas e pessoas à internet.

Uma das consequências desta quarta revolução industrial são as novas formas de pactuação e prestação do trabalho, por meios telemáticos e por plataformas de aplicativos de smartphones. Nesse tipo de trabalho, prestado à distância, a subordinação passou a ter novas nuances e novas formas, mais sutis do que nas tradicionais maneiras de contratação e exercício do poder diretivo.

Ao mesmo tempo, verifica-se a tendência mundial da flexibilização das normas trabalhistas, que propõe a diminuição de direitos trabalhistas, com o suposto intuito de garantir a manutenção de postos de trabalho e a sustentabilidade da economia, além de aumentar a produtividade e a lucratividade

Nesse cenário, adveio a pandemia do vírus SARS-CoV-2 ao final do ano de 2019. A emergência em saúde pública trouxe consigo a necessidade do distanciamento social, para evitar a disseminação desenfreada do vírus e, consequentemente, acelerou a adoção, pelas empresas, do teletrabalho, configurada pela prestação de serviços por meio da rede mundial de computadores, com o uso de computadores e smartphones.

Além do trabalho exercido sob o véu do vínculo empregatício, o necessário distanciamento social trouxe consigo o aumento da demanda de serviços de entrega, transporte e comércio prestado através de plataformas de aplicativos, circunstâncias em que se verifica ser comum a admissão de pessoas sem que haja o vínculo de emprego, sob a alegação da existência de autonomia do prestador de serviços, mediante um simples cadastramento.

Registre-se que este trabalho não objetiva apontar a adoção do teletrabalho como uma consequência maléfica ao empregado, visto que não há objeção a tal modalidade, desde que haja a garantia da manutenção dos direitos trabalhistas, como, por exemplo, do registro do vínculo de emprego, respeito à jornada diária de oito horas e quarenta e quatro semanais, intervalo para descanso, refeição e interjornada, bem como o direito à desconexão.

Em linhas gerais, a análise da subordinação, ora proposta, busca a reflexão quanto à possibilidade da manutenção dos direitos do trabalhador frente à quarta revolução industrial e à tendência da flexibilização de direitos trabalhistas, consagrados ao longo do tempo, no intuito de salvaguardar a dignidade da pessoa humana e o desenvolvimento sustentável da economia.

1. A tendência mundial da flexibilização dos direitos trabalhistas

Antes de adentrar ao mérito da reflexão ora proposta, é relevante um breve comentário sobre a tendência mundial da flexibilização dos direitos trabalhistas.

Vólia Bonfim Cassar (2017, p. 32/33) aduz que:

> Muitos fatores e crises têm transformado a economia mundial, tais como: crise financeira iniciada nos anos 70 e 80, na Europa Ocidental, decorrente da quebra do polo petrolífero asiático; os problemas de caixa para a continuidade do plano de adoção do Welfare State; a descoberta dos chips revolucionando a informática; a telemática; a nanotecnologia; a robotização e demais inventos tecnológicos; a quebra das barreiras alfandegárias com a mundialização da economia, que incrementou a concorrência entre os países, impondo-lhes a necessidade de produzir mais com menor custo e melhor qualidade para disputar o mercado globalizado; avanço nos meios de comunicação, a divisão mundial do comércio e a crise imobiliária e econômica da economia americana. A partir daí, o paradigma buscado passa a ser um modelo de Direito do Trabalho, com regras um pouco mais flexíveis, aberto a mudanças, adaptável à nova situação econômica e mundial e de cada empresa.
>
> (...)
>
> Deve haver ponderação entre a flexibilização das relações de trabalho e a realização dos valores sociais preservadores da dignidade do ser humano que trabalha, através da teoria pós-positivista dos princípios constitucionais, priorizando o homem, o trabalhador e sua dignidade, sempre à luz das necessidades brasileiras.

Dos ensinamentos da autora citada, conclui-se que as alterações advindas da globalização e do avanço da ciência, tecnologia e informática aumentaram a competitividade entre as empresas em nível mundial e que a flexibilização das normas trabalhistas é resultado desse avanço, em busca de equilíbrio entre os direitos trabalhistas e a saúde financeira das empresas.

Outro fator a ser considerado é a tendência, por parte dos legisladores, em editar normas com caráter neoliberal, em que a intervenção do Estado é reduzida. No Brasil, a materialização da flexibilização da legislação trabalhista foi realizada pela Lei nº 13.467/2017, popularmente denominada "Reforma Trabalhista". Referido diploma legal trouxe diversos tópicos de flexibilização, como a possibilidade de celebração de acordos relativos à prática de jornada de trabalho diretamente entre empresa e empregado, bem como, a supremacia do acordado sobre o legislado.

Em que pese a tendência da flexibilização, não há que se falar em exclusão do trabalhador da proteção do Direito do Trabalho, mas no grande desafio a ser enfrentado pelos operadores do Direito e à sociedade como um todo, de proporcionar a manutenção das empresas e postos de trabalho e, consequentemente, o crescimento da economia de forma sustentável e com as garantias do vínculo de emprego quando presentes os requisitos do trabalho subordinado, sendo garantido o patamar mínimo civilizatório aos trabalhadores.

2. Um olhar sobre a subordinação jurídica na Revolução Digital ou 4.0

Quanto à subordinação, necessário se faz a visita ao tema, haja vista ser um dos pilares para que seja reconhecida a relação de emprego.

Segundo o dicionário "Dicionário Houaiss da Língua Portuguesa", a palavra subordinação significa "*submissão, sujeição, delegação*"[1].

---

[1] HOUAISS, A. ***Dicionário Houaiss da Língua Portuguesa***. Disponível em: <https://houaiss.uol.com.br/corporativo/apps/uol_www/v6-0/html/index.php#0>. Acesso em: 21 jul. 2022.

No Direito do Trabalho, quando se fala em subordinação, o senso comum pode remeter o pensamento às formas tradicionais de trabalho, em que o empregado desempenha o trabalho e as atividades relacionadas no local em que a organização é situada e permanece sob ordem e vigilância direta, presencial e tem o dever de obediência a um superior hierárquico.

Nas palavras de Mauricio Godinho Delgado, "*a subordinação é a relação em que há o exercício do poder e de controle realizado pelo empregador ao qual o empregado deve obediência, devido a hierarquia de valores e posição*".

Ademais, considerando que a subordinação jurídica entre a pessoa física e o tomador vem sendo utilizada como meio de diferenciar o tipo de negócio jurídico entre as partes, se de vínculo de emprego ou de outra natureza, é necessário atentar-se às diversas formas de subordinação, que pode ser direta, quando o empregado recebe ordens diretamente; ou indireta, quando o empregado recebe ordens através de superior hierárquico. Pode ser subjetiva quando recai sobre a pessoa do trabalhador, ou objetiva quando recai sobre a produção; e, por fim, a subordinação pode ser estrutural, que é aquela em que o trabalhador executa atividade necessária e essencialmente inserida nas atividades empresariais do tomador de serviços, embora não seja diretamente por ele contratado. No entanto, nosso objetivo não é o estudo das formas de subordinação, mas, tão somente, um breve olhar com o intuito de trazer uma análise sobre ela no cenário da revolução digital.

Entretanto, existem muitas formas de celebração de negócio jurídico entre os indivíduos, não havendo que se falar, necessariamente, da caracterização de vínculo de emprego entre prestador e tomador de serviços e, consequentemente, a proteção do Direito do Trabalho. Todavia, a depender da realidade da dinâmica da relação havida entre as partes, o vínculo de emprego estará presente e poderá ser reconhecido pela Justiça do Trabalho.

Em uma análise mais crítica, o que se pode observar, portanto, é a necessária evolução do entendimento do conceito de subordinação para o mundo do Direito do Trabalho, haja vista o advento da denominada "Revolução Digital ou 4.0".

O mundo do trabalho é dinâmico e, de uma forma resumida, até os dias contemporâneos, podemos citar três grandes revoluções, quais sejam, a primeira revolução industrial ocorrida na Inglaterra, em meados de 1765, a qual tem como marco a mecanização dos processos; a segunda revolução decorrente do advento da eletricidade e do petróleo como novas energias, possibilitando novos inventos, como os automóveis, rádios e telefones; e a terceira revolução, marcada pelo desenvolvimento da energia nuclear, surgimento dos equipamentos eletrônicos, telecomunicações e computadores. Atualmente, vivenciamos a quarta revolução industrial.

A quarta revolução industrial é resultado do impulsionamento do capital, do mercado, para que haja o avanço da ciência e tecnologia, da informática e da internet para a obtenção de dados precisos de produção, em busca da maximização do uso da mão de obra e do lucro e minimização dos prejuízos.

Quanto à ausência de imparcialidade da tecnologia, dispõe Rodrigo Carelli (2021, p. 625):

> A tecnologia, como vimos, é uma construção humana decorrente de movimentos culturais, econômicos e sociais. Assim, ela é planejada pelos detentores do capital para um determinado fim. Assim ela está – e deve ser – submetida ao crivo da sociedade na qual é criada, como toda e qualquer construção social.

A Revolução Digital ou 4.0 tem como marca a conectividade das pessoas e dos equipamentos pela rede mundial de computadores. Na revolução em comento, praticamente tudo é conectado à internet, desde as pessoas, através de seus smartphones e computadores, até as máquinas no chão de fábrica, com a aplicação da inteligência artificial, da computação em nuvem e dos processos em rede, que são próprios da internet.

Nos ensinamentos do sociólogo Manuel Castells (1999, v. 1, p. 108), a revolução digital tem como referência a informação: "*A primeira característica do novo paradigma é que a informação é sua matéria-prima: são tecnologias para agir sobre a informação, não apenas informação para agir sobre tecnologia, como foi o caso das revoluções tecnológicas anteriores*".

Tamanha conectividade possibilita que a indústria e as empresas obtenham dados da produção em tempo real, de modo que possam analisar, e a produção, técnicas de melhoria, expansão, correção e economia.

Com o surgimento de smartphones cada vez mais sofisticados, a realidade é que é possível a conexão ilimitada entre as pessoas e máquinas e tal possibilidade trouxe novas formas de trabalho, a exemplo do trabalho realizado pelas plataformas de aplicativos, de transporte de pessoas, refeições, entre outros.

Ainda que o trabalho telemático em suas diversas formas já fossem realidade, cabe aqui a observação da inegável aceleração deste tipo de trabalho pela pandemia da SARS-CoV-2 deflagrada no fim de 2019, considerando a necessidade do distanciamento social para evitar a disseminação desenfreada do novo coronavírus e, assim, diminuir a pressão sobre os hospitais, houve o crescimento exponencial do trabalho telemático.

De um dia para o outro, considerando a pandemia de SARS-CoV-2 e a necessidade de manter as empresas em funcionamento, foi que o trabalho atravessou as paredes dos estabelecimentos e passou a ser cada vez mais comum em nosso cotidiano o exercício do trabalho através dos aplicativos utilizados para reuniões virtuais, como o "Google Meet", "Zoom", "Teams", entre outros.

Atividades que antes eram realizadas presencialmente passaram a ser exercidas a distância, e houve o aumento do trabalho "home office", ou ainda, por meios telemáticos, no ambiente digital. Além do trabalho exercido a distância, houve o aumento do uso de serviços de entrega em geral, a exemplo dos aplicativos de entrega de refeições e o comércio de bens e serviços em geral.

O fato é que a sofisticação da internet e dos smartphones trouxe e continua a trazer novas nuances para a subordinação jurídica do trabalhador ao tomador de serviços e a legislação precisa acompanhar esse movimento irreversível.

Embora o uso da internet para o desempenho do trabalho seja uma realidade ao menos desde 1995, ano apontado como o marco inicial do 'e-commerce' no Brasil, a legislação trabalhista sobre o tema é escassa, e apenas em dezembro de 2011 foi incluído o parágrafo único ao art. 6º da Consolidação das Leis do Trabalho (CLT), para fazer referência à existência da subordinação no trabalho executado por meios telemáticos, senão vejamos o disposto no referido parágrafo:

> Parágrafo único. Os meios telemáticos e informatizados de comando, controle e supervisão se equiparam, para fins de subordinação jurídica, aos meios pessoais e diretos de comando, controle e supervisão do trabalho alheio.

Desta forma, considerando o disposto no diploma legal, não há falar em diferenciação entre o trabalho executado presencialmente, aos olhos do tomador em relação ao trabalho executado a distância, por meios telemáticos, desde que seja possível a supervisão, de alguma forma.

Apenas em 2017 a Lei nº 13.467 veio a ser sancionada, e com ela, a Consolidação das Leis do Trabalho passou a ter em seu bojo um novo capítulo, dedicado ao Teletrabalho. Nos novos dispositivos o teletrabalho é definido como o trabalho preponderantemente exercido fora das dependências do empregador, através de tecnologias da informação e comunicação, que, por sua natureza, não se confundam com o trabalho externo, como o de vendedores externos, motoristas e ajudantes de motoristas, por exemplo. Da leitura do texto, se pode verificar que a CLT não fez distinção entre os trabalhadores que prestam serviços na sede da empresa e aqueles que exercem o teletrabalho, sendo assegurados direitos básicos, como o registro do contrato de trabalho na Carteira de Trabalho, décimo terceiro, férias acrescidas do terço constitucional.

A Pesquisa Nacional por Amostra de Domicílios (PNAD) Covid-19, elaborada pelo Instituto Brasileiro de Geografia e Estatística (IBGE), é de âmbito nacional e, atualmente, é a única ferramenta disponível para acompanhar o trabalho remoto no Brasil.

Concluiu a PNAD que, em novembro de 2020, 7,3 milhões de pessoas estavam em regime de teletrabalho, sendo que o maior número de trabalhadores está no Distrito Federal, Rio de Janeiro e São Paulo, e que o perfil deste trabalhador, predominantemente, é do setor formal, sexo feminino, com curso superior e idade entre 30 e 39 anos. Ainda segundo a pesquisa, 84,8% da população em trabalho remoto encontrava-se no setor formal.

Ainda que o teletrabalho tenha sido impulsionado na pandemia de SARS-CoV-2, tal modalidade ainda é objeto de polêmica entre empregadores e empregados, de tal sorte que, em março de 2022, foi publicada a Medida Provisória nº 1.108, a qual, supostamente, tinha o ensejo de aumentar a regulamentação do teletrabalho.

Todavia, da Leitura do texto da Medida Provisória 1.108/2022, em especial, quanto às disposições relativas à jornada de trabalho, verificou-se a existência da figura da contratação por produção ou tarefa, como o afastamento da obrigação do empregador de efetuar o controle da jornada do teletrabalho. Ainda que o pretexto do governo, ao editar a referida MP, tenha sido o de garantir maior segurança jurídica a esse tipo de contratação, novamente, verifica-se a tendência da flexibilização da legislação e precarização dos direitos trabalhistas, no caso em comento, o direito ao recebimento da jornada exercida em caráter extraordinário, bem como, a ofensa ao direito do descanso e desconexão.

A Medida Provisória nº 1.108/2022 foi convertida na Lei nº 14.437, de 15 de agosto de 2022. Na ementa da nova norma, o legislador autoriza o Poder Executivo federal a adotar "medidas trabalhistas alternativas" para enfrentamento das consequências sociais e econômicas em circunstâncias de calamidade pública, seja na esfera federal, estadual, municipal e distrital, desde que reconhecido pelo Poder Executivo federal. Uma das medidas apontadas pelo legislador como medida emergencial de manutenção do emprego e renda foi o teletrabalho.

A seção II da legislação foi dedicada a regulamentar o teletrabalho. Em eventual decretação de calamidade pública, o empregador poderá, a seu critério, sem a necessidade de prévio aditamento ao contrato de trabalho, determinar que o empregado execute suas funções por intermédio do teletrabalho. O aviso da nova forma de execução do contrato deverá ser efetuado com quarenta e oito horas de antecedência.

No que tange às disposições da citada lei referente às despesas para aquisição, manutenção e fornecimento dos equipamentos necessários, no § 3º do art. 3º, o legislador apenas determinou que poderá ser objeto de prévio acordo ou em até trinta dias após a adoção do novo regime de trabalho. E além, que se o empregado não dispuser dos equipamentos e infraestrutura necessária, o empregador *poderá* fornecer os equipamentos em caráter de comodato. Entretanto, verifica-se que a legislação flexibiliza o entendimento constante da Consolidação das Leis do Trabalho, em específico o disposto no art. 2º, que determina que o empregador é aquele que, admitindo os riscos da atividade econômica, admite, assalaria e dirige a prestação pessoal de serviço, cabendo a apenas este último a responsabilidade quanto aos insumos necessários para o desempenho da atividade empresarial.

Em continuidade, verifica-se que no § 5º, do mesmo artigo, nota-se a flexibilização quanto à prova de prática de jornada de trabalho extraordinário. Referido parágrafo dispõe que:

> O tempo de uso de equipamentos tecnológicos e de infraestrutura necessária, bem como de softwares, de ferramentas digitais ou de aplicações de internet utilizados para o teletrabalho ou o trabalho remoto, fora da jornada de trabalho normal do empregado não constitui tempo à disposição ou regime de prontidão ou de sobreaviso, exceto se houver previsão em acordo individual ou em acordo ou convenção coletiva de trabalho2.

Por fim, o último artigo da seção sobre o teletrabalho também trata de disposições sobre jornada de trabalho. Define que o teletrabalho não se confunde com *telemarketing* ou teleatendimento. Novamente, o legislador buscou furtar-se da alegação da prática de horas extras pelos trabalhadores em teletrabalho, haja vista a previsão legal de jornada reduzida de seis horas diárias para profissionais das categorias de *telemarketing*, consoante disposto no art. 227 da Consolidação das Leis do Trabalho.

Conquanto a evolução da tecnologia tenha trazido e permaneça trazendo mudanças na forma de contratação da mão de obra e execução do trabalho, a subordinação entre as partes ainda está presente, ainda que não da forma tradicional, dentro de um estabelecimento empresarial físico.

É de rigor mencionar que o trabalho exercido através da internet, computadores e aplicativos podem facilmente ser controlados através dos registros de acesso, de tal sorte que a adoção do regime de contratação por produção ou tarefa não afasta o poder diretivo do empregador e a subordinação do empregado, ainda que não pessoal e sim, objetiva, sobre as tarefas exercidas. Portanto, a depender da quantidade de tarefas e complexidade, poderá sim ocorrer a prática de jornada extraordinária sem a devida contraprestação.

Uma das consequências da quarta revolução industrial é o desemprego e o aumento do trabalho informal, haja vista que a utilização

---

[2] BRASIL. ***Lei nº 14.437, de 15 de agosto de 2022***. Disponível em: <https://www.in.gov.br/en/web/dou/-/lei-n-14.437-de-15-de-agosto-de-2022-422632508>. Acesso em: 16 ago. 2022.

da inteligência artificial extinguirá postos de trabalho, ou ainda, exigirá que o candidato à vaga de emprego tenha conhecimento das ferramentas de inteligência artificial.

Neste cenário, de desemprego e trabalho informal, segundo a Nota de Conjuntura nº 5, da Carta de Conjuntura nº 53[3], se verifica que, no Brasil, 1,5 milhão de pessoas trabalham no setor de transportes, sem vínculo formal, e que dentro desse número 61,2% são motoristas de aplicativos e/ou taxistas, 20,9% entregavam mercadorias via motocicletas, 14,4% atuavam como mototaxistas e o restante exercia a atividade de entrega de mercadoria via outro meio de transporte. O perfil das pessoas ocupadas com trabalhos de transporte são pessoas do sexo masculino, pretos e pardos e com idade inferior a 50 anos de idade. Quanto à escolaridade, 60,1% dos profissionais na "Gig Economy" no setor de transportes não possuem o ensino médio completo.

As plataformas de aplicativo não admitem os prestadores de serviços como empregados, todavia, ainda que indiretamente, organizam o trabalho, determinam a forma da prestação laboral, fiscalizam e zelam pela higidez dos serviços entregues ao cliente final.

Sem adentrar ao mérito das vantagens e do faturamento vertiginoso, na casa dos bilhões, que a desregulamentação existente propicia às grandes plataformas de transporte de pessoas e mercadorias, se verifica que a ausência do vínculo de emprego resulta numa desigualdade muito grande entre as organizações e o prestador de serviços, sem as garantias do trabalho formal e a exclusão previdenciária.

No entanto, se analisarmos de perto o funcionamento da prestação do trabalho nessas plataformas, se verifica a existência de trabalho com vínculo de emprego, subordinado.

---

[3] IPEA, Instituto de Pesquisa Econômica Aplicada. 2022. ***Carta de Conjuntura nº 53***. "A Distribuição dos rendimentos do trabalho remoto potencial no Brasil por características individuais". Disponível em: <https://www.ipea.gov.br/cartadeconjuntura/index.php/tag/trabalho-remoto/>. Acesso em: 13 ago. 2022.

O trabalho é exercido por pessoa física, com pessoalidade, habitualidade, onerosidade e subordinação, senão vejamos. O prestador de serviços é admitido como motorista através de cadastro, com a inclusão de dados pessoais e bancários, que reflete em sua remuneração e, a habitualidade, visto que não se trata de obra específica, mas transporte de pessoas, objetivo final da empresa tomadora. Quanto a subordinação, resta evidenciada pelo fato do dever do motorista em observar as diretrizes da empresa, pelo fato de ser a empresa a incumbida de organizar e distribuir as viagens aos motoristas, cabendo ainda ressaltar que, a recusa de viagens pode acarretar o descredenciamento do motorista, a cada viagem realizada o motorista é submetido à avaliação do passageiro.

Considerações finais

Em razão da evolução das tecnologias da comunicação, como a internet, computadores, smartphones e da inteligência artificial, o mundo já vivenciava a quarta revolução industrial ou 4.0, portanto, o trabalho realizado através dos meios telemáticos já era uma realidade.

Neste contexto, o advento da pandemia de SARS-CoV-2 e a necessidade do distanciamento social como uma das formas de diminuir a contaminação da população pelo vírus foram fenômenos que aceleraram e potencializaram a realização do trabalho a distância, através de meios digitais e plataformas de aplicativos, de modo que essa modalidade de trabalho pode e deve ser considerada irreversível.

Dada a irreversibilidade do avanço do trabalho através dos meios digitais, bem como à tendência de flexibilização das normas trabalhistas, ora demonstrada na breve análise da parca legislação pátria sobre teletrabalho, na análise e julgamento das demandas trabalhistas, considerando que o Direito do Trabalho é uma ciência dinâmica, ao jurista cabe a tarefa de analisar o caso prático e, com observância aos princípios constitucionais da dignidade da pessoa humana, ao trabalho em condições justas e favoráveis, assim como do princípio da primazia da realidade, insculpido no art. 442 da CLT, buscar a aplicação da lei com a proteção do hipossuficiente e garantia de acesso ao patamar mínimo civilizatório, pois, embora sutil, a subordinação pode estar presente em relações de trabalho aparentemente não salvaguardadas pelo Direito do Trabalho.

Por esse motivo é que se faz necessária a sofisticação da regulamentação do trabalho realizado por meios telemáticos, com ampla participação da população e a intervenção dos sindicatos, para que o ser humano tenha garantidos direitos trabalhistas consagrados ao longo do tempo, como por exemplo, a limitação constitucional da jornada diária de trabalho.

Referências

ANA PAULA FERNANDES DA SILVA. **Políticas neoliberais na flexibilização dos direitos trabalhistas**. Revista do Tribunal Regional do Trabalho da 10ª Região. Brasília, v. 21, n. 2, p. 13/18, nov. 2017.

BRASIL. **Lei nº 14.437, de 15 de agosto de 2022**. Disponível em: <https://www.in.gov.br/en/web/dou/-/lei-n-14.437-de-15-de-agosto-de-2022-422632508>. Acesso em: 16 ago. 2022.

CARELLI, R. de L.; OLIVEIRA, M. C. S. **As Plataformas digitais e o Direito do Trabalho**: Como entender a tecnologia e proteger as relações de trabalho no século XXI. São Paulo: Editora Dialética, 2021, p. 625.

CASSAR, V.B. **Direito do Trabalho**: De acordo com a Reforma Trabalhista. 14. ed. rev., atual. e ampl. 3. reimpr. São Paulo: Ed. Método, 2017, p. 32/33.

CASTELLS, Manuel. **A sociedade em rede**: a era da informação–economia, sociedade e cultura. 8. ed. São Paulo: Paz e Terra, 1999. v. 1, p. 108.

CNI, Confederação Nacional da Indústria. "Teletrabalho no Brasil e mundo": legislações comparadas: estudo de relações do trabalho. Brasília. 2020. p. 58.

DELGADO, Mauricio Godinho. **Curso de Direito do Trabalho**: obra revista e atualizada conforme a lei da reforma trabalhista e inovações normativas e jurisprudenciais posteriores. 18. ed. São Paulo: LTr, 2019, p. 349.

GUERRA, Guilherme, "Uber tem boa performance no fim de 2021 mas fecha o ano comprejuízo de U$496 milhões. 2022. Disponível em: <https://link.estadao.com.br/noticias/empresas,uber-tem-boa-performance-no-fim-de-2021-mas-fecha-ano-com-prejuizo-de-us-496-milhoes,70003974371>. Acesso em: 12 ago. 2022.

HOUAISS, A. **Dicionário da língua portuguesa, versão eletrônica**. Disponível em: <https://houaiss.uol.com.br/corporativo/apps/uol_www/v6-0/html/index.php#0>. Acesso em: 21 jul. 2022.

IPEA, Instituto de Pesquisa Econômica Aplicada. 2022. **Carta de Conjuntura nº 53**. "A Distribuição dos rendimentos do trabalho remoto potencial no Brasil por características individuais". Disponível em: <https://www.ipea.gov.br/cartadeconjuntura/index.php/tag/trabalho-remoto/>. Acesso em: 13 ago. 2022.

IPEA, Instituto de Pesquisa Econômica Aplicada. 2022. **Carta de Conjuntura nº 50**. "O trabalho remoto e a pandemia: o que a pnad covid-19 nos mostrou". Disponível em: <http://repositorio.ipea.gov.br/

bitstream/11058/10472/6/CC_50_mt_trabalho_remoto_e_a_pandemia.pdf>. Acesso em: 12 ago. 2022.

SPAGNA, JULIA DI. "Quarta revolução industrial e o que é e quais os impactos na atualidade". 2022. Disponível em: <https://guiadoestudante.abril.com.br/atualidades/quarta-revolucao-industrial-o-que-e-quais-os-impactos-na-atualidade/>. Disponível em: Acesso em: 13 ago. 2022.

A PARCERIA ENTRE ORGANIZAÇÃO INTERNACIONAL DO TRABALHO (OIT), TURQUIA, ALEMANHA E BRASIL: ESFORÇO CONJUNTO PARA GARANTIR O DIREITO AO TRABALHO PARA REFUGIADOS

Carina Alamino Trida

Introdução

Em qualquer nação, uma preocupação se faz constante: a defesa dos direitos humanos. Organizações, entidades civis e Estado sempre buscaram, principalmente após a barbárie causada na Primeira e Segunda Guerras Mundiais, formas de que a dignidade humana fosse restaurada e garantida. Direito à saúde, moradia, alimentação, educação e trabalho ganharam forças, ainda mais quando se passa a observar que a única forma de alcançar a paz mundial e restabelecer o desenvolvimento das nações se faz pelas mãos dos seres humanos.

A humanidade, aos poucos, conquistou e ampliou o leque de direitos: cresceu o entendimento de que todos são iguais independente de sua raça, orientação, religião, sexo, cor, nacionalidade.

No entanto, ainda que com tantos anos de história e avanços, a ganância, intolerância e busca pelo poder continuam fazendo suas vítimas. Não têm sido outras as razões que motivam ataques armados, conflitos, invasões e guerras sem precedentes que insistem em violar os direitos mais básicos dos seus cidadãos e que há tanto se tenta preservar. E se não bastasse, populações são afetadas por crises naturais desencadeadas pela inconsequência dos próprios homens. Em muitos desses casos, a mera sobrevivência implica a fuga do território e a busca por refúgio em terras estrangeiras.

E o que fazer quando tantas pessoas deixam sua terra de origem? Como é possível que países que não estejam enfrentando as mesmas situações conflituosas possam oferecer ajuda? E de que ajuda estamos falando? Acima de qualquer aspecto é necessário restaurar os direitos mais básicos desses cidadãos e isso pode ser realizado por meio da acolhida em território estrangeiro e também da retomada de dois direitos fundamentais: a educação e o trabalho.

Garantir o acesso ao trabalho é direito universal e fundamental e, além de devolver a possibilidade de que o refugiado consiga prover seu sustento e o de seus familiares, o que o conduz à retomada de todos os demais direitos legais, também tem o poder de conduzi-lo à esperança de um futuro justo e sem tantas violações.

Nesse sentido, tem-se observado a participação valorosa da Organização Internacional do Trabalho–OIT, atuando em parceria com alguns de seus estados-membros, que "abriram suas portas" e acolheram estrangeiros em busca de refúgio.

O presente trabalho busca, em um primeiro momento, apresentar a questão dos refugiados através de dados estatísticos que retratam a gravidade da situação por eles vivida. A partir daí, a importância de repensar a questão dos direitos humanos universais e de que forma eles têm relação com as crises que assolam os territórios em guerras e conflitos armados. Com o escopo de demonstrar a importância de se garantir o direito ao trabalho aos refugiados, como ferramenta fundamental para que eles, de fato, retornem a uma vida digna e segura em território estrangeiro, apresenta-se a OIT, com suas convenções, recomendações e iniciativas de apoio aos refugiados, principalmente abordando seu trabalho em conjunto com Turquia, Alemanha e Brasil, três nações que têm relevante participação na acolhida de pessoas nessa condição.

1. A questão do refúgio: drama humano em números

Diz um provérbio chinês que "quando as raízes são profundas, não há razão para temer o vento". Todos somos a somatória de histórias, aprendizados, culturas... Aquilo que nos é passado por nossos ancestrais e aquilo que recriamos e reconstruímos à nossa própria maneira. E assim reforçamos nossas raízes de forma que, por mais que tenhamos que lidar com ventos e tempestades, temos estruturas para manter o equilíbrio.

Mas e quando a sobrevivência depende exatamente de deixar suas raízes? E se o único caminho é deixar tudo e levar consigo somente o mais importante: os entes queridos? Vale a pena lutar contra uma força que sequer se conhece? E deixar tudo para ir exatamente aonde?

Conforme define a Agência da ONU para Refugiados (ACNUR), "refugiados" são todos aqueles que *estão fora de seus países de origem por fundados temores de perseguição, conflito, violência ou outras circunstâncias que perturbam seriamente a ordem pública*. Segundo o art. 1º da Lei nº 9.474/1997, que implementou o Estatuto dos Refugiados de 1951, serão reconhecidos como refugiados: aqueles que tenham deixado seus países por fundado temor de perseguição em razão de raça, religião, nacionalidade, grupo social ou opinião política e que não possam ou não queiram regressar a ele, e que tenham sofrido de violação grave e generalizada de direitos humanos.

Os dados dão conta de demonstrar um pouco da gravidade da situação dos refugiados pelo mundo. Segundo a UNHCR[4] (*United Nations High Commissioner for Refugees*), até meados de 2021, foram 84 milhões de pessoas forçadas a deixar seus territórios. Destes, 66 % são originários de cinco nações: Síria, Venezuela, Afeganistão, Sudão do Sul e Myanmar. Aproximadamente 35 milhões dos 84 milhões de refugiados e deslocados são crianças e adolescentes abaixo de 18 anos de idade. Somente os refugiados respondem por 27,1 milhões de pessoas. Entre os anos de 2018 e 2020, nasceram aproximadamente um milhão de crianças nestas condições.

Em 2022, ou seja, após a divulgação dos dados supramencionados, o mundo passou a acompanhar os horrores da guerra que afeta a Ucrânia. De um momento a outro, contabilizando desde que a Rússia lançou uma invasão militar em larga escala contra território ucraniano em 24 de fevereiro de 2022, mais de 7,3 milhões deixaram o país[5].

Somados os números acima, são aproximadamente 91 milhões de pessoas que se viram obrigadas a buscar novas oportunidades, fugindo da morte e das tragédias trazidas pelas guerras, encontrando em territórios estrangeiros sua única chance de sobrevivência.

Assim, milhares têm encarado os desafios de buscar acolhida em outros países, para reconstruir suas histórias e recuperar a dignidade outrora perdida.

---

[4] Disponível em: <https://www.unhcr.org/refugee-statistics/>. Acesso em: 03 jun. 2022.

[5] Disponível em: <https://www.unhcr.org/news/press/2022/6/62a0c6d34/unhcr-updates-ukraine-refugee-data-reflecting-recent-movements.html>. Acesso em: 05 jun. 2022.

2. Conflitos armados e guerras: como restaurar a dignidade da pessoa humana?

É frequente o desamparo, a falta de saúde, moradia digna, educação, condições mínimas de subsistência e segurança, e desemprego. Sejam países desenvolvidos ou em desenvolvimento, em maior ou menor grau, todos sentimos o impacto do desrespeito aos direitos mais intrínsecos aos seres humanos.

A Constituição de 1988, em seu art. 1º, III, prevê a garantia da dignidade da pessoa humana. Muito antes, na Declaração Universal dos Direitos Humanos (1948)[6] é possível observar a garantia de ampla proteção aos seres humanos ao preceituar que todos, sem distinção de "raça, cor, sexo, língua, religião, opinião política ou de outra natureza, origem nacional ou social, riqueza, nascimento, ou qualquer outra condição" (artigo 1º), têm o direito à vida, liberdade, segurança, ser reconhecido como pessoa, liberdade de pensamento e expressão, ou seja, direito de ser livre como um todo. No que tange ao presente artigo, imperioso destacar algumas garantias pontuais:

> Artigo 13
>
> 2. Todo ser humano tem o direito de deixar qualquer país, inclusive o próprio e a esse regressar. (...)
>
> Artigo 23
>
> 1. Todo ser humano tem direito ao trabalho, à livre escolha de emprego, a condições justas e favoráveis de trabalho e à proteção contra o desemprego.
> 2. Todo ser humano, sem qualquer distinção, tem direito a igual remuneração por igual trabalho.
> 3. Todo ser humano que trabalha tem direito a uma remuneração justa e satisfatória que lhe assegure, assim como à sua família, uma existência

---

[6] Disponível em: <https://www.unicef.org/brazil/declaracao-universal-dos-direitos-humanos>. Acesso em: 03 jun. 2022.

> compatível com a dignidade humana e a que se acrescentarão, se necessário, outros meios de proteção social. (...)
>
> Artigo 28
>
> Todo ser humano tem direito a uma ordem social e internacional em que os direitos e liberdades estabelecidos na presente Declaração possam ser plenamente realizados.

O que determina e garante a Declaração Universal dos Direitos Humanos, como direito fundamental, é a oportunidade de trabalho, em condições dignas, seguras, livres de qualquer discriminação. Nas palavras Antônio Cançado Trindade (1997, p. 17):

> A noção de direitos inerentes à pessoa humana encontra expressão, ao longo da história, em regiões e épocas distintas. A formulação jurídica desta noção, no plano internacional, é, no entanto, historicamente recente mormente a partir da adoção da Declaração Universal de Direitos Humanos de 1948. As raízes que hoje entendemos por proteção internacional dos direitos humanos remontam, contudo, a movimentos sociais e políticos, correntes filosóficas, e doutrinas jurídicas distintas, que florescem ao longo de vários séculos em diferentes regiões do mundo.

Em nenhum momento é possível observar qualquer presença de limitação desse direito somente a cidadãos natos ou naturalizados, ou então, a noção de que àqueles que não se enquadrassem na concepção de cidadãos nacionais devessem receber tratamentos diferenciados, remunerações distintas, ou condições laborais menos benéficas.

O direito ao trabalho é garantia fundamental. Não é possível falar em condições seguras de vida e subsistência, crescimento intelectual, cultural e econômico de um país sem que tais conquistas passem pela garantia de um trabalho digno.

E para aquele que se viu obrigado a deixar seu país de origem, muitas vezes sem qualquer preparo ou planejamento para uma mudança de tal impacto, é através do trabalho que se faz viável a restauração da dignidade humana e de um recomeço em um território que não é seu por origem, mas passa a ser sua pátria por acolhida.

Os desafios passados por refugiados e deslocados não terminam com a chegada em terras "seguras". Várias são as barreiras a serem vencidas: idioma, diferenças culturais, preconceito, validação de diplomas e, interessante destacar que um grande número de refugiados e deslocados possui graduação e especialização em várias áreas, o que os torna excelente mão de obra a ser acrescentada ao mercado de trabalho.

A garantia ao trabalho e, em igualdade de condições, à educação, são caminhos para que a acolhida não somente à imigrantes e refugiados, mas também a todos que se encontram em situação de vulnerabilidade, de fato se efetive. Acolher, nesse sentido, não pode ser visto apenas como um "abrir" de portões e fronteiras, como se receber pessoas em tais situações se limitasse apenas a permitir a permanência em território estrangeiro.

Acolher é muito mais do que isso. De forma singela, mas cheia de significados, o termo "acolher" é explicado pelo dicionário Priberam[7], como um ato de "dar ou receber refúgio, abrigo ou proteção", recolher, refugiar, "receber junto de si". Acolher é uma questão de "ver" o outro e isso inclui entender as necessidades daquele a quem se acolhe. E, se necessário for identificar as necessidades do outro, é essencial reconhecer que os dramas que fizeram com que esses homens, mulheres e crianças deixassem seus países e suas famílias, afetaram, acima de qualquer coisa, sua dignidade.

Uma das mais importantes e efetivas formas de se devolver a dignidade outrora perdida, é oportunizar trabalho digno e educação,

---

[7] Disponível em: <https://dicionario.priberam.org/acolher>. Acesso em: 04 jun. 2022.

através dos quais, esses cidadãos poderão garantir condições dignas de subsistência, sustento próprio e de seus familiares, crescimento pessoal, profissional e a certeza de que ainda podem visualizar um futuro como o de qualquer outro cidadão que não tenha vivenciado momentos tão difíceis.

O entendimento de que o trabalho se enquadra enquanto direito fundamental, sua importância e seu caráter global, tem ensejado ações e esforços coletivos para que o mesmo seja respeitado e garantido integralmente. Essa preocupação ganhou força na medida em que se notava que somente com a manutenção desse, seria possível a criação de uma sociedade mais justa e um desenvolvimento pleno do Estado.

Buscando a paz universal em um momento em que se intensificavam as lutas e reivindicações dos movimentos sindicais e logo no pós-Primeira Guerra Mundial (1914-1918), surge, em 1919, a Organização Internacional do Trabalho (OIT), que se converteu em um apoio fundamental para a defesa dos direitos dos trabalhadores.

3. Organização Internacional do Trabalho

A criação da Organização Internacional do Trabalho (OIT) se deu pelo disposto na Parte XIII do Tratado de Versalhes[8]. Segundo o tratado, em seu artigo 387, é "fundada uma organização permanente" trabalhando pela paz e cooperação internacional. Nos artigos que seguem fica determinada a forma de constituição da Organização, seus membros, duração de mandato e, também, a questão da obrigatoriedade de que os países signatários apliquem em seu território as Convenções às quais tenha aderido (Artigo 421).

Contando com 187 Estados-membros, entre eles e no que concerne às abordagens do presente trabalho, Alemanha, Brasil, Rússia, Síria, Ucrânia e Turquia, a OIT tem como missão "promover oportunidades para que

[8] Disponível em: <https://idi.mne.gov.pt/images/pdf/primeira-guerra/TVersailes.pdf>. Acesso em: 03 mar. 2022.

homens e mulheres possam ter acesso a um trabalho decente e produtivo, em condições de liberdade, equidade, segurança e dignidade", abordando uma perspectiva de trabalho decente como "condição fundamental para a superação da pobreza, a redução das desigualdades sociais, a garantia da governabilidade democrática e o desenvolvimento sustentável".

Interessante observar que a OIT é uma organização tripartite, ou seja, com três polos de representação: governo, representantes de empregadores e representantes dos empregados, o que mostra a preocupação da organização em tutelar os direitos dos trabalhadores de forma ampla, e o faz por meio de Convenções e Recomendações.

Uma vez ratificada uma Convenção da OIT, esta passa a ser vista como fonte formal de direito, integrando o ordenamento jurídico. Entre outras, importante destacar as Convenções 97[9] e 143[10], ambas tutelando os direitos dos trabalhadores refugiados. A primeira, em seu artigo 11, determina a obrigatoriedade de intervenção do Estado que através de autoridade competente no território deverá tomar providências para permitir aos refugiados "a obtenção de um emprego conveniente que não prejudique os trabalhadores nacionais, e deverá adotar disposições que garantam sua manutenção, enquanto aguarda colocação em emprego conveniente ou a sua fixação noutro local".

Já a Convenção 143, anota sanções administrativas, civis e penais a serem aplicadas em caso de trabalho clandestino de migrantes e refugiados, o que busca afastar condições degradantes e precárias de trabalho.

No que tange às Recomendações da OIT, criadas como forma de orientar acerca de assuntos ainda não aprofundados a ponto de serem ditados em uma norma mais formal, destaca-se a Recomendação 205[11]

---

[9] Disponível em: <https://www.ilo.org/brasilia/convencoes/WCMS_235186/lang--pt/index.htm>. Acesso em: 18 maio 2022.

[10] Disponível em: <https://www.ilo.org/brasilia/convencoes/WCMS_242707/lang--pt/index.htm>. Acesso em: 18 maio 2022.

[11] Disponível em: <https://www.ilo.org/dyn/normlex/es/f?p=NORMLEXPUB:12100:0::NO::P12100_

– sobre o emprego e o trabalho decente para a paz e a resiliência. Nela, são apresentadas medidas para a geração de emprego e trabalho decente, salvaguardando a paz e a resiliência em momentos de conflitos.

As breves informações acima objetivam demonstrar a preocupação da OIT com o direito ao trabalho digno e fundamental, universal e garantido a todo e qualquer cidadão e, não medindo esforços, têm se mostrado bastante atuantes na implementação de projetos em países que se disponibilizaram a receber refugiados.

4. A OIT e seu papel na assistência aos refugiados

De acordo com dados da UNHCR[12], e afastando a questão da Ucrânia, o país que mais tem recebido refugiados e deslocados no mundo é a Turquia, com aproximadamente 3,7 milhões de pessoas, seguido da Colômbia, com 1,7 milhões, Uganda, 1,5 milhões, Paquistão 1,4 milhões e Alemanha, com aproximadamente 1,2 milhões de refugiados em seu território.

Informações do CONARE – Comitê Nacional para os Refugiados – no relatório Refúgio em Números (7ª edição, 2022)[13], o Brasil tem 60.011 pessoas reconhecidas como refugiados, das quais 55,2% são homens e 44,8% mulheres. A maioria dos refugiados é venezuelana, seguida de sírios e congoleses. Dos que solicitaram condições de refugiados, somados aos venezuelanos estão aos haitianos (23%) e cubanos (5%). Desde o início da recente tentativa de invasão russa, são 894 os ucranianos que entraram no Brasil[14].

INSTRUMENT_ID:3330503>. Acesso em: 18 maio 2022.

12 Disponível em: <https://www.unhcr.org/refugee-statistics/>. Acesso em: 03 jun. 2022.

13 Disponível em: <https://www.acnur.org/portugues/dados-sobre-refugio/dados-sobre-refugio-no-brasil/>. Acesso em: 12 jul. 2022.

14 Disponível em: <https://g1.globo.com/mundo/ucrania-russia/noticia/2022/03/19/brasil-recebeu-894-ucranianos-desde-o-inicio-da-guerra-diz-pf.ghtml>. Acesso em: 04 jun. 2022.

Observada, então, a importância do trabalho como direito fundamental e universal e a preocupação da OIT na efetivação desses direitos, como a Organização pode ajudar na reintegração e no auxílio na acolhida aos refugiados? Qual o papel da OIT nesses casos? É sobre esse tema que o presente artigo busca discorrer.

Considerando os dados acima elucidados, optou-se por demonstrar os esforços, projetos e iniciativas desenvolvidos pela OIT em três países em especial: Turquia e Alemanha, ante as diversidades de ambos e pelo fato de que são, respectivamente, o primeiro e o quinto países que mais recebem refugiados no mundo e Brasil, também por suas diferenças culturais, mas principalmente para poder demonstrar o contexto do refúgio tão próximo da nossa realidade e do nosso dia a dia.

5. A parceria entre Turquia e a OIT na garantia de trabalho digno

Figurando na lista como o Estado que mais recebe refugiados e deslocados no mundo, principalmente advindos da Síria, a Turquia tem hoje em torno de 3,7 milhões de sírios sob proteção temporária, e mais de 320.000 refugiados e solicitantes de refúgio sob proteção internacional[15].

A Turquia adota o sistema jurídico da *Civil Law* e, acerca da legislação trabalhista, o país apresenta regulamentações similares à brasileira adotadas através do *Labour Act* nº. 4857[16]. Ademais de ser pontual acerca da proibição de discriminação com base em idioma, raça, sexo, opinião política, sexo, crença filosófica, religião nas relações de trabalho, o que também serve como um alento aos imigrantes e refugiados (artigo 5º), a lei turca prevê jornada de trabalho de 45 horas semanais

---

[15] Disponível em: <https://reliefweb.int/report/turkey/unhcr-turkey-fact-sheet-february-2022-entr#:~:text=Attachments&text=Turkey%20hosts%20the%20world's%20largest,registered%2029%2C256%20new%20IP%20applicants>. Acesso em: 05.abr. 2022.

[16] Disponível em: <https://www.ilo.org/dyn/natlex/natlex4.detail?p_lang=&p_isn=64083&p_classification=01.02>. Acesso em: 03 mar. 2022.

com intervalo para descanso entre 30 minutos e 01 hora, ressaltando que o labor extraordinário deve ser consentido pelo funcionário e garantido o descanso semanal remunerado de, no mínimo, 24 horas.

Um aspecto interessante é que as férias anuais aos trabalhadores são calculadas em 14 dias se o tempo de serviço for entre um e cinco anos, 20 dias se o contrato for superior a cinco e inferior a 15 anos e 26 dias se for de 15 anos ou mais, garantindo aos funcionários, acima de cinquenta anos de idade, férias anuais remuneradas não inferiores a 20 dias. São garantidos também os afastamentos em caso de gravidez e pós-parto, cada um separados em oito semanas e, em caso de gravidez múltipla, são acrescidas duas semanas de afastamento no período de pós-parto.

Buscando estender a proteção e garantia aos direitos laborais, o Estado turco em parceria com a OIT procura aplicar a legislação nacional e acolher os refugiados de forma a inseri-los no mercado de trabalho.

Através de programas de incentivo e reconhecimento de planejamentos em longo prazo que reforçam a "resiliência dos refugiados", o governo tem efetivado a proteção desses cidadãos garantindo acesso à educação, saúde, serviços sociais e ao mercado de trabalho, sendo que, desde 2016, os refugiados podem obter autorização de trabalho através de seu empregador o que evita o trabalho em condições ilegais[17].

Um dos projetos que pode ser observado é o programa de criação de emprego e empreendedorismo para sírios sob proteção temporária na Turquia[18]. Nele, o objetivo é a implementação de formação profissional e de competências para o mercado de trabalho, adequação e o encaminhamento de aprendizes ao sistema de aprendizagem, programas de formação em

---

[17] Disponível em: <https://www.ilo.org/ankara/projects/refugee-response/lang--en/index.htm#:~:text=With%204%20million%20refugees%2C%20as,are%20Afghanis%2C%20Iranians%20and%20Iraqis>. Acesso em: 11 jun. 2022.

[18] Disponível em: <https://www.ilo.org/ankara/projects/WCMS_644740/lang--en/index.htm>. Acesso em: 10 jun. 2022.

empreendedorismo, entre outras atividades. Além dos sírios sob proteção temporária, com ênfase particular em jovens e mulheres, autoridades municipais e organizações de empregadores e trabalhadores têm se beneficiado com o programa que, desde 2018, já atingiu mais de 12.600 refugiados sírios.

Outro projeto, implementado em abril de 2022, o *Supporting Resilience and Social Cohesion with Decent Livelihood Opportunities* tem o objetivo de fortalecer a resiliência e a coesão social dos refugiados e comunidades turcas, promovendo o acesso ao trabalho decente e oportunidades de subsistência sustentáveis, atendendo sírios com foco específico em mulheres, jovens e pessoas com deficiência, principalmente nas cidades de Istambul, Izmir, Mersin, entre outros.

Encerrado recentemente, em 2019, pode-se destacar o programa de Fortalecimento da resiliência de mulheres e meninas sírias (*Strengthening the Resilience of Syrian Women and Girls and Host Communities in Turkey*)[19] que, em parceria com a ONU Mulheres e com a Associação para a Solidariedade com Requerentes de Asilo e Migrantes (*Association for Solidarity with Asylum-Seekers and Migrants* – ASAM) garantiu a mulheres e jovens sírias possibilidade de aumentar sua autossuficiência e estabilização socioeconômica, oferecendo cursos de formação profissional e técnica orientados para o mercado de trabalho, cursos de empreendedorismo e mentoria para o empoderamento feminino.

Importante destacar que a iniciativa turca em oferecer condições de emprego e educação, além de outros acessos como saúde, demonstra que, mesmo recebendo o maior contingente de refugiados do mundo, muito mais do que uma terra segura, é necessário criar condições de trabalho que possam favorecer o retorno da própria dignidade humana.

---

[19] Disponível em: <https://www.ilo.org/ankara/projects/WCMS_644741/lang--en/index.htm>. Acesso em: 18 jun. 2022.

6. A Alemanha e a OIT: investimento e financiamento na busca de oportunidades de trabalho decente aos refugiados

Adotando o sistema jurídico da *Civil Law*, fundamentando seu ordenamento jurídico na codificação das leis, similaridade observada na seara trabalhista, a Alemanha também tem contribuído com a questão dos refugiados e deslocados.

No que tange ao direito laboral, segundo esclarece o *Employment Law Overview Germany* 2021-2022[20], a lei nacional alemã não adota somente uma fonte legislativa; na verdade, além da Lei Federal, existe a análise de casos, acordos coletivos, acordos de Conselhos do trabalho, além de acordos laborais individuais.

Análogas às nossas normas, existe a determinação da jornada de trabalho limitada a 48 horas semanais, com 08 horas diárias de segundas aos sábados, sem necessariamente uma lei ou norma geral que regulamente a jornada extraordinária. Aos empregados são garantidas férias anuais de 20 dias, baseados em uma referência de 05 dias de trabalho por semana, o que, a depender do setor, pode chegar a 25 ou 30 dias.

Um aspecto interessante na legislação alemã é que é oportunizado às funcionárias gestantes um período de licença-maternidade de 06 semanas antes e 08 semanas após o parto que pode se ampliar até 12 semanas. Após o nascimento, é possível que tanto o pai quanto a mãe se afastem por até 03 anos em licença parental, ocasião em que os empregadores não são obrigados a fazer qualquer pagamento ao empregado, ou, também podem optar por jornada de trabalho parcial entre 15 e 30 horas semanais. Após esse período, os empregados devem retornar ao trabalho.

---

[20] Disponível em: <https://knowledge.leglobal.org/wp-content/uploads/sites/2/LEG-Employment--Law-Overview-2021-2022_Germany_13.05.21.pdf>. Acesso em: 05 jun. 2022.

No que concerne à chegada e aceite de refugiados, o Estado Alemão considera todos aqueles que estejam fora ou afastados de seu território por sérias e graves violações aos direitos humanos relacionados à raça, religião, nacionalidade e convicção política, não podendo, assim, viver em seu país de origem. Fundamentam tal reflexão com base na Convenção de Genebra sobre Refugiados de 1951 e no Protocolo de 1967, garantindo o direito ao asilo pela própria Constituição.

Como membro da OIT, a Alemanha em parceria com a Organização tem criado oportunidades para que refugiados, em especial Sírios, retomem sua dignidade através do trabalho, contribuindo com programas de eliminação do trabalho infantil, investimento intensivo em vagas de emprego e programas em resposta à crise dos refugiados sírios através de parceiras da própria OIT com o Ministério Federal do Trabalho e Assuntos Sociais (BMAS) e também com o Ministério da Cooperação Econômica e Desenvolvimento (BMZ)[21].

Segundo dados da OIT, desde 2016, a Alemanha incentivou programas para melhorar a vida de refugiados sírios investindo mais de US$ 90 milhões com a defesa e criação de empregos decentes para todos, intervenções de desenvolvimento de habilidades, apoio à construção de estradas, escolas, hospitais, centros comunitários e terras agrícolas por meio de Programas de Infraestrutura Intensiva de Emprego (EIIP)[22].

Uma iniciativa que pode aqui ser destacada, é o programa de apoio de migração laboral e mobilidade entre o norte da África e a Europa[23], um esforço coletivo entre a OIT, a Organização Internacional para as Migrações (OIM), a agência de desenvolvimento belga Enabel e a GIZ (*The Deutsche Gesellschaft für Internationale Zusammenarbeit*),

[21] Disponível em: <https://www.ilo.org/wcmsp5/groups/public/@dgreports/@exrel/documents/genericdocument/wcms_350297.pdf>. Acesso em: 28 mar. 2022.

[22] Disponível em: <https://www.ilo.org/beirut/media-centre/news/WCMS_676301/lang--en/index.htm>. Acesso em:04 abr. 2022.

[23] Disponível em: <https://www.giz.de/en/worldwide/92649.html>. Acesso em: 16 jun. 2022.

uma agência alemã de cooperação internacional focada em promover o desenvolvimento sustentável.

O programa-piloto segue a abordagem que busca facilitar a migração regular para fins de treinamento ou emprego para seus cidadãos, o que beneficia o desenvolvimento do país e do mercado de trabalho tanto do país de origem quanto do país de acolhimento.

Atitudes como as acima mencionadas e aquelas tomadas apenas pelo governo local como é o caso do programa P4P – *Partnership for Prospects*[24] (Parceria para Perspectivas, em uma tradução livre), por exemplo, que cria oportunidades de trabalho que permitam tanto aos refugiados quanto à população local carente ganharem sua própria renda criando empregos temporários e perspectivas de médio e longo prazo por meio de treinamento e suporte para startups, têm se constituído em iniciativas importantíssimas para retomada da dignidade das pessoas em busca de refúgio e, certamente, evitam que muitos trabalhadores refugiados sejam obrigados a aceitar subempregos ou até condições análogas à escravidão.

7. O refúgio no Brasil: iniciativas e auxílio da OIT ainda em desenvolvimento

Mesmo em um contexto de desemprego que tem assolado a nossa nação, o que se observa são algumas iniciativas vinculadas ao Governo e outras de organizações e civis que buscam garantir oportunidades de desenvolvimento e integração em condições regulares de vida a quem perdeu praticamente tudo.

Inobstante tenham sido trazidas algumas normas gerais trabalhistas adotadas pelas legislações turca e alemã, a título informativo, o mesmo não será feito com relação à legislação trabalhista brasileira tendo em vista se tratar de normas das quais já se tem conhecimento.

---

[24] Disponível em: <https://www.bmz.de/resource/blob/23672/1b0f890542c3f594d59ca446d56513c3/partnership-for-prospects-cash-for-work.pdf>. Acesso em: 16 jun. 2022.

Observando os dados relacionados ao refúgio já destacados, o Brasil ainda não tem um contingente numeroso de refugiados e deslocados. Diferente do que ocorre nos países acima destacados, a maior nacionalidade de pessoas reconhecidas como refugiados em território nacional é composta de venezuelanos (48.789), seguidas de sírios (3.682) e congoleses com pouco mais de mil habitantes. Importante destacar que no ano de 2021, o segundo maior número de pessoas a solicitar refúgio, foram os haitianos com aproximadamente 6,7%[25].

A parceria entre OIT e Brasil tem trazido contribuições por meio de pesquisas, estudos e divulgação de dados que subsidiam de forma efetiva as ações de acolhida e acompanhamento de migrantes e refugiados e também a criação de algumas campanhas que buscam orientar os refugiados acerca do trabalho no Brasil.

Um exemplo é o segundo ciclo da campanha Proteja o Trabalho[26], iniciada em setembro de 2020, em parceria com a OIT, a Organização Internacional para as Migrações (OIM) e a Agência da ONU para Refugiados (ACNUR). Seu principal objetivo é orientar migrantes e refugiados acerca das relações de trabalho e emprego em tempos de pandemia.

Sobre a importância da contribuição da OIT por meio de suas pesquisas, pode-se destacar um estudo realizado pela Organização com a ACNUR (Agência da ONU para Refugiados) que buscou identificar como tem se efetivado a inserção de migrantes e refugiados no mercado de trabalho brasileiro[27]. Cabe destacar que esses estudos se mostram muito valiosos à medida que identificam as reais condições de trabalho desses

---

25 Disponível em: <https://www.acnur.org/portugues/dados-sobre-refugio/dados-sobre-refugio-no-brasil/>. Acesso em: 12 jul. 2022.

26 Disponível em: <https://www.ilo.org/brasilia/noticias/WCMS_822531/lang--pt/index.htm>. Acesso em: 11 jun. 2022.

27 Disponível em: <http://obtrabalho.mte.gov.br/index.php/noticias2/1299-oit-em-parceria-com-a-acnur-apresenta-relatorio-sobre-oportunidades-de-emprego-para-migrantes-e-refugiados-no-brasil>. Acesso em: 15 jun. 2022.

novos trabalhadores e suas principais dificuldades, conduzindo, assim, a medidas eficientes para efetivar e mantê-los em ambiente laboral.

Embora o objetivo do presente estudo seja a demonstração da importância do direito ao trabalho, um dos direitos humanos fundamentais e universais, como uma das principais formas de se devolver a dignidade aos refugiados, não seria prudente não chamar a atenção para a dificuldade em encontrar a parceria da OIT diretamente vinculada a ações federais na questão do fortalecimento da relação de trabalho com os refugiados.

É importante observar que poucos têm sido os projetos e programas de valorização do trabalho aos imigrantes e refugiados no Brasil que contem com a participação direta do governo como fora mencionado, por exemplo, nos casos da Alemanha e Turquia.

Na verdade, temos excelentes ideias e iniciativas a partir de organizações não governamentais como é o caso da PARR–Programa de Apoio para a Recolocação dos Refugiados, em São Paulo, que conta com o apoio da Cáritas e ACNUR, o Serviço de Referência ao Imigrante, Refugiado e Apátrida, da Prefeitura de Campinas, projetos desenvolvidos por universidades como a UNICAMP, entre outras. Nesse sentido, destacam-se também as parcerias firmadas com a ONU através da ACNUR que não têm medido esforços para garantir a integração de trabalhadores refugiados e imigrantes no mercado de trabalho.

E como ficam as iniciativas do poder público? Poderia ser questionado se tal fato ocorre pelas próprias dificuldades internas com o desemprego. Ou seja, se aos brasileiros não são garantidas vagas de emprego de forma adequada, como poderiam ser tomadas medidas em benefício dos imigrantes e refugiados?

Nesse sentido, é importante destacar que países como a Alemanha e a Turquia, tal como o Brasil, enfrentam o drama do desemprego. Segundo dados recentes, a Alemanha conta com um percentual de aproximadamente 5,3% de desempregados[28], enquanto a Turquia chega ao nível de 11,3% da população em situação de desemprego[29], números não tão distantes do percentual brasileiro que atinge aproximadamente 9,4% da população nacional[30].

Mas, e se na verdade as iniciativas da OIT com outros países que adotam projetos de incentivo ao trabalho de refugiados ocorram com mais frequência, uma vez que o contingente de estrangeiros em busca de refúgio é consideravelmente maior do que a realidade brasileira? Ainda assim, falamos de aproximadamente 60 mil pessoas reconhecidas sob a condição de refugiados em território nacional e, importante reiterar, que acolher não é apenas deixá los aqui permanecer, mas essencialmente garantir condições mínimas para que eles possam restaurar sua dignidade.

A falta de iniciativas e parcerias com o Estado pode trazer consequências extremamente delicadas, como as que puderam ser vistas recentemente no caso do assassinato do congolês Moïse Kabagambe, em 24 de janeiro deste ano. Vivendo em solo brasileiro há mais de 10 anos, o jovem de 24 anos foi vítima da covardia de três homens, sofrendo agressões que causaram sua morte. O crime ocorreu enquanto Moïse, que trabalhava informalmente no Rio de Janeiro, acabou discutindo com o dono do quiosque ao buscar o cumprimento de um dos direitos mais basilares da relação de emprego, qual seja, o recebimento da remuneração que lhe era devida. Sem perspectiva de condições mais seguras e precisando garantir sua subsistência e a de seus familiares,

---

[28] Disponível em: < https://tradingeconomics.com/germany/unemployment-rate>. Acesso em: 09 jul. 2022.

[29] Disponível em: <https://tradingeconomics.com/turkey/unemployment-rate#:~:text=Up%20to%2011.3%25-,The%20unemployment%20rate%20in%20Turkey%20edged%20up%20to%2011.3%20percent,3%20thousand%20to%203.853%20million>. Acesso em: 09 jul. 2022.

[30] Disponível em: <https://agenciabrasil.ebc.com.br/economia/noticia/2022-06/desemprego-chega-94-em-abril-diz-ipea#:~:text=Desalento%20em%20queda&text=A%20propor%C3%A7%C3%A3o%20de%20desalentados%20em,5%25%20do%20total%20da%20ocupa%C3%A7%C3%A3o>.. Acesso em: 09 jul. 2022.

muitos imigrantes e refugiados, como o caso do congolês, se submetem a empregos informais sem nenhuma garantia ou proteção trabalhista.

Recentemente, em debate promovido pela Comissão de Direitos Humanos (CDH) juntamente com a Comissão Mista Permanente sobre Migrações Internacionais e Refugiados (CMMIR) e, impulsionados pela comoção com o caso do refugiado congolês, foram discutidas as irregularidades trabalhistas que permeiam as prestações de serviço e as relações de trabalho dessa parcela da população, inclusive com menção à carência de políticas públicas e de acolhimento de imigrantes e refugiados, enfatizando a necessidade de que o caso em comento não seja tratado como apenas "mais um", mas como uma realidade que atinge a milhares de cidadãos[31].

Será que casos como o de Moïse poderiam ser evitados com programas de trabalho decente e digno a exemplo dos que têm sido realizados pela OIT em parceria com Alemanha e Turquia? O que é necessário para fomentar esse tipo de iniciativas no Brasil? Talvez as respostas comecem a ser encontradas quando a acolhida de refugiados e imigrantes deixe de ser uma questão de caridade para, de fato, ser vista como uma maneira de se retomar a dignidade.

Considerações finais

Não somos uma ilha. Não é possível, atualmente, imaginarmos que o mundo se limite às fronteiras do nosso Estado. Os dramas, crises e violências que afetam e dizimam populações inteiras também surtem seus efeitos em nosso território. E o mais interessante é observarmos que o primeiro ponto que nos causa impacto é a questão humanitária. Impossível não se sensibilizar com imagens que têm permeado as notícias

---

[31] Disponível em: <https://www12.senado.leg.br/noticias/materias/2022/02/08/intolerancia-e-falta-de-politicas-estimulam-violencia-contra-imigrantes-aponta-debate>. Acesso em: 09 jul. 2022.

como as guerras e conflitos na Síria e Ucrânia, por exemplo. Ou então com as violências sociais na Venezuela e os dramas que assolam o Haiti.

Nesse sentimento de indignação, muitas vezes nos questionamos: E agora? O que podem esperar essas centenas de milhares de pessoas – homens, mulheres e crianças – cujas vidas se veem em perigo sem que a eles possa ser atribuída a menor responsabilidade por estar em tal situação de desamparo? E os Direitos Humanos e a tão proclamada garantia à dignidade da pessoa humana? Será que toda essa garantia de direitos e condições mínimas apenas são devidas aos nacionais e àqueles cuja nação se encontra em paz?

O que acalenta é ver, ainda que com falhas e limitações – não se pode negar –, o esforço coletivo de Organizações Internacionais, Estado e entidades civis em receber aqueles que não têm outra escolha senão a de deixar tudo em busca da garantia mínima de se manterem vivos.

Indispensável repensar a questão da acolhida aos refugiados de forma a mobilizar a sociedade como um todo, buscando exemplos de sucesso em outros países e, também, viabilizar novas parcerias que possam, de forma efetiva, ajudar àqueles que se encontram em situação de desamparo.

Acolher, receber, amparar... Acima de tudo, devolver a esperança para os que apenas tentam sobreviver. Nada melhor do que garantir a dignidade de uma pessoa devolvendo-lhe sua autonomia, independência, sua capacidade de crescer pessoal e profissionalmente. E é através de condições dignas de trabalho que certamente poderemos devolver aos refugiados a chance de novamente planejar seu futuro.

Referências

ACNUR. **Dados sobre refúgio no Brasil**. Disponível em: <https://www.acnur.org/portugues/dados-sobre-refugio/dados-sobre-refugio-no-brasil/>. Acesso em: 12 jul. 2022.

BRASIL. **Intolerância e falta de políticas estimulam violência contra imigrantes, aponta debate**. Disponível em: <https://www12.senado.leg.br/noticias/materias/2022/02/08/intolerancia-e-falta-de-politicas-estimulam-violencia-contra-imigrantes-aponta-debate>. Acesso em: 09 jul. 2022.

BRASIL. Presidência da República. **Lei nº 9.474, de 22 de julho de 1997**. Brasília, 1997. Disponível em: <www.planaltto.gov.br /ccivil/leis/L9474.html>. Acesso em: 21 maio 2022.

CANÇADO TRINDADE, Antônio Augusto. **Tratado de direito internacional dos Direitos Humanos**. Volume I. Porto Alegre: Sérgio Fabris, 1997.

Desemprego chega a 9,4% em abril, diz IPEA. Disponível em: <https://agenciabrasil.ebc.com.br/economia/noticia/2022-06/desemprego-chega-94-em-abril-diz-ipea#:~:text=Desalento%20em%20queda&text=A%20propor%C3%A7%C3%A3o%20de%20desalentados%20em,5%25%20do%20total%20da%20ocupa%C3%A7%C3%A3o>. Acesso em: 09 jul. 2022.

Employment Law Overview Germany 2021-2022. Disponível em: <https://knowledge.leglobal.org/wp-content/uploads/sites/2/LEG-Employment-Law-Overview-2021-2022_Germany_13.05.21.pdf>. Acesso em: 05 jun. 2022.

G1. **Brasil recebeu 894 ucranianos desde o início da guerra, diz PF**. Disponível em: <https://g1.globo.com/mundo/ucrania-russia/noticia/2022/03/19/brasil-recebeu-894-ucranianos-desde-o-inicio-da-guerra-diz-pf.ghtml>. Acesso em: 04 jun. 2022.

Germany ILO Cooperation. Disponível em: <https://www.ilo.org/wcmsp5/groups/public/@dgreports/@exrel/documents/genericdocument/wcms_350297.pdf>. Acesso em: 28 mar. 2022.

Germany Unemployment Rate. Disponível em: <https://tradingeconomics.com/germany/unemployment-rate>. Acesso em: 09 jul. 2022.

ILO and Germany pen agreement to bolster decent work for Syrian refugees and host communities. Disponível em: <https://www.ilo.org/beirut/media-centre/news/WCMS_676301/lang–en/index.htm>. Acesso em: 04 abr. 2022.

ILO's Refugee Response Programme. Disponível em: <https://www.ilo.org/ankara/projects/refugee-response/lang--en/index.htm#:~:text=With%204%20million%20refugees%2C%20as,are%20Afghanis%2C%20Iranians%20and%20Iraqis>. Acesso em: 11 jun. 2022.

Job Creation and Entrepreneurship Opportunities for Syrians under Temporary Protection and Host Communities in Turkey. Disponível em: <https://www.ilo.org/ankara/projects/WCMS_644740/lang--en/index.htm>. Acesso em: 10 jun. 2022.

Ministério do Trabalho e Previdência e ONU lançam segundo ciclo da campanha Proteja o Trabalho. Disponível em: <https://www.ilo.org/brasilia/noticias/WCMS_822531/lang–pt/index.htm>. Acesso em: 11 jun. 2022.

OIT em parceria com a ACNUR apresenta relatório sobre oportunidades de emprego para migrantes e refugiados no Brasil. Disponível em: <http://obtrabalho.mte.gov.br/index.php/noticias2/1299-oit-em-parceria-com-a-acnur-apresenta-relatorio-sobre-oportunidades-de-emprego-para-migrantes-e-refugiados-no-brasil>. Acesso em: 15 jun. 2022.

OIT. CONVENÇÃO 97. Trabalhadores Migrantes. 1949. Disponível em: <https://www.ilo.org/brasilia/convencoes/WCMS_235186/lang--pt/index.htm>. Acesso em: 18 maio 2022.

OIT. CONVENÇÃO 143. Convenção Sobre as Imigrações Efetuadas em Condições Abusivas e Sobre a Promoção da Igualdade de Oportunidades e de Tratamento dos Trabalhadores Migrantes. 1975. Disponível em: <https://www.ilo.org/brasilia/convencoes/WCMS_242707/lang--pt/index.htm>. Acesso em: 18 maio 2022.

OIT. R205 – Recomendación sobre el empleo y el trabajo decente para la paz y la resiliencia. 2017. Disponível em: <https://www.ilo.org/dyn/normlex/es/f?p=NORMLEXPUB:12100:0::NO::P12100_INSTRUMENT_ID:3330503>. Acesso em: 18 jun. 2022.

Partnership for Prospects. Disponível em: <https://www.bmz.de/resource/blob/23672/1b0f890542c3f594d59ca446d56513c3/partnership-for-prospects-cash-for-work.pdf>. Acesso em: 16 jun. 2022.

Refugee Data Finder. Disponível em: <https://www.unhcr.org/refugee-statistics/>. Acesso em: 03 jun. 2022.

Strengthening the Resilience of Syrian Women and Girls and Host Communities in Turkey. Disponível em: <https://www.ilo.org/ankara/projects/WCMS_644741/lang--en/index.htm>. Acesso em: 18 jun. 2022.

Supporting Regular Labour Migration and Mobility between North Africa and Europe. Disponível em: <https://www.giz.de/en/worldwide/92649.html>. Acesso em: 16 jun. 2022.

Supporting Resilience and Social Cohesion with Decent Livelihood Opportunities. Disponível em: <https://www.ilo.org/ankara/projects/WCMS_736125/lang--en/index.htm>. Acesso em: 10 jun. 2022.

Tratado de Versalhes (1919). Disponível em: <https://idi.mne.gov.pt/images/pdf/primeira-guerra/TVersailes.pdf>. Acesso em: 03 mar. 2022.

Turkey Unemployment Rate. Disponível em: <https://tradingeconomics.com/turkey/unemployment-rate#:~:text=Up%20to%2011.3%25-,The%20unemployment%20rate%20in%20Turkey%20edged%20up%20to%2011.3%20percent,3%20thousand%20to%203.853%20million>. Acesso em: 09 jul. 2022.

Türkiye > Labour codes, general labour and employment acts. Disponível em: <https://www.ilo.org/dyn/natlex/natlex4.detail?p_lang=&p_isn=64083&p_classification=01.02>. Acesso em: 03 mar. 2022.

UNHCR Turkey - Fact Sheet February 2022 [EN/TR]. Disponível em: <https://reliefweb.int/report/turkey/unhcr-turkey-fact-sheet-february-2022-entr#:~:text=Attachments&text=Turkey%20hosts%20the%20world's%20largest,registered%2029%2C256%20new%20IP%20a-pplicants>. Acesso em: 05 abr. 2022.

UNHCR updates Ukraine refugee data, reflecting recent movements. Disponível em: <https://www.unhcr.org/news/press/2022/6/62a0c6d34/unhcr-updates-ukraine-refugee-data-reflecting-recent-movements.html>. Acesso em: 05 jun. 2022.

UNICEF. **Declaração Universal dos Direitos Humanos**. Disponível em: <https://www.unicef.org/brazil/declaracao-universal-dos-direitos-humanos>. Acesso em: 03 jun. 2022.

A NECESSIDADE DE NEXO DE CAUSALIDADE PARA A CARACTERIZAÇÃO DE DOENÇA OCUPACIONAL EM ENFERMIDADES DE NATUREZA PSICOLÓGICA

Caroline de Santana Masiero

Introdução

A discussão acerca da correlação entre as condições de trabalho e o desenvolvimento de transtornos mentais não é nova, sendo que a polêmica em torno da configuração do nexo causal entre transtorno mental e as condições do ambiente de trabalho gera entendimentos judiciais divergentes, causando muitas dúvidas quanto às obrigações do empregador e quais seriam os fatores que efetivamente configuram uma doença ocupacional.

Nesse sentido, o objetivo do presente estudo é analisar tanto os requisitos para configuração do transtorno mental como doença ocupacional, quanto às ações e omissões do empregado que podem ensejar uma possível compensação monetária ao trabalhador.

1. A caracterização da doença ocupacional

Diante da característica de hipossuficiência do trabalhador, que está quase sempre em uma posição de inferioridade com relação ao seu empregador, o legislador criou instrumentos legais que protegessem a parte mais fraca da relação.

Nesse contexto, o art. 19 da Lei nº 8.213 de 1991, que dispõe sobre os Planos de Benefícios da Previdência Social, define como acidente de trabalho aquele:

> que ocorre pelo exercício do trabalho a serviço de empresa ou de empregador doméstico ou pelo exercício do trabalho dos segurados referidos no inciso VII do art. 11 desta Lei, provocando lesão corporal ou perturbação funcional que cause a morte ou a perda ou redução, permanente ou temporária, da capacidade para o trabalho. (Grifos nossos.)

De modo que, percebe-se da análise do dispositivo, que para que a enfermidade seja considerada uma doença ocupacional, além de gerar uma incapacidade laborativa, ela deve possuir uma correlação com as atividades exercidas na empresa, ou seja, há a necessidade de um nexo de causalidade.

Para Lilian de Castro Souza (2013, p. 95/106), o nexo causal pode ser definido como o vínculo, a ligação ou a relação de causa e efeito entre a conduta e o resultado. Desse modo, a relação causal nada mais é que o vínculo entre um determinado comportamento e um evento, permitindo uma conclusão lógica, vale dizer, se a ação ou omissão do agente foi ou não a causa do dano.

Assim, o nexo causal é um elemento referencial entre a conduta e o resultado, pelo qual pode-se concluir quem ou o que causou o dano analisado que, nesse caso específico, seria a enfermidade que afetou a capacidade laborativa do trabalhador.

Ademais, é importante citar a possibilidade de existência do nexo concausal na caracterização das doenças ou acidentes do trabalho. Diferentemente do nexo causal, que evidencia a culpa direta entre a enfermidade e a ação ou omissão do empregador, a concausa ocorre quando mais de um fator contribui para o agravamento do quadro clínico, sendo que, no Direito do Trabalho, ao menos um dele é ocasionado pelas condições de trabalho ofertadas pela empresa.

Nas palavras de Andréa Carla A. de Lima (2013), a existência do nexo concausal pressupõe a avaliação dos conjuntos de fatores preexistentes ou supervenientes, suscetíveis de modificar o curso natural do resultado que o agente desconhecia ou não podia evitar.

Nessa linha, caso seja comprovada a existência do nexo de causalidade ou concausalidade, percebe-se que há uma responsabilidade do empregador, responsável pela criação ou agravamento da doença, em indenizar apropriadamente o empregado.

Essa compensação do empregado pela doença, desenvolvida ou agravada pelas condições de trabalho, ocorre por meio de uma indenização por danos morais, fundamentada nos termos dos artigos 186, 187 e 944 do Código Civil aplicado subsidiariamente na esfera trabalhista do art. 769 da CLT ou, ainda, danos extrapatrimoniais, nos termos do art. 223-B do referido diploma consolidado.

O dano moral pode ser classificado como uma ofensa ou violação dos bens de ordem moral de uma pessoa, como por exemplo, a violação do direito ao nome, à imagem, à privacidade, à honra, à boa fama, à dignidade.

Paralelamente, o conceito de dano extrapatrimonial, trazido pela reforma trabalhista ao direito do trabalho, refere-se aos tipos de danos que não têm expressão econômica, mas são passíveis de reparação.

Nessa linha, nas palavras de Sebastião Geraldo de Oliveira (2017, p. 333/368), a diferença principal entre o dano moral e o extrapatrimonial é que o último nem sempre terá natureza moral, sendo pautado em uma ofensa ética. O dano extrapatrimonial, na realidade, trata-se de um dano cometido contra a subjetividade psicológica ou emocional de um indivíduo, sendo mais amplo do que o conceito de dano moral, tal como entabulado originalmente pela legislação.

No caso da doença ocupacional a indenização deriva do descumprimento do dever do empregador em preservar a vida, dignidade e segurança do empregado, sendo obrigado a repará-lo pelo prejuízo causado à saúde da parte.

Por outro lado, a dispensa imotivada do empregado que possua uma doença ocupacional pode ser caracterizada como discriminatória nos termos do art. 7º, I, CF/1988 e da Súmula nº 443 do TST, havendo a existência de estabilidade do empregado, ainda vedando-se sua rescisão após seu retorno do afastamento do INSS por doença do trabalho, nos termos do art. 118 da Lei nº 8.213 de 1991.

Nessa vênia, existindo divergências com relação ao nexo causal ou concausal da doença supostamente desenvolvida pelo ambiente de trabalho, caberá a um perito nomeado pelo juiz avaliar o caso em questão.

Nos termos definidos por Raimundo Simão de Melo (2018), percebemos que esse laudo produzido pelo perito nem sempre é conclusivo em razão dos poucos elementos probatórios ou pelo fato de que as doenças psíquicas são multicausais e o profissional da área médica que realiza essa análise nem sempre consegue reconstituir os elementos de caracterização da enfermidade, diante do fato da medicina não ser uma ciência exata.

A Resolução do Conselho Federal de Medicina nº 1.488/98, aconselha o perito médico a levar em conta, entre outros fatores, o histórico clínico-ocupacional do trabalhador, o exame do local e a organização do trabalho, a identificação de riscos físicos, químicos, biológicos, mecânicos e estressantes, o depoimento e a experiência dos demais trabalhadores em condições semelhantes e a literatura atualizada sobre o assunto.

Esse laudo produzido pelo perito é de extrema importância, porém o juiz não está vinculado ao seu resultado, até porque há situações nas quais o *expert* não é capaz de determinar se há ou não nexo entre a enfermidade e as condições de trabalho, sendo a prova inconclusiva.

Nessas situações, cabe ao magistrado analisar todas as outras provas produzidas nos autos até aquele momento, julgando o conjunto probatório como um todo, decidindo se há ou não o nexo de causalidade na demanda analisada, diante do princípio do convencimento motivado, nos termos do art. 371 do CPC, aplicado subsidiariamente ao processo do trabalho.

Diante de todos esses fatos, percebe-se que não há dúvidas quanto ao fato de a caracterização da enfermidade do trabalhador como doença ocupacional estar conectada com o nexo de concausa ou causalidade. Mas e quando essa doença não é física e sim psíquica? Em que momento a doença psíquica poderá ser considerada uma doença ocupacional? Quais critérios devem ser analisados para essa análise?

2. O reconhecimento da doença psíquica como uma enfermidade laboral

A discussão entre as atividades desenvolvidas no ambiente de trabalho e o esgotamento psíquico não é nova, havendo ampla divulgação midiática que relata a existência de correlação entre esse tipo de enfermidade e a pressão excessiva por resultados demandados pelos chefes.

De acordo com Maria Elizabeth A. Lima (2003, p. 82/91), uma das primeiras evidências desse tipo foi veiculada pela mídia e aconteceu em 28/05/1986, por uma reportagem publicada pela revista *Veja* sobre a disseminação do uso da cocaína entre executivos que atuavam, especialmente, nas áreas de publicidade, jornalismo, moda, no setor financeiro e em "*qualquer outra atividade que exija pique, brilho e trabalho concentrado*".

Para Sueli Teixeira (2007, p. 27/44), a implantação do modelo taylorista-fordista em larga escala representa a conexão entre a psicologia com o mundo do trabalho, sendo possível relacionar a existência de uma fadiga excessiva e o aumento da produtividade empresarial do trabalhador, marcando-se assim o início da denominada psicologia industrial.

A partir da segunda metade do século XX, a relação entre saúde mental e trabalho se consolidou no campo científico no âmbito da psicologia aplicada à área do trabalho.

Ainda para Teixeira (2007), a psicologia moderna aplicada ao mundo do trabalho centraliza o conceito de "Saúde do Trabalhador" numa abordagem multiprofissional, entendendo que é possível e digno ao trabalhador não estar sujeito a um ambiente que lhe proporcione sofrimento, mesmo que psicológico.

Ressalta-se ainda que, os transtornos mentais são uma das causas mais elevadas entre os níveis de afastamentos concedidos pelo INSS, conforme dados recentes divulgados pela Previdência Social, que indicam que os episódios depressivos são a principal causa de pagamento de auxílio-doença não relacionado a acidentes de trabalho (30,67%), seguidos de outros transtornos ansiosos (17,9%)[32].

Ainda de acordo com dados divulgados pelo Tribunal Superior do Trabalho, cabe pincelar que a pandemia ocasionada pela Covid-19 foi um agravante para o desenvolvimento de doenças mentais no país, inclusive, a pesquisa "*Mental Health among Adults during the COVID-19 Pandemic Lockdown: A Cross-Sectional Multi-Country Comparison*" (Saúde mental entre adultos durante o lockdown da pandemia da Covid-19:

---

[32] TST Notícias. ***Saúde mental no trabalho***: a construção do trabalho seguro depende de todos nós. 28 abr. 2021. Disponível em: <https://www.tst.jus.br/noticias/-/asset_publisher/89Dk/content/id/27270562/pop_up>. Acesso em: 20 jun. 2022.

uma comparação transversal entre países), realizada com instituições de diferentes partes do mundo, incluindo a Universidade de São Paulo (USP), identificou que, entre os 11 países analisados (Brasil, Bulgária, China, Índia, Irlanda, Macedônia do Norte, Malásia, Singapura, Espanha, Turquia e Estados Unidos), os participantes que moravam no Brasil tiveram a maior taxa de ansiedade e depressão entre os analisados.

Dessa análise, percebe-se que, atualmente não há mais uma discussão entre o reconhecimento da doença psíquica como doença do trabalho, devendo a esta ser tratada como qualquer outra enfermidade física que venha a atingir o trabalhador, tendo inclusive a Síndrome de Burnout, por exemplo, sido reconhecida como doença relacionada ao trabalho em janeiro deste ano.

3. A necessidade de comprovação de nexo de causalidade entre a enfermidade psíquica e das responsabilidades do empregador

Para que o transtorno mental seja reconhecido verdadeiramente como uma doença do trabalho, ensejando a condenação da empresa na esfera moral ou extrapatrimonial, torna-se necessária a configuração do nexo de causalidade por intermédio da perícia médica.

Nessa vênia, denota-se que, em julgado recente, o TST negou indenização a uma comissária de bordo que sustentou ter adquirido doença ocupacional devido às condições desumanas de trabalho, que teriam desencadeado uma depressão, tendo em vista a inexistência de nexo de causalidade entre o quadro clínico e as atividades exercidas na empresa aérea[33].

Ressalta-se que, nesse caso específico, a decisão foi fundamentada no fato de que o nexo de causalidade que autoriza o reconhecimento

---

[33] (TST - RR 204283820175040303, Rel. Amaury Rodrigues Pinto Junior, j. 17/11/2021, 1ª Turma, publ. 22/11/2021.

da natureza ocupacional da doença, segundo o art. 20, II, da Lei n.º 8.213/1991, é aquele originado pelas condições especiais em que o trabalho é realizado.

Sendo que, as provas produzidas nos autos, especialmente a perícia médica, constataram que a depressão não fora causada ou exacerbada pelas condições de trabalho da comissária de bordo, tendo em vista a inexistência de meio ambiente insalubre, opressivo ou estressante.

Denota-se que, de acordo com o amplamente difundido na jurisprudência e doutrina, esse nos parece o argumento mais lógico. Todavia, conforme pontuado por Schaefer, Lobo e Kristensen (2012, p. 329/336), para que seja possível analisar corretamente esse nexo causal nas situações de doenças relacionadas ao trabalho, uma análise isolada da estrutura e de traços de personalidade quase sempre não é suficiente para compreender os reais motivos que desencadearam determinados transtornos mentais.

Nessa vênia, torna-se indispensável a realização de uma avaliação complexa e imparcial da interação entre o trabalhador e o ambiente de trabalho na determinação de distúrbios mentais decorrentes de acidentes de trabalho, destacando-se a obrigação do empregador em proporcionar uma atmosfera propícia ao empregado, sem a existência de cobranças e humilhações que firam sua dignidade.

De modo que, tal como pontuado por Schaefer, Lobo e Kristensen (2012), existe um papel, tanto do empregador, quanto das entidades sindicais que defendem os interesses do trabalhador, em apoiar socialmente o empregado após uma vivência de experiência traumática no ambiente de trabalho.

Portanto, melhorar as condições de trabalho, por intermédio do investimento em segurança e em treinamento adequado, fornecendo acesso ao sistema de saúde e suporte aos funcionários são algumas medidas que podem amenizar a ocorrência de experiências traumáticas nos contextos de trabalho, servindo como fatores de prevenção primária, pois impedem o aparecimento da doença, ceifando qualquer dúvida entre a configuração entre o nexo de causalidade e/ou concausalidade e possíveis enfermidades manifestadas pelo trabalhador.

Considerações finais

Resta claro, portanto, que há uma necessidade de configuração de nexo causal ou concausal entre o desenvolvimento do transtorno mental do empregado, o ambiente de trabalho e as atividades desenvolvidas na empresa.

Sendo atribuição, em um primeiro momento, do perito averiguar a correlação desses fatores, realizando uma análise complexa, tanto das condições de trabalho, mas também dos fatores pessoais que envolvem a vida do trabalhador.

De outra parte, caberá ao magistrado, diante do princípio do convencimento motivado, analisar todo o conjunto probatório dos autos, decidindo da maneira que julgar mais justa a ambas as partes.

Deverão, ainda, fazer parte dessa análise as condutas do empregador quanto ao bem-estar do trabalhador, cumprindo seu papel social e diretivo com o bem-estar do empregado.

Referências

BRASIL. **Constituição da República Federativa do Brasil de 1988**. 05 out. 1988. Disponível em: <http://www.planalto.gov.br/ccivil_03/constituicao/constituicao.htm>. Acesso em: 17 jun. 2022.

BRASIL. **Lei nº 10.406/2002. Código Civil**. 10 jan. 2002. Disponível em: <http://www.planalto.gov.br/ccivil_03/leis/2002/l10406compilada.htm>. Acesso em: 18 jun. 2022.

BRASIL. **Lei nº 13.105/2015. Código Processual Civil**. 16 mar. 2015. Disponível em: <http://www.planalto.gov.br/ccivil_03/_ato2015-2018/2015/lei/l13105.htm>. Acesso em: 19 jun. 2022.

BRASIL. **Decreto-Lei nº 5.452. Consolidação das Leis do Trabalho**. 1º maio 1943. Disponível em: <http://www.planalto.gov.br/ccivil_03/decreto-lei/del5452.htm>. Acesso em: 17 jun. 2022.

BRASIL. **Lei nº 8.213/1991**. 24 jul. 1991. Disponível em: <http://www.planalto.gov.br/ccivil_03/leis/l8213cons.htm>. Acesso em: 18 jun. 2022.

LIMA, Maria Elizabeth Antunes. **A polêmica em torno do nexo causal entre distúrbio mental e trabalho**. Psicologia em Revista, Belo Horizonte, v. 10, n. 14, p. 82/91, dez. 2003. Disponível em: <http://periodicos.pucminas.br/index.php/psicologiaemrevista/article/view/184>. Acesso em: 20 jun. 2022.

LIMA, Andréa Carla Alvarenga de. **A concausa e as doenças do trabalho**. GCB. 13 dez. 2013. Disponível em: <http://gcb.adv.br/a-concausa-e-as-doencas-do-trabalho/>. Acesso em: 19 jun. 2022.

MELO, Raimundo Simão de. **Nexo causal ou concausal entre a doença e o trabalho**. ConJur, 07 dez. 2018. Disponível em: <https://www.conjur.com.br/2018-dez-07/reflexoes-trabalhistas-nexo-causal-ou-concausal-entre-doenca-trabalho>. Acesso em: 19 jun. 2022.

OLIVEIRA, Sebastião Geraldo de. **O Dano Extrapatrimonial Trabalhista após a Lei n. 13.467/2017, modificada pela MP n. 808, de 14 de novembro de 2017**. Rev. Trib. Reg. Trab. 3ª Reg., Belo Horizonte, edição especial, p. 333/368, nov. 2017. Disponível em: <https://juslaboris-hml.tst.jus.br/handle/20.500.12178/127009>. Acesso em: 25 jul. 2022.

SCHAEFER, Luiziana Souto; LOBO, Beatriz de Oliveira Meneguelo e KRISTENSEN, Christian Haag. **Transtorno de estresse pós-traumático decorrente de acidente de trabalho**: implicações psicológicas, socioeconômicas e jurídicas. *Estudos de Psicologia, 17*(2), maio/ago. 2012, p. 329/336. Disponível em: <https://www.scielo.br/j/epsic/a/VP7ZJZjhFPJdKsZHWwhyWwh/abstract/?lang=pt>. Acesso em: 20 jun. 2022.

SOUZA, Lilian Castro de. **Acidente do trabalho: nexo de causalidade, concausa e doenças ocupacionais**. Revista do Tribunal Regional do Trabalho da 2ª Região, São Paulo, n. 14, p. 95/106, 2013. Disponível em: <https://juslaboris-hml.tst.jus.br/bitstream/handle/20.500.12178/77918/2013_souza_lilian_acidente_trabalho.pdf?sequence=1&isAllowed=y>. Acesso em: 20 jun. 2022.

TEIXEIRA, Sueli. **A depressão no meio ambiente do trabalho e sua caracterização como doença do trabalho**. Rev. Trib. Reg. Trab. 3ª Reg., Belo Horizonte, v. 46, n. 76, p. 27/44, jul./dez. 2007. Disponível em: <https://as1.trt3.jus.br/bd-trt3/bitstream/handle/11103/27332/Sueli_Teixeira.pdf?sequence=1>. Acesso em: 20 jun. 2022.

GARANTIA PROVISÓRIA DO EMPREGADO ACIDENTADO E A RESPONSABILIDADE CIVIL DO EMPREGADOR

Damaris Vieira da Silva Rodrigues

Introdução

De acordo com dados do Observatório de Saúde e Segurança do Trabalho (SmartLab), da OIT e do Ministério Público do Trabalho (MPT), em 2021, o Brasil registrou cerca de 2,5 mil óbitos e 571,8 mil Comunicações de Acidente de Trabalho (CATs) entre a população com vínculo de emprego regular.

Os números representam um acréscimo de 30% em relação ao ano de 2020. Em outras palavras, somam-se cerca de 1.100 acidentes de trabalho por dia em 2021, sendo que, aproximadamente 40 empregados a cada dia não mais retornarão ao trabalho, por morte ou por incapacidade laborativa permanente.

Outro cenário preocupante e que merece muita atenção é o fato de que não estão compreendidos nesses dados diversas classes de trabalhadores, tais como os estagiários, os cooperativados e, principalmente, aqueles que trabalham na informalidade, sem registro em carteira.

Segundo dados da Pesquisa Nacional por Amostra de Domicílios Contínua (Pnad Contínua), apurada pelo IBGE (Instituto Brasileiro de Geografia e Estatística), diulgados em 28 de janeiro de 2022, o mercado de trabalho registrou cerca de 38.326 milhões de trabalhadores atuando de modo informal.

Referidas estatísticas são alarmantes e devem ser elevadas ao patamar de problema de saúde pública, pois as consequências de uma lesão acidentária trazem graves consequências à vida do trabalhador, tanto em âmbito pessoal, familiar quanto em âmbito profissional, isto é, quando não se está diante da própria morte do trabalhador.

As repercussões são também estendidas à sociedade já que a fonte de custeio da seguridade social é a própria arrecadação estatal de tributos, impactando diretamente na economia do país e na forma de distribuição de capital, que poderia ser utilizado para obras de infraestrutura e incentivos em programas de habitação, moradia e emprego, por exemplo.

Fato relevante é que a maioria dos acidentes de trabalho são previsíveis, portanto, passíveis de prevenção. Até mesmo a implementação de medidas preventivas relativamente simples e que não possuem custo elevado podem reduzir de forma significativa tais estatísticas.

A dimensão do problema somada a necessidade instantânea de soluções exigem atuação conjunta do Estado, da sociedade e dos trabalhadores para o impulsionamento da cultura de prevenção de acidentes, que engloba não só o dever de cautela e o caráter pedagógico em si, mas também, a efetiva responsabilidade do empregador por seus atos comissivos e omissivos.

A Convenção nº 155 da Organização Internacional do Trabalho (OIT), que dispõe sobre a segurança e saúde dos trabalhadores, impulsiona essa mentalidade, incentivando a participação ativa dos trabalhadores nas questões envolvendo segurança, saúde e meio ambiente de trabalho, sendo seu principal objetivo a prevenção e redução de acidentes advindos do trabalho.

No mesmo aspecto, a Constituição Federal da República de 1988 consagra a saúde ao patamar de direito social (art. 6º), impondo ao empregador o dever de zelo pelo meio ambiente de trabalho que deve ser efetivado por meio de normas de saúde, higiene e segurança que visem a redução dos riscos inerentes ao trabalho (art. 7º, inc. XXII).

A Carta Magna contempla ainda o direito ao meio ambiente ecologicamente equilibrado (art. 225), nele compreendido o do trabalho (art. 200, inc. VIII), a dignidade da pessoa humana e o valor social do trabalho, dispondo que o direito à saúde é direito de todos e dever do Estado (art. 196).

Por sua vez, a CLT atribui ao empregador o dever de cumprir as normas de segurança e medicina do trabalho, além de instruir os empregados quanto às precauções a serem tomadas para evitar acidentes de trabalho ou doenças ocupacionais (art. 157).

Portanto, a integridade física e psíquica do trabalhador deve ser o ponto de partida para garantir condições mínimas de saúde e segurança àquele que detém a força de trabalho, dever incumbido principalmente ao empregador que deve prover meios preventivos e corretivos necessários para eliminação de riscos e de garantia aos direitos fundamentais do trabalhador.

1. Acidente de trabalho. Aspectos gerais

Com o advento dos avanços tecnológicos e da Revolução Industrial, por volta dos anos de 1700 a 1800, a história relata os primeiros indícios de preocupação com a integridade física de trabalhadores que se ativavam em jornadas de trabalho extenuantes e que cada vez mais lhes causavam mutilações.

Diante da pressão popular dos trabalhadores e de suas esposas, o parlamento inglês criou a primeira legislação de proteção ao trabalhador, chamada de *Factory Act*. Da mesma forma, é criada a lei operária na Alemanha, com viés seguido por países como Escócia e Estados Unidos.

Somente em 1972 surgem os primeiros traços semelhantes no Brasil, data em que o país ocupava o *ranking* de acidentes do trabalho, tendo implementado medidas de saúde e segurança por meio de Portarias que previam a obrigatoriedade de serviços médicos em todas as empresas com mais de 100 trabalhadores.

Em 1950 a Organização Internacional do Trabalho (OIT) definiu diversas medidas para proteção do trabalhador, incluindo medidas de adaptações no ambiente de trabalho para proteção física e mental dos trabalhadores.

A primeira lei brasileira que tratou do acidente de trabalho foi a Lei nº 3.724, de 1919, instituída por Decreto, cuja aplicabilidade se dava apenas às atividades consideradas mais perigosas em que se utilizassem máquinas movidas por motor, sendo imprescindível a comprovação de culpa para a responsabilidade civil do empregador.

Somente em 1991, com o advento da Lei nº 8.213, o conceito de acidente de trabalho é ampliado, sendo aquele que ocorre pelo exercício do trabalho a serviço do empregador ou pelo exercício do trabalho dos segurados descritos pela lei.

A mesma lei apresenta as espécies de acidente de trabalho como sendo: acidente típico, previsto no art. 19; moléstias profissionais ou do trabalho, consoante art. 20 do mesmo dispositivo; e eventos equiparados ao acidente de trabalho, conforme previsto no art. 21 da Lei. Em suma, os pressupostos para a ocorrência do acidente de trabalho envolvem: a lesão corporal ou perturbação funcional que cause a morte ou a perda ou redução, permanente ou temporária, da capacidade para o trabalho.

Na ocorrência de acidente de trabalho compete ao empregador, obrigatoriamente, realizar a emissão da Comunicação de Acidente de Trabalho à Previdência Social até o primeiro dia útil seguinte ao da ocorrência e, em caso de morte, de imediato, sob pena de multa. Os efeitos da abertura de CAT e do enquadramento como acidente de trabalho para fins de recebimento do correto benefício previdenciário são enormes, a começar pela garantia provisória no emprego até a possibilidade de reparação dos danos por parte do empregador.

Justamente por tais circunstâncias, muitos empregadores deixam de realizar a abertura da CAT como tentativa de esquivar-se de suas obrigações, podendo o próprio empregado realizar a emissão do documento através do sindicato, da Previdência Social ou por meio do próprio médico que o atendeu.

O cerne da questão vai além das obrigações formais e burocráticas da empresa após a ocorrência do acidente de trabalho. A principal preocupação do empregador deve permear a prevenção e as ações imediatas de cessação de riscos ao trabalhador, que não deve ser visto como mero número, mas sim, sob a perspectiva de dignidade humana, de valorização e de detentor de direitos e garantias fundamentais.

Em termos gerais, o Observatório de Segurança e Saúde no Trabalho elaborado pelo Ministério Público do Trabalho (MPT) e pela Organização Internacional do Trabalho em 2021[34] demonstra que, no mundo, a cada quinze segundos um trabalhador morre por acidente de trabalho ou por decorrência de doenças laborais. Isto é, cerca de seis óbitos a cada cem mil empregos formais.

Em *ranking*, essa mesma pesquisa demonstra que durante o período compreendido entre 2002 e 2020, o Brasil ocupou o segundo lugar no mundo entre os países do G20 em mortalidade de trabalhadores, ficando atrás apenas do México que ocupou o primeiro lugar. Atualmente, no *ranking* mundial, o Brasil ocupa o quarto lugar. Ao contrário desse

---

[34] TRIBUNAL SUPERIOR DO TRABALHO. ***Justiça do Trabalho***. Abril/2022. Disponível em <https://www.tst.jus.br/web/trabalhoseguro/programa/-/asset_publisher/0SUp/content/a-cada-15-segundos-um-trabalhador-morre-de-acidentes-ou-doencas-relacionadas-com-o-trabalho>. Acesso em: 24 jul. 2022.

pódio assustador, Noruega e Suécia apresentaram as menores taxas nesse mesmo período.

O que se extrai desses dados é que a ocorrência de acidentes do trabalho e o surgimento ou agravamento de doenças ocupacionais estão intrinsecamente ligados ao processo de exploração de mão de obra, sendo um dos principais fatores que os originam, somados à falta de medidas preventivas e corretivas nas empresas, além da ineficaz fiscalização dos órgãos competentes. Em termos de proporção a carga horária de trabalho do México e do Brasil são semelhantes, compreendem 48 e 44 horas semanais, respectivamente; já a carga horária semanal de trabalho na Noruega é de 33 horas e meia, enquanto na Suécia é de 36 horas.

No trabalho informal a situação é ainda mais alarmante, uma vez que não há registro de notificação, sendo certo que, na maioria das vezes, não há medidas necessárias para que o trabalhador realize suas atividades com segurança, além da falta de fiscalização. Necessário, portanto, a atuação conjunta do empregador, do empregado e do Estado no combate à erradicação de tais números, que deve ser entendida como prioritária.

Ao empregador compete realizar medidas preventivas e corretivas no que diz respeito ao meio ambiente de trabalho, de modo a identificar, avaliar e eliminar potenciais riscos, realizando cursos, treinamentos, simulações e diálogos diários de segurança. Deve ainda, realizar manutenção de máquinas e equipamentos e fornecer adequadamente Equipamentos de Proteção Individual (EPI's), necessários para o desempenho de atividades.

As práticas governamentais devem incentivar jornadas de trabalho flexíveis com maior qualidade de vida aos trabalhadores, devem ser rígidas com o descumprimento das normas de saúde e segurança, devendo também proporcionar o aumento de fiscalização nos ambientes de trabalho, de ampliação e qualificação das análises dos acidentes do trabalho, além da implementação de medidas voltadas à cultura de prevenção de acidentes.

Já o empregado deve seguir as normas estabelecidas pela empresa, utilizar os EPI's fornecidos, praticar o que foi ensinado nos treinamentos, agir com atenção, evitar improviso de ferramentas e zelar por seu meio ambiente de trabalho, medidas imprescindíveis para mudar o cenário atualmente vivenciado.

2. Garantia provisória. Conceito e fato gerador

É cediço que um dos princípios inerentes ao direito do trabalho é o da continuidade da relação de emprego. Nesta perspectiva, surgem duas figuras que restringem as possibilidades de extinção do contrato de trabalho de forma arbitrária: a estabilidade e a garantia de emprego. Embora muito próximas, não se confundem.

Mauricio Godinho Delgado (2020, p. 1.319) ensina que "*Estabilidade é a vantagem jurídica de caráter permanente e Garantia de emprego, por sua vez, é a vantagem jurídica de caráter transitório*". Portanto, o fato gerador da garantia de emprego consiste em circunstância que objetiva assegurar a manutenção do emprego por determinado tempo, o que ocorre, por exemplo, no caso de acidente de trabalho.

O empregado acidentado possui garantia no emprego, pelo prazo mínimo de doze meses após o fim da percepção do benefício de auxílio-doença acidentário, conforme disposição do art. 118 da Lei nº 8.213/1991 e do item I da Súmula nº 378 do TST, independentemente da percepção de auxílio-acidente. Em se tratando de empregado que tenha sofrido acidente de trabalho com recebimento de benefício diverso, tal como o auxílio-doença comum (B31), será necessário discutir pela via judicial a natureza do evento danoso.

Importante descrever ainda que, o empregado submetido a contrato de trabalho por tempo determinado também goza da garantia provisória de emprego, decorrente de acidente de trabalho, conforme dispõe o item III da Súmula nº 378 do TST.

Durante o período de afastamento decorrente do acidente de trabalho e diante da percepção do auxílio-doença acidentário, faz jus o empregado ao pagamento de férias, décimo terceiro e recolhimento de FGTS, integrando a contagem de tempo de serviço para todos os fins, conforme § 1º do art. 4º da CLT, com a redação dada pela Lei nº 13.467/2017.

Cessado o afastamento o empregado possui o direito de retornar ao local de trabalho, pelo prazo mínimo de doze meses, em função compatível com suas limitações e de acordo com as recomendações médicas.

Se durante o período de garantia provisória no emprego, o empregado for dispensado de forma arbitrária, sua dispensa será considerada nula, devendo propor ação judicial buscando sua reintegração no emprego, que pode ser concedida a título de tutela de urgência antecipada, consoante art. 300 do CPC.

A jurisprudência atual tem entendido que a dispensa irregular não enseja necessariamente a reintegração ao trabalho, porém, enseja, ao menos, a indenização relativa ao período de garantia provisória não observado pela dispensa arbitrária que consiste no pagamento das verbas contratuais devidas desde a dispensa irregular até o final da garantia de emprego.

Isso ocorre porque, na grande maioria dos casos, a sentença é proferida após o exaurimento do período de garantia provisória, sendo inviável a reintegração, o que também acontece nos casos de extinção do estabelecimento ou encerramento de atividades da empresa.

A garantia provisória no emprego possui não só amparo legal, como também, Constitucional. É o que se extrai dos valores sociais do trabalho, da valorização da mão de obra humana, da busca pelo pleno emprego e da ordem social baseado no primado do trabalho, respectivamente previstos nos arts. 1º, inc. IV, 170, *caput* e inc. VIII e 193 da CF/1988.

É preciso ficar claro que o instituto da garantia provisória no emprego é um mecanismo de justiça social e, embora muito longe ser suficiente, objetiva atender os próprios princípios de igualdade e dignidade da pessoa humana, uma vez que o trabalhador acidentado, na maioria das vezes, deixa de concorrer em igualdade com os demais trabalhadores no mercado de trabalho, principalmente se a lesão lhe causar danos físicos, psíquicos e limitativos, como nos casos de amputações e dilacerações.

No mercado de trabalho, o empregado é aquilo que consegue produzir, portanto, o acidentado que antes tinha pleno vigor acaba em uma escala de vulnerabilidade social. Em verdade, doze meses de garantia provisória, embora seja de grande valia, é insuficiente, afinal o mínimo que se espera ao iniciar o trabalho em prol de determinado empregador, é que assim o cesse da mesma forma que entrou, sendo estas as principais obrigações de responsabilidade do empregador e do Estado.

Se durante este interregno o empregado sofre uma lesão acidentária, nunca mais voltará ao seu *status* anterior. Na prática, quando o empregador observa o período de garantia provisória no emprego, na maioria das vezes, assim o faz apenas para cumprir exigências legais e evitar ações trabalhistas, pouco se importando com a reorientação profissional do trabalhador ou com as consequências futuras implicadas pela lesão em todos os âmbitos de sua vida.

Isso sem falar que, quase sempre, o vínculo é encerrado no dia posterior ao término dos doze meses, deixando o empregado acidentado com sua identidade profissional completamente prejudicada, que somado ao baixo grau de tolerância da sociedade o torna praticamente descartável perante outros empregadores.

O acidente de trabalho interrompe a vida profissional do empregado, que nunca mais será a mesma – isto é, quando não se está diante de sua própria morte – justamente por esse fator, é essencial que medidas sejam aplicadas em prol da nova realidade, possibilitando o máximo de igualdade possível ao trabalhador, inclusive com reorientação profissional e reorganização do empregador no que diz respeito ao fato que ocasionou o acidente, caso contrário, o país ocupará cada vez um lugar à frente de rankings vergonhosos e desastrosos.

3. Responsabilidade civil do empregador. Teoria objetiva e subjetiva

Ao longo da história o instituto da responsabilidade civil passou por significativas mudanças. Seus primeiros contornos se deram no Direito Romano quando vigeu, predominantemente, a chamada vingança privada pela Lei de Talião, conhecida pelo brocardo "olho por olho dente por dente", e que à época consagrou-se como regra jurídica, o ato de fazer justiça pelas próprias mãos.

Posteriormente, com a evolução do direito romano, a reparação do dano sofrido já não mais se dava por meio de vingança, momento em que surgiram os primeiros capítulos da Lei Aquília, que trouxe a noção de culpa como fator ensejador de reparação pecuniária. A industrialização e o veloz progresso econômico trouxeram consigo o aumento no número de acidentes e doenças ocupacionais que exigiram uma expansão do instituto da responsabilidade civil, fazendo surgir novas teorias que abrangem também os casos em que ausente o elemento culpa.

No Brasil, a Constituição Federal de 1988 tratou da responsabilidade civil objetiva dos prestadores de serviço público, dispondo em seu art. 37, § 6º, que as pessoas jurídicas de direito público e as de direito privado prestadoras de serviços públicos respondem pelos danos que seus agentes, nessa qualidade, causarem a terceiros. Assim, a responsabilidade civil passou a alcançar uma enorme extensão que fora reforçada com as disposições do Código do Consumidor que dispôs sobre a responsabilidade civil objetiva para os fornecedores de produtos e serviços.

Outro grande passo da Constituição Federal de 1988 no que diz respeito à responsabilidade civil é a previsão de que a reparação previdenciária não excluiria a responsabilidade civil comum na hipótese de dolo ou culpa (inc. XXVIII do art. 7º). Portanto, qualquer que fosse o grau da culpa do empregador na ocorrência do acidente de trabalho, estaria sujeito ao dever de indenizar.

A jurisprudência do Tribunal Superior do Trabalho afirma que, nos casos de acidente ou doença ocupacional há duas modalidades de responsabilidade, uma objetiva, que é disciplinada pela legislação previdenciária, e outra subjetiva, que fora instituída pela Carta Magna e cujo montante é apurado de acordo com as regras de reparação do ato ilícito.

A regra geral no Direito brasileiro é a responsabilidade subjetiva prevista nos artigos 186, 187 e 927 do Código Civil, que pressupõe a ocorrência concomitante do dano experimentado pelo ofendido, do nexo causal e da culpa ou dolo como fundamento da responsabilidade e como fato gerador da indenização.

Em específico, nos casos que envolvam pedidos indenizatórios decorrentes de acidente de trabalho, a prova da culpa do empregador, quase sempre, é um fato extremamente difícil ou até mesmo impossível de ser demonstrado pelo empregado, que não possui condições para tanto. Já a empresa é detentora do poder econômico e de todos os documentos da relação empregatícia, por óbvio, é o empregador quem possui muito mais condições de demonstrar sua ausência de culpa pelo acidente sofrido por seus empregados.

Mauricio Godinho Delgado (2020, p. 745) entende que, nos casos de indenizações decorrentes de acidentes do trabalho que ensejam na responsabilidade subjetiva do empregador, deve-se presumir sua culpa, ou seja, é o empregador quem deverá provar a ausência de culpa e não o trabalhador incumbir-se de provar a culpa do empregador:

> Esclareça-se, por fim, com respeito a este terceiro requisito — culpa empresarial — que, configurada a presença do dano e do nexo causal em situações de acidente de trabalho, doenças ocupacionais ou profissionais,

> a culpa do empregador deve até mesmo ser presumida. É que tem o empresário a direção da estrutura e da dinâmica do ambiente laborativo, atuando diretamente sobre a forma de prestação de serviços que se realiza no estabelecimento e na empresa; nesse quadro, presume-se sua negligência, imprudência ou imperícia nos casos de disfunções surgidas no ambiente sob suas ordens.

Diferentemente da responsabilidade subjetiva, a responsabilidade objetiva, prevista no parágrafo único do art. 927 do Código Civil, não pressupõe a existência de culpa, bastando que haja nexo causal entre a atividade desenvolvida pelo empregador e o dano sofrido pelo ofendido.

Ou seja, na responsabilidade objetiva, a noção de culpa se desloca para a ideia de risco-proveito e de risco-criado.

Maria Helena Diniz (2021, p. 174) explica que o fundamento da responsabilidade civil objetiva é o princípio de equidade, partindo do pressuposto de que aquele que lucra com uma situação deve responder pelo risco ou pelas desvantagens dela resultantes (*ubi emolumentum, ibi onus; ubi commoda, ibi incommoda*).

De acordo com o entendimento fixado no Tema de Repercussão Geral nº 932 do STF, a responsabilidade objetiva é fundada na teoria do risco, aplicada quando a atividade desenvolvida pelo empregador causar ao trabalhador um risco acima da média dos demais integrantes da sociedade.

Na ocasião, o Plenário do STF entendeu que a Constituição Federal de 1988 alterou a antiga tradição da legislação brasileira que condicionava a indenização civil em acidentes de trabalho à comprovação de dolo ou culpa do empregador, passando a estabelecer um piso protetivo que admite a reparação civil como uma forma de se fazer justiça ao acidentado, mesmo sem dolo ou culpa.

A partir desse raciocínio a disposição contida no Código Civil deve ser aplicada aos casos em que se demonstrar que a atividade exercida pelo trabalhador o expôs a risco permanente. Mauricio Godinho Delgado (2020, p. 746), ao tratar do assunto explica:

> Ora, tratando-se de atividade empresarial, ou de dinâmica laborativa (independentemente da atividade da empresa), fixadoras de risco para os trabalhadores envolvidos, desponta a exceção ressaltada pelo parágrafo único do art. 927 do CCB/2002, tornando objetiva a responsabilidade empresarial por danos acidentários (responsabilidade em face do risco).

Note-se ainda que, sob a égide da teoria do risco, a jurisprudência caminha no sentido de abranger como atividade de risco não só às de notório teor (de caráter radioativo ou explosivos), mas também, àquelas que acentuam risco acima da média, como nos casos de cobrador de ônibus e do profissional da construção civil.

No entanto, mesmo nos casos em que não se esteja diante da chamada atividade de risco, perfeitamente condizente a aplicação da responsabilidade objetiva que decorre do próprio princípio da alteridade, de modo que é do empregador o risco inerente ao negócio empresarial.

José Antônio Ribeiro de Oliveira (2014, p. 257) defende que, pelo princípio da alteridade e pelos princípios fundamentais da valorização do trabalho e da dignidade da pessoa humana, o simples fato de o empregador assumir os riscos do negócio, independentemente de ser a atividade de risco ou não, já o obriga a responder objetivamente pelos danos decorrentes de acidente de trabalho:

> A dignidade humana, como direito, é o critério mais completo e justo para realmente se dar a devida atenção à vítima, não havendo, em sua identificação, problemas de teorizações acerca da responsabilidade do causador do dano. De modo que, sob esse prisma, quem causou dano a outra pessoa deve responder pelos prejuízos, em respeito à sua dignidade

essencial, não se cogitando de culpabilidade de sua parte, tampouco de risco de sua atividade.

A partir dessa análise, e sob a perspectiva do art. 2º da CLT, combinado com os incisos XXII e XXVIII do art. 7º da CF/1988, a responsabilidade do empregador pelos danos causados e ações acidentárias deveria ser objetiva, independentemente de seu enquadramento ou não em atividade de risco.

Sebastião Geraldo de Oliveira (2022, p. 251) afirma que a tendência jurídica e doutrinária é de avanço para a culpa objetiva em casos de responsabilidade civil, assim como em outras regras já existentes em outras áreas do direito, principalmente pela analogia aos danos provocados ao meio ambiente, que se relacionam ao meio ambiente de trabalho (art. 200, inc. VIII, da CF/1988) e pela previsão já citada no Código de Defesa do Consumidor quanto à responsabilidade objetiva dos fornecedores de serviços (art. 14 do CDC).

Não há como deixar de descrever ainda que, a jurisprudência do Colendo Tribunal Superior do Trabalho já se consolidou no sentido de que, na ocorrência de acidente de trabalho, o dono da obra pode ser responsabilizado civilmente pelos danos morais e/ou patrimoniais sofridos pelo trabalhador, podendo responder de forma solidária com a empreitada e a responsabilização pelo dano oriundo de acidente do trabalho não é exclusiva nas relações empregatícias, podendo recair sobre o tomador de serviços que contrata trabalhador autônomo para execução de tarefa perigosa sem conhecimento técnico.

4. Espécies de danos, requisitos e formas de indenização

O dano pode ser entendido como toda lesão a um bem juridicamente protegido que causa algum tipo de prejuízo de ordem patrimonial ou extrapatrimonial. As lesões acidentárias podem causar perdas bastante significativas ao trabalhador que repercutem em várias esferas de sua vida, tanto em âmbito pessoal e familiar quanto em âmbito profissional. A doutrina e a jurisprudência dos Tribunais têm apontado, ao menos, três dimensões de danos, a saber: materiais, morais e estéticos.

O dano material engloba tanto o dano emergente, consubstanciado naquilo que efetivamente se perdeu e nos lucros cessantes, sendo aquilo que razoavelmente o ofendido deixou de ganhar. A lei apresenta critérios objetivos para a fixação de indenização por tais danos, que envolve não só as despesas de tratamento e dos lucros cessantes até o fim da convalescença, como também, a reparação de algum outro prejuízo sofrido (art. 949 do CCB).

Ainda, se da ofensa resultar defeito pelo qual o ofendido não possa exercer o seu ofício ou profissão, ou se lhe diminua a capacidade de trabalho, além da indenização para cobrir as despesas do tratamento e dos lucros cessantes até ao fim da convalescença, é possível pleitear uma pensão correspondente à importância do trabalho para que se inabilitou, ou da depreciação que ele sofreu (art. 950 do CCB).

De outro lado, o dano moral está associado a uma ofensa subjetiva que consiste em toda dor íntima injustamente provocada à pessoa de forma imediata ou permanente, podendo se dar por derivação da própria dor física, ensejando a possibilidade de reparação jurídica.

A Constituição Federal consagra a higidez física, mental e emocional ao patamar de bens fundamentais, devendo, portanto, inquestionavelmente, ser tutelados pelo Estado.

Diferentemente da indenização por danos materiais, não há como quantificar objetivamente o dano moral, que passa pelo juízo de equidade do Julgador, devendo apreciar as funções fundamentais do instituto, quais sejam, a condição do ofendido, a capacidade financeira do causador do dano, o caráter reparador da indenização que visa compensar o ofendido ante a lesão à sua esfera personalíssima, o caráter pedagógico que objetiva dissuadir nova prática do mesmo evento danoso e a repercussão da ofensa à política judiciária.

Justamente por seu aspecto objetivo, o dano moral se presume e independe de sequelas, pois o dano sofrido pelo empregado o afeta de modo subjetivo, atingindo diretamente sua autoestima, sua carreira profissional e seus direitos mais íntimos de modo que a indenização visa compensar e minimizar a dor do trabalhador.

As lesões acidentárias podem ensejar ainda o direito à reparação pelo dano estético sofrido, que está intrinsecamente ligado ao dano à imagem do ofendido em sua harmonia física. De acordo com Sebastião Geraldo de Oliveira (2022, p. 267/268), o dano estético é devido no caso de a lesão comprometer "*a harmonia física da vítima*". O mesmo autor esclarece que não se está diante "*de um terceiro gênero de danos, mas de uma especificidade destacada do dano moral*".

Em termos gerais, o dano estético se apresenta por uma cicatriz ou deformidade ou mutilação sofrida pelo trabalhador que lhe causa constrangimento, vergonha ou repulsa. Trata-se de lesão a direito da personalidade em parte visível ou não do corpo, conforme ensina Pontes de Miranda (1983, p. 65): "*Deformidade é a perda da forma normal, a consequência permanente da lesão, sem que se exija ser em parte não coberta do corpo [...]*".

Importante mencionar que, a ordem jurídica acolhe a possibilidade de cumulação de indenizações por dano material, dano moral e dano estético, ainda que a lesão acidentária tenha sido a mesma, pois os bens tutelados são distintos, sendo este o atual entendimento do Tribunal Superior do Trabalho.

Inclusive, os artigos 223-A e seguintes da CLT definem de modo distinto cada dano de natureza extrapatrimonial, especificando cada um dos bens juridicamente tutelados.

Em específico o art. 223-F da CLT aduz que a reparação por danos extrapatrimoniais pode ser pedida cumulativamente com a indenização por danos materiais decorrentes do mesmo ato lesivo, bastando que haja discriminação dos valores de indenização.

Considerações finais

Por tudo que foi exposto, é possível concluir que o cenário atual do país, no que diz respeito ao crescimento do número de acidentes de trabalho, é preocupante. Mesmo após tantos avanços científicos e tecnológicos, o Brasil continua ocupando uma posição cada vez mais preocupante em termos de lesões acidentárias.

O dever de zelar pela integridade física e psíquica de seus empregados incumbe principalmente ao empregador, que deve proporcionar-lhes um ambiente de trabalho seguro que observe rigorosamente todas as normas pertinentes à saúde e segurança do trabalhador a fim de evitar acidentes e eliminar a potencialidade de riscos.

No entanto, essa imposição não se restringe tão somente ao Estado e ao empregador, mas também ao empregado e à sociedade em si, uma vez que medidas conjuntas são imprescindíveis para garantir a efetividade de direitos do trabalhador.

Um exemplo a ser citado, é o Programa Trabalho Seguro – Programa Nacional de Prevenção de Acidentes de Trabalho criado em 2011 pelo Tribunal Superior do Trabalho (TST) e pelo Conselho Superior da Justiça do Trabalho (CSJT), uma parceria com instituições públicas e privadas em prol da formulação e execução de projetos e ações nacionais voltados à cultura da prevenção de acidentes de trabalho.

Assim, o que se espera é a adoção de medidas que transformem os próximos anos em um cenário completamente diferente, por meio de ações eficazes ao trabalhador que possa chegar em casa da mesma forma que saiu para trabalhar e que, ao mesmo tempo, cuide daqueles que passaram por tal situação, oferecendo auxílio psicológico, readaptações e incentivos que assegurem a valorização do trabalho e a dignidade do trabalhador que com tanto esforço foram conquistados.

Referências

DELGADO, Mauricio Godinho. **Curso de Direito do Trabalho**. 19. ed. rev. e atual. São Paulo: LTr, 2020.

DINIZ, Maria Helena. **Curso de direito civil brasileiro. Teoria Geral do Direito Civil**. 13. ed. rev. e atual. São Paulo: Saraiva, 2021.

IBGE. **PNAD Contínua–Pesquisa Nacional por Amostra de Domicílios Contínua**. Disponível em: <https://www.ibge.gov.br/estatisticas/sociais/habitacao/17270-pnad-continua.html?=&t=resultados>. Acesso em: 12 maio 2022.

MIRANDA, Pontes de. **Tratado de Direito Privado**. 4. ed. São Paulo: Revista dos Tribunais, 1983. Disponível em: <Pontes de Miranda-Tratado de Direito Privado-Tomo XXII-Capítulo I-Direito, pretensão e ação (1).pdf>. Acesso em: 12 jun. 2022.

OIT. **Quase 2 milhões de pessoas morrem a cada ano de causas relacionadas ao trabalho**. Publicado em 17.09.021. Disponível em: <https://www.ilo.org/brasilia/noticias/WCMS_820318/lang–pt/index.htm>. Acesso em: 22 abr. 2022.

OLIVEIRA, Sebastião Geraldo de. **Indenizações por acidente do trabalho ou doença ocupacional.** 13. ed. São Paulo: JusPodivm, 2022.

OLIVEIRA SILVA, José Antônio de. **Acidente do Trabalho, responsabilidade objetiva do empregador**. 3. ed. São Paulo: LTr, 2014.

SMARTLAB. **Frequência de Notificações–CAT**. Disponível em: <https://smartlabbr.org/sst/localidade/0?dimensao=frequenciaAcidentes>. Acesso em: 05 maio 2022.

TRT DA 4ª REGIÃO. **Abril Verde: Brasil registrou crescimento de 30% em óbitos e acidentes de trabalho em 2021 na comparação com o an**o anterior. Disponível em: <https://www.trt4.jus.br/portais/trt4/modulos/noticias/501143#:~:text=Segundo%20dados%20do%20Observat%C3%B3rio%20de,em%20rela%C3%A7%C3%A3o%20ao%20ano%20anterior>. Acesso em: 20 abr. 2022.

A TERCEIRIZAÇÃO COMO SINÔNIMO DE PRECARIZAÇÃO DE DIREITOS

Danieli de Aguiar Pedroli

Introdução

Ao longo dos últimos anos, o cenário do mercado de trabalho sofreu mudanças impactantes desencadeadas pelo amplo processo de reestruturação do modelo de produção capitalista ao redor do mundo, de modo que observa a defesa das grandes empresas pela flexibilização das normas de proteção social, em especial, pelo fomento da ideia de protecionismo exacerbado. E, seguindo a concepção internacional, o Brasil se deixou influenciar por discursos de que seria necessário promover a alteração da legislação trabalhista vigente, sob o fundamento de que esta seria rígida e protecionista demais ao trabalhador, impedindo a retomada da economia e os investimentos, bem como a geração de novos empregos em um cenário caótico de instabilidade política-econômica-social.

Sob esta perspectiva, o estudo da terceirização ganhou nova relevância com a aprovação da reforma trabalhista, introduzida especialmente por meio da Lei nº 13.467/2017, que alterou substancialmente o texto da Lei nº 6.019/1974, principal comando legal que versava sobre o tema, trazendo consigo a possibilidade de ampliação das hipóteses de terceirização no mercado de trabalho brasileiro, permitindo sua implementação em qualquer atividade empresarial, o que mais recentemente foi referendado pela jurisprudência do Supremo Tribunal Federal.

O estudo em apreço pretende promover uma análise crítica se a terceirização irrestrita poderia representar a precarização de direitos dos trabalhadores, mediante uma abordagem comparativa entre as principais alterações legislativas sobre o tema e os entendimentos consolidados perante a Corte Trabalhista e o Supremo Tribunal Federal, enfatizando para tanto que o trabalho limita à matéria da terceirização em geral, não englobando aqui as suas espécies, bem como não está inserido aqui uma análise pontual de todos os dispositivos legais inseridos na legislação sobre o tema.

Para o desenvolvimento do trabalho foi realizado levantamento bibliográfico e documental, com consulta a livros e artigos de diversos doutrinadores, bem como utilizadas informações extraídas da rede mundial de computadores e a pesquisa de legislações e jurisprudências que versem sobre o assunto.

No primeiro capítulo é realizada uma breve exposição sobre o tema, analisando os aspectos conceituais do instituto da terceirização, bem como a problemática que gira em torno da sua definição. Já no segundo capítulo, promove-se uma análise da evolução histórica da terceirização no campo legislativo e jurisprudencial. Por fim, no último capítulo, são abordados os principais motivos que levam a concluir que a terceirização é um mecanismo que enaltece e intensifica a precarização de direitos do trabalhador dentro de uma sociedade capitalista.

1. Aspectos conceituais da terceirização

A partir de 1990, a terceirização é uma das formas de contratação que mais cresceu nos últimos anos, estando atualmente inserida em todos os segmentos econômicos, nas esferas pública e privada, sendo adotada como mecanismo pelas empresas para reduzir custos, partilhar riscos e aumentar a flexibilidade organizacional (DROPPA; BIAVASCHI; TEIXEIRA, 2021, p. 1/14).

Segundo José Dari Krein (2007),

> [...] a terceirização se manifesta de forma bastante distinta em diversos segmentos econômicos: desde a subcontratação de uma rede de fornecedores com produção independente, passando pela contratação de empresas especializadas de prestação de serviços de apoio e pela alocação de trabalho temporário via agência de emprego, até a contratação de pessoa jurídica ou do autônomo nas áreas produtivas e essenciais da empresa, o trabalho domiciliar (que na maioria das vezes é informal), a organização de cooperativas de trabalho, o deslocamento de parte da produção ou setores para ex-empregados etc. O fenômeno tornou-se tão complexo que se estabelece a terceirização da terceirização: a terceirizada sub-contrata parte do processo para outras empresas. Além disso, em alguns casos há o processo chamado de quarteirização [...].

Pode-se dizer que, a terceirização é uma medida empregada pelas empresas em face do processo econômico e que representa uma revisão da estrutura clássica organizacional, na qual se busca a desconcentração da atividade produtiva, de modo que o fornecimento dos serviços é realizado por terceiros que estão fora da empresa, a qual deixa de ser vista como autossuficiente, pois não mais se responsabilizaria por todas as etapas do processo produtivo (SILVA, O., 2017, p. 167/182).

Em linhas gerais, a terceirização se diferencia do modelo tradicional bilateral de contratação de mão de obra entre empregador e empregado, em virtude do trabalhador ser inserido no processo produtivo do tomador de serviços, sem que para tanto lhe sejam estendidos os vínculos decorrentes de uma relação jurídica trabalhista, a qual se mantém exclusivamente com a entidade interveniente (DELGADO, 2019).

Sob este aspecto, a terceirização pressupõe a existência de uma relação trilateral estabelecida entre o obreiro, empresa tomadora de serviços e empresa terceirizante. Por este ângulo, Mauricio Godinho Delgado (2019) ensina que o obreiro é aquele prestador de serviços que realiza suas atividades profissionais junto à empresa tomadora de serviços, ao passo que empresa terceirizante seria quem contrata este obreiro, com quem acaba firmando os vínculos jurídicos trabalhistas e finalmente a empresa tomadora de serviços, a qual pode ser denominada como aquela que recebe a prestação de serviços e não possui a posição clássica de empregadora, pois o trabalhador continua subordinado à empresa especializada, que assume os riscos decorrentes da sua condição de empregadora.

Importante destacar que a terceirização, para ser considerada lícita e não configurar fraude trabalhista, depende que a empresa prestadora de serviços detenha organização e gestão próprias, com a finalidade de atender às necessidades da empresa contratante, realizando os serviços e atividades para os quais foi contratada (SILVA, O., 2017, p. 167/182).

Por fim, como sendo uma modalidade de subcontratação de mão de obra que pode assumir diversas conotações no universo das relações trabalhistas, a conceituação do instituto da terceirização apresenta uma problematização, já que as discussões travadas em torno do seu aspecto de configuração envolvem uma dificuldade em incorporar as novas formas de trabalho, de maneira que é pertinente abordá-la de forma mais ampla, não mais podendo limitá-las às suas modalidades tradicionais, analisando suas concepções internas e externas ao contrato de trabalho, em diferentes atividades econômicas e ocupacionais, pois ela pode estar presente nas figuras dos trabalhadores por conta, informais, trabalhadores em plataformas digitais, microempreendedores e cooperativas (DROPPA; BIAVASCHI; TEIXEIRA, 2021, p. 1/4; BIAVASCHI; DROPPA; ALVES, 2021).

2. Evolução do instituto na legislação e jurisprudência

2.1 Da evolução legislativa e jurisprudencial no período anterior à reforma

Como analisado anteriormente, o fenômeno da terceirização é relativamente novo em nosso país, pois somente no início da década dos anos 70, com o Decreto-Lei nº 200/1967 e Lei nº 5.645/1970, que foi instituído uma referência normativa ao instituto em apreço, a qual não recebia tal denominação e se estendia exclusivamente ao setor da Administração Pública por meio da descentralização administrativa, que autorizava contratação de trabalhadores assalariados por intermédio de empresas interpostas, para a realização de serviços de apoio, instrumentais, meramente de execuções (DELGADO, 2019).

Com relação à terceirização no mercado de trabalho privado, a regulamentação do instituto em apreço ganhou evidência com a Lei nº 6.019/1974 (Lei do Trabalho Temporário) e a Lei nº 7.012/1983 (Lei do Serviço de Vigilância Especializada), as quais foram os primeiros diplomas normativos a fazer menção à terceirização, entretanto, restringiam suas formas de contratações às dimensões e segmentos específicos dentro da dinâmica terceirizante, ou seja, não havia um diploma legal e próprio que regulamentasse as variadas hipóteses de incidência, as garantias trabalhistas, ambientais, previdenciárias e demais aspectos indispensáveis à sua configuração e análise (DELGADO; DELGADO, 2018).

E, foi diante desse quadro de ausência de uma legislação específica sobre o tema, que a jurisprudência trabalhista exerceu um importante papel para interpretar o ordenamento jurídico em vigor, inclusive seguindo as matrizes constitucionais e internacionais imperativas, que impunha limites à terceirização irrestrita em sua acepção geral, salvaguardando o contexto principiológico e normativo das aludidas fontes, que não permitiriam a utilização do trabalho sem que fosse assegurado um patamar civilizatório mínimo (DELGADO; DELGADO,

2018), que pudesse reduzir "[...] *a valorização do trabalho e do emprego, exacerbando a desigualdade social entre os trabalhadores e entre estes e os detentores da livre iniciativa, instituindo formas novas e incontroláveis de discriminação* [...]" (DELGADO, 2019).

A respeito disso, após a submissão de diversos precedentes sobre a matéria, em 30 de setembro de 1986, a jurisprudência do Tribunal Superior do Trabalho pacificou o seu entendimento por meio da Súmula 256, que em síntese estabelecia limites à possibilidade de subcontratação, autorizando a contratação mediante empresa interposta somente nos casos de trabalho temporário e de serviços de vigilância previstos nas Leis nº 6.019/1974 e nº 7.102/1983, sob pena de ser considerada ilegal e formalizar-se o vínculo empregatício diretamente com o tomador dos serviços (SILVA, O., 2017, p. 167/182; FELICIANO, 2018).

Posteriormente, em 17 de dezembro de 1993, a Súmula 256 foi cancelada e o Tribunal Superior do Trabalho aprovou o Enunciado nº 331, que sofreu diversas alterações até que chegasse a sua redação atual, ora implementada por intermédio da Resolução nº 174/2011, trazendo consigo temas variados relacionados à terceirização (SILVA, O., 2017, p. 167/182).

Neste aspecto, a Justiça do Trabalho pontua por meio do supracitado entendimento de que seria condizente impor limites e restrições à prática da terceirização, estabelecendo que somente teriam validade as subcontratações ocorridas em atividades específicas, tais como vigilância, conservação e limpeza, bem como relacionadas aos serviços especializados ligados à atividade-meio da empresa tomadora (TEIXEIRA, 2021; SILVA, O., 2017, p. 167/182).

A referida súmula inovou quando adotou uma linha interpretativa expressa que permitia distinguir a terceirização lícita e ilícita, assim como ao diferenciar os aspectos que envolvem análise da atividade-meio e atividade-fim da empresa contratante, considerando de tal maneira como lícita somente a terceirização no que tange às atividades que não dizem respeito àquelas relacionadas com as atividades principais da empresa contratante (DELGADO, 2019), ampliando assim as hipóteses permissivas de subcontratação de mão de obra para além daquelas previstas nas Leis nº 6.019/1974 e nº 7.012/1983.

Por fim, ainda que o Tribunal Superior do Trabalho tenha se posicionado pela necessidade de impor limites, requisitos e proteção jurídica à terceirização irrestrita, com o objetivo de impedir a precarização do trabalho, do trabalhador e do meio ambiente laborativo, não há dúvidas de que o seu entendimento acompanhou as modificações empregadas pela onda da terceirização no cenário do mercado de trabalho mundial (DELGADO, 2019; SILVA, O., 2017, p. 167/182).

2.2 Da evolução legislativa e jurisprudencial posteriormente à reforma

Como se viu, o estudo do fenômeno da terceirização é marcado pela profunda insegurança e descontrole legislativo no Brasil, já que durante anos ficou alicerçado no entendimento sumulado de nº 331 do Tribunal Superior do Trabalho (SILVA, H., 2017). Todavia, em 2017, por meio das Leis nº 13.429/2017 e nº 13.467/2017, novas regras foram instituídas pelo legislador ordinário, com o escopo de promover a regularização do referido instituto (DELGADO; DELGADO, 2018).

Embora a Lei nº 13.429, de 13 de março de 2017, tenha trazido novas regras sobre o contrato de trabalho temporário regulado pela Lei nº 6.019/1974, observou-se que não afetaram de forma significativa o quadro jurídico sobre a terceirização que vigorava até aquele momento no país, dando ênfase aqui à conceitualização daquilo que seria empresa prestadora de serviços, como se observa do *caput* do seu artigo 4º-A. Neste sentido, diferentemente do que fora defendido por alguns entusiastas, os artigos 4º-A, 4º-B, 5º-A e 5º-B ora introduzidos pelo aludido diploma na Lei nº 6.019/1974 não autorizaram expressamente a terceirização de forma irrestrita em quaisquer das atividades empresariais desenvolvidas pela empresa contratante (DELGADO; DELGADO, 2018; FELICIANO, 2017), pelo contrário, permanecia a condição anterior a sua vigência seguindo os ditames da Súmula 331 do Tribunal Superior do Trabalho, ou seja, nas palavras de Guilherme Guimarães Feliciano (2017), "[...] *a lei não proíbe textualmente, mas tampouco autoriza expressamente* [...]".

Contudo, pouco mais de três meses depois, foi aprovada a Lei nº 13.467, de 13 de julho de 2017, que deflagrou a reforma trabalhista no país, alterando de forma substancial e ampliativa o texto da Lei nº 6.019/1974, uma vez que introduziu regras explícitas sobre os aspectos jurídicos da terceirização em sentido amplo (DELGADO, 2019; DELGADO, DELGADO, 2018).

Com efeito, uma das principais mudanças promovidas pela legislação em apreço diz respeito ao objeto da terceirização e ao tipo de atividade suscetível ao trabalho terceirizado (DELGADO; DELGADO, 2018), haja vista que superando as dúvidas hermenêuticas que a Lei nº 13.429/2017 não foi capaz de elucidar a respeito da permissibilidade da terceirização irrestrita (FELICIANO, 2017), o diploma em questão passa a estabelecer como sendo terceirização de mão de obra a "[...] *transferência feita pela contratante da execução de quaisquer de suas atividades, inclusive sua atividade principal, à pessoa jurídica de direito privado prestadora de serviços que possua capacidade econômica compatível com a sua execução*", segundo se extrai do teor da atual redação do seu artigo 4º-A.

Em síntese, na contramão do entendimento sumulado de nº 331 do Tribunal Superior do Trabalho, que fazia diferenciação entre atividade-meio e atividade-fim para sedimentar a legalidade da terceirização, a Lei nº 13.467/2017 autoriza expressamente que a empresa tomadora possa transferir para a empresa contratada quaisquer de suas atividades, inclusive sua atividade principal, ampliando fundamentalmente as possibilidades de terceirizar (DELGADO, 2019; DROPPA; BIAVASCHI; TEIXEIRA, 2021, p. 1/14).

Ainda que a reforma trabalhista tenha assegurado a liberação da terceirização irrestrita, a sua implementação nas atividades-fim era tratada com cautela pelo setor empresariado ante a celeuma que perdurava no campo judiciário e inclusive pelas incertezas de sua eficácia dentro da atividade produtiva (TEIXEIRA, 2021). Todavia, tal cenário ganha um novo enfoque a partir do novo posicionamento firmado pelo Supremo Tribunal Federal, que, em agosto de 2018, mediante a análise em conjunto do Recurso Extraordinário nº 958.252/MG e da Arguição de Descumprimento de Preceito Fundamental nº 324/DF, procedeu em sede de repercussão geral, com o julgamento da questão atinente aos limites da terceirização em face das restrições impostas pela Súmula nº 331 do Tribunal Superior do Trabalho (DELGADO, 2019).

Contrapondo-se ao teor do entendimento sumulado do Tribunal Superior do Trabalho, por maioria dos votos dos seus membros, o Supremo Tribunal Federal referendou a terceirização irrestrita permitida pela Lei nº 13.467/2017 ao apreciar o tema 725 da repercussão geral (DELGADO, 2019), pois julgou procedente o pedido formulado em arguição de descumprimento de preceito fundamental e deu provimento ao recurso extraordinário para considerar a licitude da terceirização de atividade-fim ou meio, fixando para tanto a tese que estatui ser "[...] *lícita a terceirização ou qualquer outra forma de divisão do trabalho entre pessoas jurídicas distintas, independentemente do objeto social das empresas envolvidas, mantida a responsabilidade subsidiária da empresa contratante* [...]" (STF, 2018)[35].

Segundo resumo do voto de relatoria do Ministro Luís Roberto Barroso proferido na decisão da ADPF nº 324/DF, seria inevitável que o Direito do Trabalho venha a passar por transformações no contexto atual, de tal maneira que a Constituição Federal não impõe a adoção de

---

[35] BRASIL. Supremo Tribunal Federal. Informativo 193, Plenário, agosto/2018. Disponível em: <https://www.stf.jus.br/arquivo/informativo/documento/informativo913.htm>. Acesso em: 24 jul. 2022.

um modelo de produção específico, tampouco impede o desenvolvimento de estratégia de produção, como a terceirização, afirmando ainda que o reconhecimento da terceirização das atividades-meio ou das atividades-fim de uma determinada empresa tem amparos inclusive nos princípios constitucionais da livre iniciativa e da livre concorrência. Ademais, de acordo com o posicionamento do referido Ministro, a terceirização não ensejaria a precarização do trabalho, violação da dignidade do trabalhador ou desrespeito a direitos previdenciários, pois o ato de terceirizar não resultaria em redução de custos, mas sim o exercício de forma abusiva de sua contratação que poderia produzir tais transgressões (STF, 2018)[36].

Por sua vez, o relator do Recurso Extraordinário nº 958.252/MG, Ministro Luiz Fux, esboçou em trechos do seu voto que "[...] os valores do trabalho e da livre iniciativa são intrinsecamente conectados, em relação dialógica que impede a rotulação de determinada providência como maximizadora de apenas um deles [...]"[37] (STF, 2018), razão pela qual, em sua concepção a Súmula 331 do Tribunal Superior do Trabalho é considerada inconstitucional por violar os princípios da livre iniciativa e da liberdade contratual (STF, 2018)[38].

O aludido Ministro destacou que a terceirização não seria instrumento de fragilização da mobilização sindical dos trabalhadores, assim como as leis trabalhistas são de observância obrigatória pelas empresas envolvidas na dinâmica da relação trilateral (STF, 2018)[39]. Ademais, consigna que a "[...] dicotomia entre a atividade-fim e atividade-meio é imprecisa, artificial e ignora a dinâmica da economia moderna, caracterizada pela especialização e divisão de tarefas com

---

[36] Idem.

[37] Idem.

[38] Idem.

[39] Idem.

vistas à maior eficiência possível [...]"[40] (STF, 2018). Enfim, pontua que diferentemente do que se possa opinar sobre o assunto, a terceirização traria indiscutíveis benefícios aos trabalhadores, tais como a redução do desemprego, crescimento econômico e aumento de salários, favorecendo sobremaneira a concretização de preceitos constitucionais, como a erradicação da pobreza e da marginalização e a redução das desigualdades sociais, sem que tal fato possa resultar em prejuízo à busca do pleno emprego (STF, 2018)[41].

Não menos enfático à explanação aqui, é necessário destacar que na recente decisão proferida no último dia 01 de julho de 2022, em sede de embargos de declaração opostos no Recurso Extraordinário nº 958.252, o Supremo Tribunal Federal fez por bem modular os efeitos acerca da aplicação da tese repetitiva 725, para o fim de assentar a aplicabilidade dos efeitos da tese jurídica apenas aos processos que ainda estavam em curso na data da conclusão do seu julgamento em 30 de agosto de 2018, restando impedido o ajuizamento de eventuais ações rescisórias contra decisões transitadas em julgados antes da mencionada data que venha ter por fundamento a análise da Súmula 331 do Tribunal Superior do Trabalho (STF, 2022)[42].

Portanto, pelo breve estudo do atual entendimento do Supremo Tribunal Federal sobre os aspectos da terceirização, não há dúvidas de que a referenciada Corte "[...] além de verdadeira antessala da "reforma" [...], atuou como lócus legitimador da desconstrução da tela pública de proteção ao trabalho [...]", como diria BIAVASCHI, DROPPA e ALVES (2021), pois influenciada pelos ideários neoliberais que invadem as instituições públicas e políticas nos últimos anos, a Corte Suprema

---

[40] Idem.

[41] Idem.

[42] BRASIL. Recurso Extraordinário nº 958.252/MG, Plenário, julho/2022. Disponível em: <https://portal.stf.jus.br/jurisprudenciaRepercussao/verAndamentoProcesso.asp?incidente=4952236&numeroProcesso=958252&classeProcesso=RE&numeroTema=725>. Acesso em: 24 jul. 2022.

deixa claro o seu posicionamento pela valorização dos corolários da livre iniciativa empresarial e da livre concorrência, negando efetividade aos preceitos da dignidade da pessoa do trabalhador e do valor social do trabalho, os quais são mecanismos indispensáveis à manutenção do equilíbrio entre os agentes que fazem parte das relações de trabalho.

3. A terceirização como sinônimo de precarização de direitos

As discussões em torno do instituto da terceirização sempre se revelaram bastante conflituosas, antes mesmo da reforma trabalhista, em virtude de envolver uma possível precarização das condições de trabalho em detrimento dos direitos dos trabalhadores, pois a referida teria como identidade de sua natureza a busca pela redução de custos, flexibilização da estrutura organizacional e a partilha dos riscos da atividade econômica com outro agente econômico estranho à relação tradicional de trabalho, inclusive com os próprios trabalhadores por meio de contratos individuais, precários e instáveis, como método de enfrentamento aos impasses trazidos pelo desenfreado capitalismo financeiro (SILVA, O., 2017, p. 167/182; KREIN, 2007; TEIXEIRA, 2021).

Resumidamente, como bem pontuado por José Dari Krein e Marilane Oliveira Teixeira (2021), poderia se dizer que o principal objetivo da terceirização é "[...] *rebaixar a remuneração do trabalho e dos benefícios, transferir os riscos decorrentes das condições de trabalho para a prestadora de serviços ou para os próprios trabalhadores, sem necessariamente sonegar a legislação trabalhista* [...]".

Neste sentido, a reforma trabalhista aprovada em 2017 – que surgiu como promessa de fomentar o crescimento econômico em meio a um cenário de crise institucional-política-econômica que assolava o país, diminuir o quadro de desempregados e de modernizar a legislação trabalhista vigente tida como arcaica e protecionista demais ao trabalhador – intensifica o processo de precarização dos direitos trabalhistas, na medida em que autorizou a terceirização irrestrita, ampliando demasiadamente as possibilidades de transferir a responsabilidade e os riscos da atividade empresarial para terceiros (SOUTO MAIOR, 2017; TEIXEIRA, 2021).

À sombra disso, diferentemente do que fora preconizado por seus idealizadores e já exaustivamente tratado nos estudos realizados no cenário pós-reforma, a reforma trabalhista não foi capaz de cumprir com os seus propósitos, pelo contrário, analisando especificamente a questão atinente à terceirização, constata que apesar das dificuldades de mensurá-la dada a indisponibilidade de dados sobre ela nas fontes oficiais, a aludida continua sendo a modalidade de contratação flexível com maior expressividade no mercado de trabalho, inclusive, há uma nítida indicação de que a terceirização continua avançado após a reforma (KREIN; TEIXEIRA, 2021).

De acordo com dados extraídos da RAIS (Relação Anual de Informações Sociais) de 2018, a partir de uma metodologia desenvolvida pelo DIEESE (Departamento Intersindical de Estatística e Estudos Socioeconômicos), há cerca de 11 milhões de terceirizados no país, os quais constituem 24% dos empregos formais. No mais, segundo os estudos traçados entre o período de 2013 e 2018, revelam uma queda do número total de trabalhadores formais, ao passo que fica evidenciada a expansão de algumas atividades tipicamente terceirizáveis no referido período, tais como serviços de fornecimento e gestão de recursos humanos para empresas, de apoio à gestão na saúde, de apoio a edifícios e de escritórios (KREIN; TEIXEIRA, 2021).

Assim, apesar da controvérsia sobre a definição de atividade-fim que envolvia o estudo da terceirização e que foi "solucionada" pela reforma trabalhista, percebe-se que o avanço da referida modalidade de subcontratação não encontrou maiores óbices legais para se viabilizar ao longo dos anos, posto que havia uma tendência hegemônica de defesa da flexibilização como ajuste da força de trabalho aos interesses da classe empresarial, pois este mecanismo asseguraria maior liberdade às empresas para facilitar o processo de produção de bens e serviços em detrimento dos direitos dos trabalhadores (KREIN, 2007; KREIN, TEIXEIRA, 2021).

Como sinônimo de instrumento destinado à precarização do trabalho, a terceirização constitui uma forma de flexibilização das relações de trabalho, a qual admite o rebaixamento do padrão de remuneração e dos benefícios, das condições de trabalho, inclusive, relacionadas às questões da saúde e segurança do trabalho (KREIN, 2007).

Neste sentido, Mauricio Godinho Delgado (2019) pontua que,

> A terceirização rebaixa o patamar de retribuição material do trabalhador em comparação com o colega contratado diretamente pelo tomador de serviços. Esse rebaixamento envolve não somente o montante remuneratório percebido como também o conjunto de vantagens e proteções tradicionalmente conferidas pelo tomador de serviços aos seus empregados diretos, quer originadas de seu regulamento interno, quer originadas simplesmente da prática cotidiana empresarial, quer oriundas dos instrumentos negociais coletivos inerentes às categorias econômica e profissional envolvidas (bancos e empregados bancários, respectivamente; empresas metalúrgicas e empregados metalúrgicos, respectivamente; etc.) [...].

Além disso, a terceirização amplia sobremaneira a liberdade da empresa na determinação das condições de gerir a atividade empresarial em desfavor da valorização do trabalho e da pessoa do trabalhador no conjunto da sociedade capitalista, enfraquecendo a figura do trabalhador tanto como pessoa detentora de direitos quanto profissional (KREIN, 2007; DELGADO, 2019).

Não obstante, a terceirização utilizada com a finalidade de reduzir custos tende a fortalecer as relações de trabalho mais heterogêneas, inserindo o trabalho por conta própria sem proteção social e a contratação de trabalhadores sem registro como instrumento destinado a assegurar a competitividade de sobrevivência no mercado (KREIN, 2007).

Por seu turno, a terceirização provoca impactos diretamente no sindicalismo e nas negociações coletivas, vez que acentua a diferenciação entre os trabalhadores e aumenta a fragmentação da representação das organizações sindicais, pulverizando os interesses comuns dos trabalhadores, o que dificulta a sua identificação em torno dos interesses coletivos defendidos pela entidade sindical (KREIN, 2007; DELGADO, 2019).

Finalmente, os trabalhadores das empresas terceirizadas são geralmente representados por sindicatos mais fracos que detêm de pouco poder de barganhar – dada a sua propensão a menor taxa de sindicalização e a reduzida base territorial de atuação – apresentando para tanto maiores dificuldades em negociarem melhores condições de trabalho e salários, de tal modo que os direitos conquistados pelos trabalhadores terceirizados não são, na maioria das vezes, os mesmos que os conquistados pelos trabalhadores diretos nas negociações coletivas (KREIN, 2007; DELGADO, 2019).

Considerações finais

Como se viu, a terceirização é uma modalidade de subcontratação de mão de obra que pode assumir diversas conotações no campo das relações trabalhistas, o que traz uma problematização a respeito de sua conceituação, pois discussões sobre os seus aspectos de configuração demonstram a necessidade de incorporar as novas formas de trabalho que ganham ênfase com o amplo processo de reestruturação do modelo de produção capitalista.

Dada à ausência de legislação específica sobre o tema em nosso país, que pudesse regulamentar suas mais variadas hipóteses de incidência e outros aspectos relevantes à sua configuração, constatou-se que a jurisprudência do Tribunal Superior do Trabalho exerceu um importante papel ao impor limites à terceirização irrestrita em sua acepção geral, com o objetivo de impedir a precarização do trabalho, do trabalhador e do meio ambiente laborativo.

Contudo, em sentido oposto ao entendimento da Corte Trabalhista, a Lei nº 13.467/2017 veio autorizar expressamente a terceirização irrestrita, permitindo que a empresa contratada pudesse transferir a execução de quaisquer de suas atividades a terceiros, inclusive a principal, posição esta que acabou sendo posteriormente referendada pelo Supremo Tribunal Federal, o qual, em julgamento com repercussão geral, negou efetividade aos preceitos da dignidade da pessoa do trabalhador e do valor social do trabalho, esboçando claramente a necessidade de assegurar a valorização dos corolários da livre iniciativa empresarial e da livre concorrência.

Em contrapartida, independentemente da controvérsia sobre a definição de atividade-fim que envolvia o estudo da terceirização, ficou devidamente demonstrado que o avanço da referida modalidade de subcontratação não encontrou maiores obstáculos legais para o seu favorecimento no decorrer dos anos, o que se deve especialmente a uma tendência hegemônica de defesa da flexibilização como ajuste da força de trabalho *versus* interesse do capital.

À vista disso, como instrumento de flexibilização das relações de trabalho, a terceirização intensifica a precarização dos direitos dos trabalhadores, pois dada a sua natureza de meio de redução de custos, de abrandamento da estruturação organizacional e de partilha dos riscos da atividade empresarial com terceiros e, inclusive, com os próprios trabalhadores, a mencionada modalidade de subcontratação impõe o rebaixamento do padrão de remuneração e dos benefícios, das condições de trabalho e segurança, bem como amplia a liberdade da empresa em alocar a mão de obra dentro da sua estrutura e acentua a segmentação da representação sindical.

Portanto, após mais de cinco anos da reforma trabalhista implementada no país, o tema que envolve a terceirização continua em nítida evidência dentro dos estudos das relações de trabalho, porquanto, a mencionada ainda desempenha um dos papéis mais relevantes nas formas de contratações flexíveis, o que é demonstrado pelo seu contínuo crescimento. Contudo, tal progresso infelizmente tem se dado às custas da violação direta aos preceitos constitucionais da dignidade da pessoa do trabalhador e do valor social do trabalho, bem como de normativas internacionais ratificadas pelo ordenamento jurídico brasileiro, pois, como analisado no presente estudo, a terceirização não é capaz de assegurar a mínima proteção social ao trabalhador, seja como pessoa quanto profissional, haja vista que amplia as situações de insegurança e vulnerabilidade entre os trabalhadores, em especial, por agravar a piora do quadro de distribuição de renda entre os trabalhadores formais e terceirizados.

Referências

BIAVASCHI, M. B.; DROPPA, A.; ALVES, A. C. A terceirização, conceito e decisões judiciais no contexto da "reforma" trabalhista: um diálogo entre julgamentos do TST e do STF. In: KREIN, J. D. et al (Org.). **O trabalho pós-reforma trabalhista (2017)**. [livro eletrônico]: volume 1. São Paulo: Cesit-Centro de Estudos Sindicais e de Economia do Trabalho, 2021. PDF.

BRASIL. **Recurso Extraordinário nº 958.252/MG**, Plenário, julho/2022. Disponível em: <https://portal.stf.jus.br/jurisprudenciaRepercussao/verAndamentoProcesso.asp?incidente=4952236 &numeroProcesso=958252&classeProcesso=RE&numeroTema=725>. Acesso em: 24 jul. 2022.

BRASIL. Supremo Tribunal Federal. **Informativo 193**, Plenário, agosto/2018. Disponível em: <https://www.stf.jus.br/arquivo/informativo/documento/informativo913.htm> Acesso em: 24 jul. 2022.

DELGADO, M. G. **Curso de direito do trabalho**: obra revista e atualizada conforme a lei da reforma trabalhista e inovações normativas e jurisprudenciais posteriores. 18. ed. São Paulo: LTr, 2019.

DELGADO, M. G.; DELGADO, G. N. **A reforma trabalhista no Brasil**: com comentários à Lei n. 13.467/2017. 2. ed. São Paulo: LTr, 2018.

DROPPA, A.; BIAVASCHI, M. B.; TEIXEIRA, M. O. **A terceirização no contexto da reforma trabalhista**: conceito amplo e possibilidades metodológicas. Caderno CRH, Salvador, v. 34, 2021. p. 1/14.

FELICIANO, G. G. A terceirização no Brasil: breve escorço. In: DIAS, C. O. et al. **Comentários à lei da reforma trabalhista**: dogmática, visão crítica e interpretação constitucional. São Paulo: LTr, 2018.

KREIN, J. D. **As tendências recentes na relação de emprego no Brasil**: 1990-2005. Tese de doutoramento. IE/UNICAMP, Campinas, 2007.

KREIN, J. D; TEIXEIRA, M. O. O avanço das formas de contratação flexíveis. In: KREIN, J. D. et al (Org.). **O trabalho pós-reforma trabalhista (2017)**. [livro eletrônico]: volume 1. São Paulo: Cesit-Centro de Estudos Sindicais e de Economia do Trabalho, 2021. PDF.

SILVA, H. B. M. **Comentários à reforma trabalhista** – análise da Lei 13.467/2017 – artigo por artigo. São Paulo: Revista dos Tribunais, 2017.

SILVA, O. P. e. **Terceirização e a reforma trabalhista** = Outsourcing and the labour reform. Revista do Tribunal Regional do Trabalho da 15ª Região, Campinas, n. 51, p. 167/182, jul./dez. 2017.

SOUTO MAIOR, Jorge Luiz. **Impactos do golpe trabalhista (a Lei n. 13.67/17)**, 2017. Disponível em: <https://www.jorgesoutomaior.com/blog/impactos-do-golpe-trabalhista-a-lei-n-1346717>. Acesso em: 25 jul. 2022.

TEIXEIRA, M. O. Terceirização e trabalho temporário. In: KREIN, J. D. et al (Org.). **Negociações coletivas**: Pós-reforma trabalhista (2017). [livro eletrônico]: volume 2. São Paulo: Cesit – Centro de Estudos Sindicais e de Economia do Trabalho, 2021. PDF.

BURNOUT – ANÁLISE DA DOENÇA OCUPACIONAL

Danila Manfré Nogueira Borges

Introdução

A segurança e o bem-estar social são fundamentos do Estado Democrático de Direito e constam do preâmbulo da Carta Constitucional; portanto são componentes de uma sociedade e asseguram em uma ampla dimensão o comprometimento de toda a ordem social com seus fundamentos. Dentre os direitos sociais previstos no art. 6º da Constituição Federal, estão o trabalho, a segurança e a saúde, sendo esta com destaque no inciso XXII do art. 7º do mesmo diploma legal.

Fato é que a vida é muito mais ágil, imprevista e inédita do que a norma, o que faz com que ela esteja sempre necessitando de aperfeiçoamento, em especial para que consiga acompanhar as necessidades de uma sociedade líquida tão bem descrita por Zigmunt Bauman em sua obra *Modernidade Líquida*, conceito que há muito é citado pela própria economia que exige liquidez de recursos para que o indivíduo possa estar conectado ao sistema de consumo.

A legislação não acompanha a velocidade das transformações da sociedade, e talvez por tais motivos seja necessária a aplicação da hermenêutica para análise do caso concreto, do caso fático, nos exatos termos do conceito de jurisdição, palavra derivada do latim *iuris dictio*, que significa "dizer o Direito", ou seja, é a possibilidade de aplicação do Direito ao caso concreto.

Mas, como dito, nossa sociedade é mais ágil que a norma, sendo necessária a análise do caso prático com recursos outros que não apenas a lei positivada pelo ordenamento, como é o caso da análise do burnout como doença ocupacional.

Como se verá, embora citado na bibliografia médica desde a década de 1970 e constante na norma previdenciária por meio do anexo II do Decreto nº 3.048/1999 desde a década de 90, a Síndrome de Burnout ganhou nova roupagem em 11/02/2022, ao ser classificada pela 11ª Versão da Classificação Internacional de Doenças, na medida em que, agora está definido como resultante do estresse crônico no local de trabalho que não foi gerenciado com sucesso, o que nos chama a atenção para dois fatos relevantes.

O primeiro é relacionado à ausência de normas de segurança relacionada aos riscos psicossociais que, por sua vez, são inerentes ao meio ambiente de trabalho, justamente o agente causador do burnout, pois segundo a definição da Organização Mundial de Saúde, uma vez diagnosticado, o burnout não se dissocia do meio ambiente de trabalho.

O segundo fato relevante é que, pela norma previdenciária há dois tipos de doença ocupacional, estando ambas definidas pelos incisos I e II do art. 20 da Lei nº 8.213/1991, sendo elas as doenças profissionais e do trabalho. Ocorre que, o burnout, síndrome relacionada ao ambiente de trabalho, não se enquadra nas definições já impostas pelo ordenamento jurídico, sendo exatamente esta a questão que se pretende analisar neste trabalho.

1. A inclusão do Burnout na 11ª Versão da Classificação Internacional de Doenças

A primeira Classificação Internacional de Doenças (CID) foi aprovada em 1893, sendo que a partir de 1940 coube à Organização Mundial de Saúde assumir o sistema (GRASSI, LURENTI, 1998, p. 43/47) e, desde então, vem sendo periodicamente revisada. A versão final da nova Classificação Internacional de Doenças da Organização Mundial de Saúde foi publicada em 11/02/2022.

A versão anterior, conhecida como CID 10, havia sido publicada na década de 90, portanto, com o avanço das pesquisas, da literatura médica e das transformações das organizações produtivas, necessário se fazia a atualização, em especial em relação ao burnout que não possuía tipificação própria.

Com o avanço científico e o aprofundamento das pesquisas sobre as doenças mentais relacionadas ao trabalho, novas percepções foram observadas, como as de Fernando Castro e José Zanelli (CASTRO, ZANELLI, 2007, p. 17/33), que apresentam dados relativos à carga emocional do trabalho de enfermeiros, médicos, assistentes sociais e advogados que lhes permitiram concluir que, em geral, o burnout era usado para expressar uma exaustão emocional gradual, um cinismo e ausência de comprometimento experimentados em função das altas demandas de trabalho.

Neste mesmo sentido eram as observações clínicas de Freudenberger que em 1974 havia conceituado o burnout como sendo uma "*síndrome psicológica crônica, vivida pelos profissionais cujo trabalho envolve relacionamento intenso e frequente com pessoas que necessitam, de cuidado e/ou assistência*"[43].

Enfim, a nova versão da Classificação Internacional de Doenças (CID) inclui recomendações de diagnóstico atualizadas para condições de saúde mental, como foi o caso do Burnout que, atualmente, consta com seguinte descrição:

> "Burnout é uma síndrome conceituada como resultante do estresse crônico no local de trabalho que não foi gerenciado com sucesso. Caracteriza-se por

[43] FREUDENBERGER, H.J. (1974). Staff burnout. Journal of Social Issues, 30 (1), 159/165.

três dimensões: 1) sentimentos de esgotamento ou exaustão de energia; 2) aumento da distância mental do trabalho, ou sentimentos de negativismo ou cinismo em relação ao trabalho; e 3) uma sensação de ineficácia e falta de realização. Burnout refere-se especificamente a fenômenos no contexto ocupacional e não deve ser aplicado para descrever experiências em outras áreas da vida". [QD 85].

É, portanto, um diagnóstico que não se pode dissociar do meio ambiente de trabalho.

Não que antes a CID 10 não trouxesse sua previsão, tampouco era o Burnout desconhecido da literatura médica, jurídica ou legislativa, mas o diagnóstico se dava de modo genérico na bibliografia médica com a utilização da CID 10 Z730 – esgotamento.

Se o diagnóstico já existia e se há muito ele se relaciona ao meio ambiente de trabalho, faz-se necessária a análise dos riscos decorrentes do meio ambiente de trabalho, pois, com a inclusão na CID 11, o Burnout passa a ser tratado e diagnosticado como um fenômeno ocupacional, que, conforme a própria dicção da classificação aponta, **não se pode dissociar do meio ambiente de trabalho**.

Sendo, portanto, o ambiente do trabalho a única causa ensejadora do Burnout, ou seja, o risco à saúde do empregado existe em razão do meio ambiente em que este empregado está alocado, necessária a normatização deste meio ambiente do trabalho, que não é apenas o meio ambiente físico, mas também o meio ambiente de trabalho psíquico.

Guilherme Feliciano nos lembra que a saúde, direito fundamental assegurado aos trabalhadores pela Constituição Federal (CRFB, arts. 6º, 7º, XXII, 196 e 200, VIII, entre outros), permeia toda a normativa trabalhista e de direitos humanos, e, para mais

é um conceito holístico: na percepção da própria Organização Mundial da Saúde, não alcança apenas a ausência de afecções, mas também a

> promoção do bem-estar; não se pode compreender isoladamente, mas apenas na perspectiva do meio ambiente em que os seres humanos estão inseridos; e, de resto, não se limita ao aspecto físico, mas abrange também a dimensão social e a dimensão psíquica ou mental. (FELICIANO, PASQUALETO, 2021, p. 165/188)

No mesmo sentido, a Convenção nº 155 da Organização Internacional do Trabalho dita que a saúde: "com relação ao trabalho, abrange não só a ausência de afecções ou de doenças, mas também os elementos físicos e mentais que afetam a saúde e estão diretamente relacionados com a segurança e a higiene no trabalho". Desta forma, temos que essa definição está em plena harmonia com aquela adotada pela Organização Mundial da Saúde (OMS) que compreendem que a saúde como um estado de completo bem-estar físico, mental e social, e não na ausência de doença ou de enfermidade, portanto, o meio ambiente de trabalho é também o psíquico.

Se há risco psicossocial, se faz necessário o mapeamento destes riscos, de forma a garantir a efetiva proteção do meio ambiente de trabalho, tais quais as já existentes proteções aos riscos decorrentes dos agentes químicos, físicos e biológicos.

O Gerenciamento de Riscos Ocupacionais – GRO, conjunto de ações coordenadas de prevenção que têm por objetivo garantir aos trabalhadores condições e ambientes de trabalho seguros e saudáveis, constituiu o Programa de Gerenciamento de Riscos – PGR, que se tornou exigível em 03 de janeiro de 2022, quando entrou em vigor a nova Norma Regulamentadora n° 01 (Disposições Gerais e Gerenciamento de Riscos Ocupacionais).

Deste conjunto de normas regulamentadoras que visam mapear os riscos e garantir um ambiente de trabalho saudável, apenas a NR 17 (Portaria nº 423 de 17/10/2021) que trata de ergonomia disciplina o risco psicossocial em seu anexo I ao regulamentar o trabalho dos operadores de checkout.

Ou seja, apenas para esta categoria específica de trabalhadores há uma norma que trata de riscos psicossociais, dito de outro modo, o meio ambiente de trabalho psicossocial não é protegido pela nossa legislação, muito embora a lei disponha sobre doenças a ele relacionadas.

Inobstante a ausência de regulamentação do risco psicossocial do ambiente de trabalho, ele existe e causa adoecimento exatamente como consta identificado na atual Classificação de Doenças da Organização Mundial de Saúde.

O adoecimento decorrente deste ambiente de trabalho de risco resulta em efeitos jurídicos no âmbito previdenciário e trabalhista, e por esta razão, faz-se necessário chamar à leitura estruturada a natureza jurídica já existente no ordenamento jurídico relativa às doenças ocupacionais que se subdividem em doenças profissionais e doenças do trabalho.

Isto porque, é necessário não apenas identificar se o Burnout é doença profissional ou doença do trabalho, mas também quais são as consequências deste enquadramento.

2. As consequências da natureza jurídica do Burnout

As doenças são parte da contingência a que todos estão sujeitos e, por esta razão, a saúde do trabalhador é direito tutelado pela regra maior a fim de dar efetividade à garantia fundamental do direito à proteção dos direitos sociais previsto no art. 6º da Constituição Federal de 1988, dentre eles a previdência social, prevista no Título II da Carta Maior, ou seja, está prevista no capítulo dos Direitos e Garantias Fundamentais (SARLET, 2001, n.p.).

A garantia fundamental à previdência social que, conforme acima informado, protege o risco social da contingência tem regulamento por meio de legislação ordinária, e neste aspecto, toda normativa da Seguridade Social é em verdade instrumento de proteção da vida humana nas situações de risco de subsistência.

Dentre as proteções aos riscos relacionados à Previdência Social, no que importa ao estudo da relação jurídica do Burnout, destacamos as doenças ocupacionais que se subdividem em doenças do trabalho e doenças profissionais.

O conceito legal das doenças ocupacionais está previsto na norma previdenciária, e para melhor entender, necessariamente há de revolver-se a regra prevista no art. 20 da Lei nº 8.213/1991, segundo a qual as doenças ocupacionais são subdivididas em doenças profissionais e doenças do trabalho:

> Art. 20. Consideram-se acidente do trabalho, nos termos do artigo anterior, as seguintes entidades mórbidas:
> I - doença profissional, assim entendida a produzida ou desencadeada pelo exercício do trabalho peculiar a determinada atividade e constante da respectiva relação elaborada pelo Ministério do Trabalho e da Previdência Social;
> II - doença do trabalho, assim entendida a adquirida ou desencadeada em função de condições especiais em que o trabalho é realizado e com ele se relacione diretamente, constante da relação mencionada no inciso I. [Grifamos]

A relação elaborada pelo Ministério do Trabalho e da Previdência Social de que tratam os incisos I e II, ou seja, tanto das doenças profissionais quanto das doenças do trabalho, é a lista B do Anexo II do Decreto nº 3.048/1999 que apresenta as doenças relacionadas ao trabalho com os respectivos agentes ou fatores de risco.

Esta Lista de Doenças Relacionadas ao Trabalho (LDRT) de natureza exemplificativa (PEDROTTI, PEDROTTI, 2003, n.p.) é revisada no prazo máximo de 05 (cinco) anos, observado o contexto epidemiológico nacional e internacional, sendo a última revisão feita por meio da Portaria nº 2.309/2020.

Veja como o Burnout consta da LDRT desde 1999 (Portaria nº 1.339/1999):

TRANSTORNOS MENTAIS E DO COMPORTAMENTO

RELACIONADOS COM O TRABALHO (Grupo V da CID-10)

DOENÇAS	AGENTES ETIOLÓGICOS OU FATORES DE RISCO DE NATUREZA OC
XII - Sensação de Estar Acabado ("Síndrome de Burn-Out", "Síndrome do Esgotamento Profissional") (Z73.0)	1. Ritmo de trabalho penoso (Z56.3) 2. Outras dificuldades físicas e mentais relacionadas com o trabalho (Z56.6

Sebastião Geraldo de Oliveira (OLIVEIRA, 2008, p. 48) destaca que tanto as doenças profissionais quanto às doenças do trabalho estão previstas na LDRT, o que reflete as dificuldades doutrinárias para estabelecer uma linha divisória nítida entre as duas espécies de patologias decorrentes do trabalho.

Assim, o Burnout tem previsão expressa na LDRT, muito embora, a nosso ver, não esteja claro seu enquadramento como doença profissional ou do trabalho.

Se tanto a doença do trabalho quanto a profissional resultam em perturbação funcional, a diferença entre ambas importa apenas no plano jurídico pois se relaciona unicamente ao ônus da prova.

Assim, no plano jurídico a distinção entre doença profissional e doença do trabalho reside no nexo causal, sendo que nas doenças profissionais o nexo é presumido, portanto, dispensa o empregado da prova respectiva. Já nas doenças do trabalho, há de ser demonstrada a presença do elemento causador da enfermidade no labor.

Neste sentido, se o Burnout é condição que não se dissocia do meio ambiente do trabalho, uma vez apresentado o diagnóstico sem dúvida será uma "doença" ocupacional, contudo, seu enquadramento como doença profissional ou doença do trabalho não nos parece claro e para tentar o correto enquadramento, faz-se necessária a análise doutrinária dos conceitos de doença ocupacional.

3. A doença do trabalho, a doença profissional e o Burnout

Sobre a evolução da legislação acidentária, Theodoro Agostinho (AGOSTINHO, 2020, p. 249) informa que o primeiro diploma a tratar da proteção para o risco de incapacidade foi o Código Comercial de 1850 ao garantir em seu art. 78 o pagamento de três meses de salário ao preposto que sofresse acidente em serviço.

A Lei nº 3.724, de 15 de janeiro de 1919, foi a primeira a dispor sobre acidente de trabalho, sendo que, no plano constitucional, apenas a Constituição de 1934 citou a proteção em caso de acidente (art. 121, § 1º, *h*) em forma de prestação previdenciária, muito embora o seguro de natureza privada não estivesse contemplado pela norma, sendo incluído o SAT (Seguro Acidente do Trabalho) apenas na Constituição Federal de 1946 por meio do art. 158, XVII, ainda separado da previdência social. A proteção acidentária foi integrada apenas em 1967 por meio da Lei nº 5.316/1967, ocasião em que a prestação previdenciária para casos acidentários deixou de exigir carência.

Finalmente, a Constituição Federal de 1988, por meio do art. 201, I, insere o acidente de trabalho como risco social passível de proteção e dentre outras evoluções e retrocessos, a Emenda Constitucional nº 103, de 12 de novembro de 2019, trouxe a possibilidade de lei complementar disciplinar a cobertura de benefício por incapacidade, agora chamados de "não programados", sendo que, nos termos do art. 26, § 3º, II da Emenda Constitucional nº 103 de 2019, quando esta incapacidade decorrer de acidente, doença profissional e doença do trabalho, o valor do benefício a ser recebido pelo segurado será equivalente a 100% da média aritmética simples do valor máximo do salário de contribuição do Regime Geral da Previdência Social; de outro lado, caso a incapacidade ensejadora do benefício previdenciário não seja reconhecida como relacionada ao trabalho, nos termos do art. 26, § 2º, da Emenda Constitucional nº 103 de 2019, o valor do benefício previdenciário será de 60% da média aritmética simples do valor máximo do salário de contribuição do Regime Geral da Previdência Social, acrescido de 2% para cada ano que superar 15 anos de contribuição, no caso da mulher, e 20 anos de contribuição, no caso dos homens.

O direito à proteção previdenciária no plano legislativo ordinário atualmente está previsto na Lei nº 8.212/1991 que dispõe sobre a organização da Seguridade Social e institui Plano de Custeio, bem como na pela Lei nº 8.213/1991 que dispõe sobre o plano de benefícios da Previdência Social e no Decreto nº 3.048/1999 que regulamenta ambas as legislações.

O acidente de trabalho conta com previsão no art. 19 da Lei nº 8.213/1991, já com a nova redação dada pela Lei Complementar nº 105/2015 e, como já exposto, as doenças ocupacionais, sendo elas a profissional e a do trabalho, estão previstas, respectivamente, nos incisos I e II do art. 20 da Lei nº 8.213/1991.

João Batista Lazzari (2020) destaca que

> as doenças ocupacionais são aquelas deflagradas em virtude de atividade laborativa desempenhada pelo indivíduo. Valendo-se do conceito oferecido por Stepnane, são as que 'resultam de constante exposição a agentes físicos, químicos e biológicos, ou mesmo de uso inadequado de novos recursos tecnológicos, como os da informática'. Dividem-se em doenças profissionais e do trabalho. (CASTRO; LAZZARI, 2020, p. 523)

Segundo Lazzari, as doenças profissionais são aquelas decorrentes de situações comuns aos integrantes de determinada categoria de trabalhadores, já as doenças do trabalho são aquelas desencadeadas ou adquiridas em função das condições especiais em que o trabalho é realizado e com ele se relacione diretamente, sendo ambas constantes da LDRT (Anexo II do Decreto nº 3.048/1999), no mais, as doenças profissionais, ainda que não constem da lista, serão consideradas ocupacionais se reconhecido o nexo pela Previdência Social.

Sebastião Geraldo de Oliveira (OLIVEIRA, 2008, p. 45) informa que a lei, como princípio hermenêutico, não contém palavras inúteis, sendo, portanto, necessário a análise do conceito.

Segundo o autor, a doença profissional é aquela peculiar a determinada atividade ou profissão, também chamada de doença profissional típica, tenopatia ou ergopatia e nestas hipóteses o nexo causal será sempre presumido *juris et de jure*, inadmitindo prova em contrário, bastando provar a prestação do serviço na atividade e o acometimento da doença profissional.

Difere, portanto, da doença do trabalho, também chamada de mesopatia ou doença profissional atípica, que, apesar de igualmente ter origem na atividade do trabalhador, não está vinculada necessariamente à profissão, ocorrendo por conta das circunstâncias específicas do ambiente de trabalho. Estas doenças não possuem nexo causal presumido, exigindo comprovação de que a patologia se desenvolve em razão das condições especiais em que o trabalho é desempenhado.

Vale destacar, neste contexto, que a literatura médica não considera o burnout como sendo uma doença, mas sim uma síndrome, o que nos leva a pensar no conceito e diferença de cada terminologia.

A síndrome segundo o dicionário *Houaiss* é o "conjunto de sinais e sintomas observáveis em vários processos patológicos diferentes e sem causa específica". Já a palavra doença é definida por "alteração biológica do estado de saúde de um ser (homem, animal etc.), manifestada por um conjunto de sintomas perceptíveis ou não; enfermidade, mal, moléstia".

De toda forma, ainda que seja uma síndrome, está incluída da Classificação Internacional de Doenças (CID 11), além disso, já constava tanto da CID 10 quanto da LDRT desde 1999, ao lado de outras doenças tratadas no mesmo capítulo que levam o nome de transtornos mentais e do comportamento relacionados ao trabalho, que igualmente são nomeadas como síndromes e transtornos, a exemplo os transtornos de personalidade e de comportamento decorrentes de doença, lesão e disfunção de personalidade e o transtorno do ciclo vigília-sono devido a fatores não orgânicos.

Contudo, estas outras doenças podem ser diagnosticadas em razão de fatores extra laborais. Como exemplo, podemos citar um empregado que é acometido de lesão por esforços repetitivos, que pode ser adquirida no trabalho, mas também é possível que o seja em uma atividade doméstica ou esportiva, diferente do burnout, que tem como causa unicamente o trabalho.

O que nos permite concluir que, independente de ser denominada síndrome ou doença, uma vez diagnosticado o burnout, para fins jurídicos, será considerado uma doença ocupacional, pois assim se classificam tanto a doença do trabalho quanto a doença profissional, pois, como o próprio nome trata não se dissociam do trabalho. Dito de outro modo, só existe doença ocupacional onde há prestação de serviço e justamente por andarem lado a lado, a proteção do trabalhador em face dos riscos decorrentes da perda da capacidade emerge da mesma fonte do direito do trabalho, já que não existe doença ocupacional ou acidente de trabalho sem trabalho.

Dos conceitos extraímos duas conclusões: a primeira é no sentido de que tanto as doenças do trabalho quanto nas profissionais estão previstas na LDRT; a segunda é que nas doenças profissionais o nexo causal é presumido, ainda que a doença não conste da LDRT; já nas doenças do trabalho há necessidade de prova deste nexo entre a doença e o trabalho desempenhado.

Partindo dos conceitos acima indicados, temos que o Burnout, como visto, consta da LDRT, contudo, não é doença comum a integrantes de determinada categoria de trabalhadores. De outro lado, pelo conceito trazido pela OMS acima já indicado, não pode ter origem que não o trabalho, já que se refere especificamente a fenômenos no contexto ocupacional e não deve ser aplicado para descrever experiências em outras áreas da vida. Assim, uma vez diagnosticado o Burnout, como se exigir a comprovação de nexo com o trabalho, se ele não existe fora do contexto laboral?

Nesta perspectiva, o Burnout não se enquadra em nenhuma das hipóteses de doença ocupacional. Uma porque não é inerente a determinada categoria profissional pois pode ser desenvolvida em qualquer categoria de empregados, assim é omniprofissional. Duas porque não se pode exigir a comprovação de nexo com o trabalho de uma síndrome que só se desenvolve em razão do meio ambiente de trabalho.

Sergio Pinto Martins entende que a doença do trabalho é gênero do qual a doença profissional é espécie, sendo assim, em verdade melhor caracterizado estaria se as doenças profissional e do trabalho fossem espécie e a doença ocupacional o gênero, e se assim considerássemos, o Burnout seria uma nova espécie de doença ocupacional já que apresenta características comuns àquelas definidas como do trabalho e profissionais? (MARTINS, 2006, p. 407)

Não é razoável exigir a comprovação de nexo causal de uma síndrome que só se apresenta em razão de um contexto laboral, do mesmo modo, não é possível afirmar que ela é inerente à determinada categoria profissional, assim, não se enquadra nos conceitos existentes de doença ocupacional, portanto, dependerá de um acertamento conjunto a ser realizado pela doutrina e jurisprudência.

Considerações finais

Se o Burnout ocorre em razão de meio ambiente de trabalho que não foi gerenciado com sucesso, é evidente que a incapacidade daí decorrente guarda nexo com esse meio ambiente de trabalho.

O ambiente de trabalho traz riscos além dos químicos, físicos e biológicos, hoje é também o ambiente virtual, onde nos conectamos mentalmente, e muitas vezes não conseguimos dele nos desconectar pois não temos um dispositivo para desligar nosso cérebro.

É inegável a existência de riscos psicossociais e que esses riscos psicossociais se apresentam em todo e qualquer ambiente de trabalho, em toda e qualquer profissão, desde as intelectuais até braçais, permeia assim, invisível e silenciosamente todos os níveis da sociedade moderna e nela está tão intrínseco e arraigado que se faz necessária uma força tamanha para que consiga ser percebido.

Se o risco existe, ele necessita de regulamentação, assim como todo o ordenamento que trata da proteção à incapacidade decorrente destes "novos" ou "não percebidos" riscos. Dito de outro modo, não se pode querer incluir o Burnout em doença profissional ou do trabalho pelo simples fato de que as duas hipóteses já estavam previstas no ordenamento, isto porque a norma ordinária serve para dar regulamento às normas fundamentais, e na norma fundamental a Previdência é quem protege os riscos sociais, portanto, é a norma ordinária que precisará se ajustar para abarcar todos os riscos que demandam proteção.

Mais do que achar um espaço na norma previdenciária para chamar de seu, o Burnout deve ser reconhecido como um risco psicossocial que por sua vez pouco ou quase nada é regulado.

Apenas a NR 17 (Portaria nº 423 de 17/10/2021) que trata de ergonomia trouxe dentre os riscos do meio ambiente de trabalho o risco psicossocial, em seu anexo I, ao regulamentar o trabalho dos operadores de checkout, que em tese poderia ser aplicado de forma analógica aos demais trabalhadores, mas que de fato trata apenas de uma categoria específica.

Assim, não há qualquer norma regulamentadora que traga a exigência em fazer levantamento dos riscos psicossociais.

Há, no entanto, o projeto de Lei nº 3.588/2020, que visa a edição de uma Norma Regulamentadora com medidas de prevenção e gestão de riscos no ambiente laboral que podem afetar a saúde mental dos trabalhadores, tendo como o autor da proposta, o deputado Alexandre Padilha (PT-SP), o que poderá em futuro próximo ampliar o nível de proteção do meio ambiente de trabalho.

Referências

AGOSTINHO, Theodoro. **Manual de direito previdenciário**. São Paulo: Saraiva Educação, 2020.

CASTRO, Carlos Alberto Pereira de; LAZZARI, João Batista. **Manual de Direito Previdenciário**. 23. ed. Rio de Janeiro: Forense, 2020.

CASTRO, Fernando Gastal de; ZANELLI, José Carlos. Síndrome de burnout e projeto de ser. **Cad. psicol. soc. trab.**, São Paulo, v. 10, n. 2, p. 17/33, dez. 2007. Disponível em:<http://pepsic.bvsalud.org/scielo.php?script=sci_arttext&pid=S1516-37172007000200003&lng=pt&nrm=iso>. Acesso em: 27 abr. 2022.

FELICIANO, Guilherme Guimarães; PASQUALETO, Olívia de Quintana Figueiredo. A saúde mental dos trabalhadores no mundo contemporâneo: primeiras aproximações. **Revista de Direito do Trabalho e Seguridade Social**. vol. 220. ano 47. p. 165/188. São Paulo: Ed. RT, nov./dez. 2021.

FREUDENBERGER, H.J. (1974). Staff burnout. **Journal of Social Issues**, **30** (1), 159/165.

GRASSI, Paulo R.; LAURENTI, Ruy. Implicações da introdução da 10ª revisão da Classificação Internacional de Doenças em análise de tendência da mortalidade por causas. **Inf. Epidemiol. Sus**, Brasília, v. 7, n. 3, p. 43/47, set. 1998. Disponível em: <http://scielo.iec.gov.br/scielo.php?script=sci_arttext&pid=S0104-16731998000300005&lng=pt&nrm=iso>. Acesso em: 08 jun. 2022. <http://dx.doi.org/10.5123/S0104-16731998000300005>.

MARTINS, Sergio Pinto. **Direito da Seguridade Social**. 23. ed. São Paulo: Altas, 2006.

OLIVEIRA, Sebastião Geraldo de. **Indenizações por acidente do trabalho, ou doença ocupacional**. 4. ed. rev. e ampl. São Paulo: LTr, 2008.

PEDROTTI, Irineu; PEDROTTI, Willian. **Acidentes do trabalho**. 4. ed. São Paulo: Livr. Ed. Universitária de Direito, 2003.

SARLET, Ingo Wolfgang. Os Direitos Fundamentais Sociais na Constituição de 1988. **Revista Diálogo Jurídico**, Salvador, CAJ-Centro de Atualização Jurídica, v. 1, nº 1, 2001. Disponível em: <http://www.direitopublico.com.br>. Acesso em: 08 jun. 2022.

O BANCO DE HORAS PACTUADO POR MEIO DE ACORDO INDIVIDUAL DE TRABALHO: UMA VIOLAÇÃO FRONTAL AO TEXTO CONSTITUCIONAL BRASILEIRO E A TRATADOS E CONVENÇÕES INTERNACIONAIS RATIFICADOS PELO BRASIL

Danilo Eduardo Querido

Introdução

O presente estudo debruça-se sobre o instituto do banco de horas pactuado por acordo individual, inserido no ordenamento jurídico brasileiro pela Lei nº 13.467/2017, que incluiu o § 5º no art. 59 da CLT, e tem a finalidade de analisar se essa figura jurídica confronta com a Constituição da República de 1988, com o princípio da proibição do retrocesso ou com tratados e convenções internacionais ratificados pelo Brasil.

Preambularmente, útil esclarecer que, para a melhor compreensão e delimitação do objeto desta investigação, faz-se certa distinção doutrinária para o fim de considerar o "banco de horas" como espécie do gênero jurídico "compensação de horários". O banco de horas, nesse aspecto, permite a compensação do tempo trabalhado por prazo sempre superior a um mês.

O instituto do banco de horas pactuado por acordo individual, que configura o objeto deste estudo, flexibiliza, de forma generalista, a negociação da força de trabalho da classe operária, em clara mercantilização do próprio instituto laboral. Essa possibilidade de negociação banalizada causa especial espanto por ser intentada de forma individual, ou seja, sem participação do sindicato, ente coletivo eleito pelo constituinte originário brasileiro para conduzir as principais transações entre empregador e empregados.

Essa pactuação, entre empregador e empregado, sobre os limites de jornada, mostra-se como verdadeira tentativa de "civilizar" o ramo do direito laboral, tratando, assim, duas partes com forças complemente díspares, de forma igual, equivalência que é antítese a própria ciência do direito do trabalho.

Nesse cenário, sendo a negociação coletiva um direito social constitucionalmente consagrado pelo art. 7º, XIII, da Carta Maior brasileira, a trivialização do limite de jornada imposta pelo banco de horas pactuado por acordo individual faz surgir verdadeira indagação acerca da possível inconstitucionalidade desta figura jurídica, inclusive por sua incompatibilidade com o princípio da vedação do retrocesso, e sua violação a convenções internacionais ratificados pelo Estado brasileiro. Eis a delimitação desta investigação.

1. Breve análise do instituto do banco de horas no ordenamento jurídico brasileiro

O instituto do banco de horas constitui uma figura notadamente recente no ordenamento jurídico brasileiro. Denota-se que a redação original da CLT, datada de 1º de maio de 1943, embrionariamente previa apenas o mecanismo da compensação semanal de horas trabalhadas, o que, ainda, só era possível mediante acordo escrito entre empregador e empregado ou mediante contrato coletivo de trabalho.

Com o advento da Constituição Cidadã de 1988, a limitação da jornada de trabalho ganhou status de direito social fundamental. A redação do art. 7º, XIII, da Pedra Fundamental consignou ser facultada, entretanto, a compensação de horários e a redução da jornada, mediante a realização de acordo ou convenção coletiva de trabalho. Note-se, portanto, que a Constituição apenas assimilou o que já estava previsto no plano da CLT, não tratando de qualquer compensação de horas laboradas além da semana correspondente à prestação do serviço.

Uma década após, em 1998, o instituto do banco de horas efetivamente passou a compor o ordenamento jurídico brasileiro, porquanto previsto no art. 6º da Lei nº 9.601/1998, que modificou a redação do então art. 59 da CLT. O dispositivo estipulava que o excesso de horas laboradas em um dia poderia ser compensado pela correspondente diminuição em outro dia, de maneira a não exceder, no período máximo de cento e vinte dias, à soma das jornadas semanais de trabalho previstas, respeitando-se, do mesmo modo, o limite máximo de dez horas diárias.

Note-se, a Lei nº 9.601/1998 não utilizou expressamente o termo "banco de horas"; entretanto, na prática, implementou o instituto no ordenamento jurídico brasileiro. É que, a partir da mencionada norma jurídica, possibilitou-se uma espécie de "armazenamento fictício de horas laboradas" – de onde advém, portanto, o termo "banco" –, que poderiam ser compensadas (satisfeitas) dentro do lapso temporal de cento e vinte dias, no momento que o empregador entender pertinente. A Lei nº 9.601/1998, observando o mandamento constitucional, também consignava ser condição *sine qua non* para a instalação do banco de horas a existência de acordo ou convenção coletiva de trabalho.

Nesse aspecto, a compreensão do surgimento da figura do banco de horas no Brasil demanda, de certa forma, uma breve visitação ao cenário histórico-político do país na década de 90. Naquela época, uma crescente política neoliberal fora intentada pelo governo Collor com o intuito de superar a grave recessão econômica então vigente. Para tanto, o país optou por privilegiar a abertura econômica e a privatização, com o suposto objetivo de incentivar a competitividade (CANO; SILVA, 2010). O setor automotivo, por sua vez, não estava preparado para investir em tecnologia e, com isso, competir com o mercado internacional, razão pela qual muitas empresas daquela seara encerraram suas atividades e, por conseguinte, dispensaram centenas de trabalhadores.

A crise financeira avançava no cenário nacional, o que dentre outros fatos, deu azo à rodada denominada "acordo das montadoras", onde grandes empresas do setor automotivo ofertaram investir em produção e tecnologia em troca de isenção de impostos e, especialmente, de flexibilização de direitos trabalhistas por parte do então governo (VIANINI, 2017, p. 112/131). E assim foi feito.

Nesse contexto, portanto, a figura jurídica do banco de horas germinou no Brasil como verdadeiro "acordão", firmado entre o capital e o governo, sem uma substancial escuta da classe trabalhadora. Trata-se, nesse prisma, de mecanismo destinado a preservar, em última análise, os interesses do empregador, que pode economizar os recursos que seriam destinados ao pagamento de eventuais horas extras e, ainda, nas hipóteses de baixa produtividade, possibilitou a concessão de folgas aos empregados, computando o respectivo tempo inoperante para ser exigido ulteriormente do trabalhador.

Pouco tempo após, em 24 de agosto de 2001, o recém-criado instituto do banco de horas foi alterado pelo então governo FHC, por meio da Medida Provisória nº 2.164-41/2001, que alargou o prazo de compensação das horas laboradas para o máximo de um ano. A Medida Provisória, contudo, ao menos seguiu a toada das normas jurídicas anteriores, mantendo a obrigatoriedade de acordo ou convenção coletiva de trabalho para implementação do mencionado banco. Desse modo, o ordenamento jurídico brasileiro passou a comportar, no que toca ao gênero "compensação de horários", duas espécies: o "regime compensatório clássico", onde as horas trabalhadas eram compensadas dentro da mesma semana, nos termos da previsão original da CLT; e o "banco de horas" propriamente dito, onde as horas trabalhadas poderiam ser compensadas dentro do lapso de até um ano.

Nas duas décadas seguintes, o uso reiterado do regime compensatório clássico pacificou o entendimento jurisprudencial trabalhista de que esse mecanismo poderia dar-se por meio de pactuação bilateral escrita, desde que não houvesse norma coletiva em sentido contrário, o que foi concretizado por meio da Súmula nº 85 do TST, datada de 03 de junho de 2016. Destaca-se, de todo modo, que a dispensa da negociação coletiva para a implementação do regime compensatório clássico, que, então, deixou de ser aquele onde as horas trabalhadas eram compensadas na mesma semana, para serem, assim, compensadas dentro do mesmo mês, sofreu severas críticas de parte da doutrina brasileira, que sustentava a inconstitucionalidade do ato, por ofensa ao art. 7º, XIII, da Constituição da República. Mas as críticas não foram capazes de afetar o entendimento jurisprudencial, que consolidou a matéria. Vale esclarecer, de todo modo, que o presente estudo se debruça especialmente sobre a figura do banco de horas propriamente dito (e não sobre o regime compensatório clássico), onde a compensação é sempre pelo prazo superior ao período de um mês.

Destarte, a espécie jurídica do instituto banco de horas, objeto da presente pesquisa, permaneceu sem qualquer alteração legislativa pelo período de dezesseis anos. Em 11 de novembro de 2017, contudo, passou a vigorar a Lei nº 13.467/2017, denominada "reforma trabalhista", que modificou mais de uma centena de dispositivos da CLT, dentre os quais o seu art. 59, que trata da matéria. A famigerada "reforma" passou a autorizar a instituição do banco de horas mediante simples acordo individual escrito, desde que a compensação ocorra no período máximo de seis meses (art. 59, § 5º, da CLT). Trata-se do primeiro momento em que o legislador brasileiro, em incontroversa colisão frontal com o mandamento insculpido no art. 7º, XIII, da Constituição da República, retirou a obrigatoriedade de acordo e convenção coletiva de trabalho para a implementação do regime de banco de horas, afastando, assim, a atuação e representação da classe trabalhadora pelo órgão do sindicato.

A Lei nº 13.467/2017, também estabeleceu que o atual regime compensatório clássico, onde as horas laboradas são compensadas dentro do mesmo mês da prestação do serviço, pode dar-se até mesmo por meio de acordo individual tácito (art. 59, § 6º, da CLT). Até então, a compensação mensal exigia que o acordo individual fosse escrito, garantindo, assim, maior segurança jurídica ao trabalhador. Essa redação se mantém até os dias atuais.

O regresso ao cenário histórico-político nacional, uma vez mais, auxilia na compreensão da motivação da alteração legislativa em apreço. Sem maiores digressões, é forçoso concluir que a Lei nº 13.467/2017 não respeitou o patamar civilizatório mínimo fixado na Constituição, ao contrário, fez surgir um parâmetro jurídico sepultado há décadas no campo do direito laboral nacional, privilegiando o poder econômico em detrimento ao valor social do trabalho (DELGADO, M.; DELGADO, G., 2017).

O modelo de banco de horas instado por acordo individual, inserido pela Lei nº 13.467/2017, também ignorou a participação democrática, deixando de lado o debate social, especialmente com representantes dos trabalhadores, o que fere o compromisso internacional assumido pelo Brasil, na Convenção 144 da Organização Internacional do Trabalho. Essa inobservância, por si só, impôs vício insanável de inconstitucionalidade à "reforma" (MINISTÉRIO PÚBLICO DO TRABALHO, 2017)[44]. Tem-se,

---

[44] MINISTÉRIO PÚBLICO DO TRABALHO. Procuradoria-Geral do Trabalho. Nota Técnica n. 8, de 26 de junho de 2017, da Secretaria de Relações Institucionais do Ministério Público do Trabalho (MPT). Disponível em: <https://mpt.mp.br/pgt/publicacoes/notas-tecnicas/nota-tecnica-ndeg8/@@display-file/arquivo_pdf>. Acesso em: 15 jun. 2022.

portanto, que o instituto do banco de horas foi instalado – e atualizado – no ordenamento jurídico brasileiro por meio de um percurso legislativo indecoroso, apartado dos interesses da classe trabalhadora.

2. A negociação coletiva como mecanismo constitucional obrigatório para a implementação do banco de horas no Brasil

A fim de compreender melhor o objeto da presente pesquisa, se faz necessário distinguir o mecanismo do "regime compensatório clássico" e o "banco de horas", espécies do gênero regime de compensação de horários. O regime clássico, "é aquele que ocorre dentro do mês trabalhado, agregando-se horas suplementares em um ou mais dias, em determinada(s) semana(s), e se realizando a compensação, pela redução de jornada, em outro(s) dia(s) ou semana(s)" (DELGADO, M.; DELGADO, G., op. cit., p. 127). Esse regime foi encampado pela jurisprudência laboral brasileira, sendo sedimentado pela Súmula nº 85 do TST. O segundo, o regime de banco de horas propriamente dito, pode ser conceituado como "*instituto jurídico de compensação de horários, porém, estruturado em prazo muito superior ao mês*" (Ibid., p. 129). Passa-se, portanto, à investigação.

Cabe verificar, assim, se o constituinte originário de 1988 impôs a negociação coletiva como um mecanismo obrigatório para a implementação do regime de banco de horas. Ao tratar do tema, a redação do art. 7º, XIII, da Constituição da República foi enfática ao dispor que a compensação de horários e a redução da jornada só podem ocorrer mediante acordo ou convenção coletiva de trabalho. Em outras palavras, o constituinte originário assegurou, como requisito *sine qua non*, a negociação coletiva para a implementação do banco de horas.

O texto do art. 7º, XIII, da Constituição da República exprime, ao mesmo tempo, dois claros desígnios, com aplicabilidade imediata: um direito para o trabalhador e uma garantia para o sindicato. Na hipótese de eventual negociação que disponha sobre a compensação de jornada por meio de instalação de banco de horas, é direito do trabalhador ser representado (e não assistido) por sua entidade sindical. Doutra banda, no mesmo caso, há evidente garantia–e até mesmo incumbência–destinada ao sindicato, assegurando a sua legitimidade e necessária atuação na negociação, que deve ser, indiscutivelmente, coletiva.

Note-se que a interpretação sistemático-teleológica da própria Constituição da República demonstra que o constituinte originário se preocupou em conferir ao sindicato legitimidade para defesa dos direitos e interesses coletivos ou individuais da respectiva categoria, consignando, ainda, ser obrigatória a sua participação nas negociações coletivas de trabalho (art. 8º da CF). O zelo constitucional se justifica na medida em que o tema remete ao tronco embrionário do direito do trabalho, a limitação da jornada de trabalho, que ganhou status de direito fundamental social.

No mesmo sentido, a teoria piramidal ensina que uma norma de hierarquia inferior não pode afrontar outra de hierarquia superior. No caso em estudo, o art. 59, § 5º, da CLT, que tem status de lei ordinária nacional, obviamente não tem o condão de afastar o art. 7º, XIII, da CF, que ocupa o cume do ordenamento jurídico brasileiro.

Ademais, ainda no plano da própria CLT, é importante observar que a mesma legislação que passou a prever a implementação do banco de horas por meio de acordo individual, entre empregador e empregado, também inseriu o art. 611-A na CLT, que cuida de supostas hipóteses em que os instrumentos coletivos (convenção coletiva e o acordo coletivo de trabalho) têm prevalência sobre a própria lei. O inciso II do mencionado dispositivo lista o banco de horas em seu rol. Desta forma, qualquer espécie de regra hermenêutica utilizada pelo intérprete leva à mesma conclusão, qual seja, que a regra constitucional só pode ser excepcionada pela via da negociação coletiva, a qual, por sua vez, terá prevalência sobre a lei comum e, por conseguinte, sobre eventual acordo individual. O contrário, todavia, não é possível. O acordo individual jamais terá o condão de se sobrepor à lei, sobre o instrumento coletivo e, em última análise, sobre a própria Lei Maior, salvo se, em atenção ao princípio da norma mais favorável, for mais vantajoso ao trabalhador.

A malfadada Lei nº 13.467/2017 também inseriu o art. 611-B na CLT, dispondo ser objeto ilícito de qualquer instrumento coletivo (convenção coletiva ou acordo coletivo de trabalho) norma que a suprima ou reduza direitos listados naquele rol, dentre os quais consta o direito a remuneração diferenciada para o serviço extraordinário (hora extra). Logo, se assim é com os instrumentos coletivos, com ainda mais razão deve ser com acordos individuais, tornando incompatível o direito ao adicional de horas extras, que é um direito constitucional, com a figura do banco de horas. É que no regime de banco de horas, o trabalho executado pelo período de uma hora, em sobrejornada, assegurará ao obreiro o direito de descanso pelo tempo correspondente a apenas uma hora de folga, ou seja, sem o devido adicional obrigatório, o que viola não apenas o art. 611-B, XX, da CLT, mas também a raiz do direito fundamental estampado no art. 7º, XVI, da Lei Maior.

É seguro, desta forma, afirmar que o banco de horas, além de não trazer qualquer benefício ao polo trabalhador, atua como verdadeiro obstáculo ao gozo do direito fundamental à limitação da jornada de trabalho, prejudicando a correta remuneração do serviço extraordinário, no percentual e forma previstos constitucionalmente (MAIOR; SEVERO, 2017). Cabe ir além. Ainda que se estivesse diante de um contrato de natureza comum, disposto pelas regras do direito comum, seria impossível sustentar a validade de acordo entre as partes derrogar, ignorar, contrariar dispositivo constitucional, especialmente para o efeito de suprimir direito social fundamental (Ibid., 2017).

É evidente, portanto, que "*a flexibilização trabalhista autorizada pela Constituição, em especial no art. 7º, XIII, tem de ser realizada mediante os instrumentos coletivos negociados*" (DELGADO, M., 2017, p. 1.056). Dessa forma, a negociação bilateral trabalhista levada a efeito com o objetivo de implementar o banco de horas, ainda que prevista na CLT, não deverá ser reconhecida como norma jurídica trabalhista válida, porque colide frontalmente com a Constituição da República e a própria razão de ser histórica do Direito do Trabalho (MAIOR; SEVERO, 2017, loc. cit.).

3. O princípio da vedação do retrocesso e tratados e convenções internacionais ratificados pelo Brasil como obstáculos intransponíveis à restrição de direito fundamental social

No âmbito do Estado social brasileiro, o princípio constitucional da vedação do retrocesso e os tratados e convenções internacionais ratificados pelo Brasil constituem obstáculos impeditivos à implementação do banco de horas por meio de acordo individual? A indagação se faz indispensável, sobretudo em razão da indiscutível matriz civilizatória imposta pela Constituição Cidadã de 1988, assim como pelos direitos humanos conquistados desde então, que foram incorporados do plano internacional para o ordenamento jurídico doméstico.

Em linhas gerais, o princípio da vedação do retrocesso, também denominado efeito "cliquet", estabelece limites às atividades do legislador reformador, criando um obstáculo formal e material à eventual modificação normativa levada a efeito com o propósito de precarizar (suprimir, diminuir ou embaraçar) direitos humanos e direitos fundamentais conquistados por determinada sociedade (CANOTILHO, 2003). Vale dizer, o princípio da vedação do retrocesso, por meio da ferramenta da segurança jurídica, busca a manutenção de determinado patamar civilizatório mínimo já incorporado ao sistema jurídico de determinada sociedade. O efeito "cliquet", em que pese não estar nominado expressamente na Constituição da República de 1988, lá está presente, pois incorporado na norma constante do art. 5º, § 2º, que estabelece expressamente que os direitos e garantias expressos na Lei Maior não excluem outros decorrentes do regime e dos princípios por ela adotados, ou dos tratados internacionais em que a República Federativa do Brasil seja parte. O princípio progressista também encontra guarida na cabeça do art. 7º da Lei Maior, que estabelece serem direitos dos trabalhadores, além daqueles expressamente elencados por ela, outros que visem à melhoria de sua condição social (DELGADO, M.; DELGADO, G., 2017, Ibid.).

No caso em exame, no que se refere à possibilidade de compensação de jornada por meio do instituto do banco de horas, a Constituição da República estabeleceu um patamar civilizatório mínimo, qual seja, que o negócio jurídico seja realizado, obrigatoriamente, mediante instrumento coletivo. Trata-se de dispositivo constitucional com carga de direito humano social que, em razão de seu caráter progressivo permanente, só pode ser alargado. A precarização, portanto, é vedada. Nessa perspectiva, o banco de horas criado pelo art. 59, § 5º, da CLT, inserido pela Lei nº 13.467/2017, deve ser considerado incompatível com a Constituição da República, porque tal produção legislativa não observou o princípio da vedação do retrocesso.

O atual regramento celetista do banco de horas também se apresenta incompatível com tratados e convenções internacionais sobre direitos humanos subscritos pelo Brasil, que possuem hierarquia de supralegalidade. Destarte, tendo em vista o status de lei ordinária conferida à CLT, bem como o fato de que todos os tratados e convenções internacionais incorporados pelo ordenamento jurídico brasileiro, são, no mínimo, de hierarquia supralegal (podendo, se o caso, chegar até mesmo à hierarquia constitucional, na forma do art. 5º, LXXIX, § 3º da CF), a aplicação destes últimos prevalece sobre o documento celetista, em eventual conflito aparente de normas.

Em prosseguimento, vale destacar que ao banalizar o exercício do trabalho sobrejornada, a atual figura do banco de horas transforma esse trabalho excedente em jornada comum, em manifesta desobediência ao texto constitucional. Logo, em face do princípio da proteção, o banco de horas imposto por meio de acordo individual fere a Convenção nº 01 da OIT, que fixa a jornada de oito horas como o máximo da exploração possível (MAIOR; SEVERO, 2017, Ibid.).

A compensação de tempo de trabalho banalizada pelo instituto do banco de horas também viola, na mesma direção, o art. XXIV da Declaração Universal dos Direitos do Homem, de 1948, que assegura o repouso, o lazer e, especialmente, a limitação razoável das horas de trabalho, a qual contou com a participação do Brasil como Estado-membro. No mesmo prisma, a sistemática do banco de horas também conflita o art. 7º, "d" do Pacto Internacional Relativo aos Direitos Econômicos, Sociais e Culturais, de 1966, que também assegura o descanso, o lazer e, principalmente, a limitação razoável das horas de trabalho. O documento foi ratificado pelo Brasil por meio do Decreto nº 591 de 1992 (DELGADO, M.; DELGADO, G., 2017, Ibid.).

O banco de horas instituído por acordo individual é manifestamente incompatível com a Convenção nº 98 da OIT, que cuida da sindicalização e especialmente da negociação coletiva, e que foi ratificada pelo Brasil por meio do Decreto nº 33.196/1953. Esse documento internacional, sempre que se refere à negociação entre empregador e empregado, teve o cuidado de utilizar o termo "organizações de trabalhadores", ou seja, tratou da temática exclusivamente no sentido coletivo, o que demonstra a importância da representação do trabalhador pelo ente sindical. De igual maneira, a figura do banco de horas instaurada por meio de acordo individual é diametralmente oposta à Convenção nº 154 da OIT, que assegura o fomento à negociação coletiva, e que foi ratificada pelo Brasil por meio do Decreto nº 1.256/1994. Essa Convenção prevê exclusivamente a negociação coletiva para regular a transação nas relações de trabalho e emprego.

Com efeito, a análise sistemática do ordenamento jurídico brasileiro leva à conclusão de que o banco de horas previsto no art. 59, § 5º, da CLT é manifestamente contrário ao princípio da proibição do retrocesso, por ofender a matriz civilizatória imposta pela Constituição Cidadã de 1988. Ainda, o mecanismo do controle de convencionalidade das normas também leva à inegável conclusão de que o banco de horas instituído por acordo individual é incompatível com direitos humanos listados em tratados e convenções internacionais ratificados pelo Estado brasileiro.

Considerações finais

O presente estudo debruçou-se sobre a figura do banco de horas pactuado por acordo individual, implementado no ordenamento jurídico pátrio pela Lei nº 13.467/2017, adotando como objetivo geral a verificação de sua eventual afronta à Constituição brasileira, o princípio constitucional da vedação do retrocesso, ou tratados e convenções internacionais ratificados pelo Brasil.

De largada, desenhou-se, de forma breve, a trajetória do instituto do banco de horas no ordenamento jurídico brasileiro, caminhando desde sua origem até a sua última atualização legislativa (art. 59, § 5º, da CLT inserido pela Lei nº 13.467/2017), sendo exposto, ainda, o cenário histórico-político do país no momento de cada mudança legislativa significativa na figura em apreço, o que fora feito com o objetivo de compreender o fundamento de cada grande alteração.

Em seguida, o estudo ocupou-se em verificar se a negociação coletiva constitui um mecanismo constitucional obrigatório para a implementação do banco de horas no Brasil. A conclusão foi positiva. Isso porque, a Constituição da República, em seu art. 7, XVIII, foi categórica em criar uma matriz civilizatória, com carga de direito humano social, que impõe a negociação coletiva para a efetivação deste tipo de compensação de jornada. Em razão do caráter progressivo permanente dos direitos humanos, e com amparo no princípio da proibição do retrocesso, o obstáculo constitucional jamais poderá ser precarizado, sobretudo por meio de previsão celetista, que detém hierarquia de mera lei ordinária.

Não obstante, o estudo seguiu examinando as principais normas de direito internacional – tratados e convenções internacionais – que regulam diretamente a matéria e que foram ratificados pelo Brasil, passando, assim, a compor o ordenamento jurídico pátrio, com hierarquia supralegal. A análise dos documentos levou à inegável conclusão de que o banco de horas previsto no art. 59, § 5º, da CLT é manifestamente contrário às Convenções da OIT de nº 01, que trata da limitação máxima da jornada de trabalho, de nº 98, que cuida do direito à sindicalização e especialmente da negociação coletiva, e de nº 98, que assegura o fomento à negociação coletiva.

Na mesma esteira, verificou-se que o banco de horas instituído por acordo individual é incompatível com o art. XXIV da Declaração Universal dos Direitos do Homem, de 1948, que assegura o repouso, o lazer e, especialmente, a limitação razoável das horas de trabalho, e com o art. 7º, "d" do Pacto Internacional Relativo aos Direitos Econômicos, Sociais e Culturais, de 1966, que também assegura o descanso, o lazer e, principalmente, a limitação razoável das horas de trabalho.

Em arremate, portanto, a presente investigação constatou que o banco de horas instituído por acordo individual, implementado no ordenamento jurídico pátrio pela Lei nº 13.467/2017, é manifestamente inconstitucional, por ofender frontalmente o art. 7º, XIII, da Constituição da República, assim como por violar o princípio da vedação do retrocesso, consagrado pela Lei Maior brasileira, e que obsta a precarização do patamar civilizatório mínimo já incorporado ao sistema jurídico brasileiro. No mesmo sentido, lançando mão do mecanismo do controle de convencionalidade das normas, o estudo constatou que o referido banco de horas é incompatível com direitos humanos listados em tratados e convenções internacionais ratificados pelo Estado brasileiro, motivo pelo qual não deve ser considerado legalmente válido ou vigente.

Referências

ASSEMBLEIA GERAL DA ONU. **Declaração Universal dos Direitos Humanos**. Paris, 1948. Disponível em: < https://www.ohchr.org/en/human-rights/universal-declaration/translations/portuguese?LangID=por>. Acesso em: 16 jun. 2022.

_______. **Pacto Internacional dos Direitos Econômicos, Sociais e Culturais**. 1966. Disponível em: < https://www.oas.org/dil/port/1966%20Pacto%20Internacional%20sobre%20os%20Direitos%20Econ%C3%B3micos,%20Sociais%20e%20Culturais.pdf>. Acesso em: 16 jun. 2022.

BRASIL. **Constituição da República Federativa do Brasil de 1988**. Diário Oficial da União, Brasília, DF, 05 out. 1988. Disponível em: <http://www.planalto.gov.br/ccivil_03/constituicao/constituicaocompilado.htm>. Acesso em: 15 jun. 2022.

_______. Decreto-Lei nº 5.452, de 1º de maio de 1943. **Consolidação das Leis do Trabalho**. Diário Oficial da União, Brasília, DF, 09 ago. 1943. Disponível em: <http:// www.planalto.gov.br/ccivil_03/decreto-lei/Del5452.htm>. Acesso em: 15 jun. 2022.

_______. **Lei nº 13.467, de 13 de julho de 2017**. Altera a Consolidação das Leis do Trabalho (CLT), aprovada pelo Decreto-Lei nº 5.452, de 1º de maio de 1943, e as Leis nº 6.019, de 03 de janeiro de 1974, nº 8.036, de 11 de maio de 1990, e nº 8.212, de 24 de julho de 1991, a fim de adequar a legislação às novas relações de trabalho. Diário Oficial da União, Brasília, DF, 13 jul. 2017. Disponível em: <http://www.planalto.gov.br/ccivil_03/_ato2015-2018/2017/lei/l13467.htm>. Acesso em: 15 jun. 2022.

_______. Tribunal Superior do Trabalho. **Súmula nº 85**. Disponível em: <https://www3.tst.jus.br/jurisprudencia/Sumulas_com_indice/Sumulas_Ind_51_100.html#SUM-85>. Acesso em: 15 jun. 2022.

CANOTILHO, J. J. Gomes. **Direito constitucional e a teoria da Constituição**. 7. ed. rev. Coimbra: Almedina, 2003.

CANO, Wilson; SILVA, Ana Lúcia Gonçalves. **Política industrial no governo Lula. Texto para Discussão nº 181**. Campinas: IE/Unicamp, 2010. Disponível em: <http://www.eco.unicamp.br/docprod/downarq.php?id=1811&tp=a>. Acesso em: 15 jun. 2022.

DELGADO, Mauricio Godinho; DELGADO, Gabriela Neves. **A reforma trabalhista no Brasil**: com os comentários à lei n. 13.467/2017. 1. ed. São Paulo: LTr, 2017.

________. Mauricio Godinho. **Curso de direito do trabalho**. 16. ed. rev. e ampl. São Paulo: LTr, 2017.

MINISTÉRIO PÚBLICO DO TRABALHO. Procuradoria-Geral do Trabalho. **Nota Técnica n. 8, de 26 de junho de 2017, da Secretaria de Relações Institucionais do Ministério Público do Trabalho (MPT)**. Disponível em: <https://mpt.mp.br/pgt/publicacoes/notas-tecnicas/nota-tecnica-ndeg8/@@display-file/arquivo_pdf>. Acesso em: 15 jun. 2022.

ORGANIZAÇÃO INTERNACIONAL DO TRABALHO (OIT). **Convenção nº 98**. Genebra, 1949. Disponível em: <https://www.ilo.org/brasilia/convencoes/WCMS_235188/lang–pt/index.htm>. Acesso em: 16 jun. 2022.

________. **Convenção nº 154**. Genebra, 1981. Disponível em: < https://www.ilo.org/brasilia/convencoes/WCMS_236162/lang–pt/index.htm>. Acesso em: 16 jun. 2022.

SEVERO, Valdete Souto; MAIOR, Jorge Luiz Souto. **Manual da reforma trabalhista**: pontos e contrapontos. 1. ed. Porto Alegre–São Paulo: Sensus, 2017.

VIANINI, Fernando Marcus Nascimento. **Políticas industriais para o setor automotivo: uma comparação sobre o Brasil e a China entre as décadas de 1950 e 1990**. CS Online Revista Eletrônica de Ciências Sociais, Juiz de Fora, n. 25, p. 112/131, dez. 2017. Disponível em: <http://ojs2.ufjf.emnuvens.com.br/csonline/article/view/17518/8882>. Acesso em: 16 jun. 2022.

A LEI GERAL DE PROTEÇÃO DE DADOS E AS RELAÇÕES DE EMPREGO

Débora Kastucia Alves Mendes

Gabriela Casciano Correa da Costa

Introdução

A elaboração de uma lei específica para dados se tornou necessária e essencial em virtude da propagação do mundo digital e do valor que os dados adquiriram ao longo do tempo, haja vista que atualmente os dados possuem grande relevância na sociedade e se tornaram um produto no mercado em geral.

Os dados no presente momento podem ser considerados como a nova moeda do mercado global, pois são informações que fomentam o mercado e geram competitividade entre as empresas, bem como agregam valor ao negócio e impactam nos resultados.

Nesse cenário, se fez necessária a elaboração de uma lei que estabelecesse algumas orientações e diretrizes em relação aos dados, principalmente os dados pessoais.

Assim, a Lei nº 13.709/2018, denominada Lei Geral de Proteção de Dados, também conhecida por "LGPD", foi sancionada em 14/08/2018, porém apenas entrou em vigor em 2020.

Com o início da vigência em 18/09/2020 – com exceção dos arts. 52, 53 e 54 que passaram a vigorar somente em 01/08/2021, por se tratar de sanções administrativas que apenas se tornaram exigíveis no ano de 2021 –, a referida lei busca proteger a pessoa natural no âmbito dos direitos fundamentais de liberdade e de privacidade e o livre desenvolvimento da personalidade.

Nesse sentido, os fundamentos que disciplinam a proteção de dados pessoais estão elencados no art. 2º da Lei nº 13.709/2018 e se resumem no respeito à privacidade, autodeterminação informativa, liberdade de expressão, de informação, de comunicação e de opinião, inviolabilidade da intimidade, da honra e da imagem, desenvolvimento econômico e tecnológico e a inovação, livre iniciativa, a livre concorrência e a defesa do consumidor e os direitos humanos, o livre desenvolvimento da personalidade, a dignidade e o exercício da cidadania pelas pessoas naturais[45].

Além disso, a Lei Geral de Proteção de Dados se aplica para pessoas jurídicas e pessoas físicas e os dados pessoais se encontram tanto nos documentos físicos como nos digitais.

Como dito anteriormente, o objetivo desta lei foi buscar a proteção dos indivíduos, sendo assim, sua aplicação visa gerar boas práticas empresariais, propagar a governança adequada dos dados pessoais, criar políticas, normas e procedimentos para proteger os dados e para evitar prejuízos aos titulares de direitos à privacidade, assim como, para orientar as empresas e dessa forma preservar a reputação do empregador.

Nesse sentido, Josmar Lenine Giovannini Junior (2019) destaca:

---

[45] Artigo 2º da Lei nº 13.709, de 14 de agosto de 2018. Lei Geral de Proteção de Dados Pessoais (LGPD). Disponível em: <http://www.planalto.gov.br/ccivil_03/_ato2015-2018/2018/lei/l13709.htm>. Acesso em: 10 jun. 2022.

> Caberá aos agentes de tratamento definir um conjunto de boas práticas internamente às suas empresas, levando em consideração, com relação ao tratamento de dados dos titulares, a natureza, o escopo, a finalidade, a probabilidade e a gravidade dos riscos, bem como os benefícios decorrentes de tratamento de dados do titular. A implementação de tal conjunto de boas práticas expresso nas políticas internas das empresas, deve ser liderada pelos *stakeholders* e seguida por todos os colaboradores das empresas, com os devidos critérios que evidenciem as ações protetivas com relação aos tratamentos de dados pessoais realizados. (MALDONADO, in GIOVANNINI JUNIOR, 2019, p. 169/170)

Ademais, a LGPD estabelece um direcionamento para as indenizações, reparações, sanções e multas nos casos em que ocorre o mau uso dos dados pessoais e o vazamento de informações, de modo a padronizar o correto manuseio e tratamento de dados.

Assim, será analisada a responsabilidade da empresa frente à proteção de dados do empregado no contexto da Lei Geral de Proteção de Dados, bem como, a responsabilidade do empregado no uso de dados de clientes, a que tem acesso em virtude do desenvolvimento da atividade econômica de seu empregador.

Para isso, será necessário discorrer sobre o tratamento de dados pessoais e dados pessoais sensíveis nas relações de emprego, bem como sobre o regular tratamento dos dados e informações. Além de comentar acerca da aplicação do negociado sobre o legislado através da ótica da Lei Geral de Proteção de Dados, assim como acerca da ponderação entre proteção e liberdade com base na declaração de direitos de liberdade econômica e na LGPD.

Por fim, serão apresentados dois julgados relacionados à Lei Geral de Proteção de Dados.

1. O tratamento de dados pessoais nas relações de emprego

1.1 Dados pessoais e Dados pessoais sensíveis

Os dados pessoais são aqueles que identificam ou que podem identificar uma pessoa natural.

Neste sentido, a Lei Geral de Proteção de Dados (LGPD) não fala sobre dados pessoais de pessoa jurídica, pois deixa claro que se trata de pessoa natural, conforme *caput* do art. 1º da Lei nº 13.709/2018:

> *Art. 1º Esta Lei dispõe sobre o tratamento de dados pessoais, inclusive nos meios digitais, por pessoa natural ou por pessoa jurídica de direito público ou privado, com o objetivo de proteger os direitos fundamentais de liberdade e de privacidade e o livre desenvolvimento da personalidade da pessoa natural*[46].

De acordo com o inciso II do art. 5º da Lei Geral de Proteção de Dados, os dados pessoais sensíveis são aqueles que podem gerar ao titular certa discriminação, tendo em vista que permitem a identificação de dados mais específicos:

> *II - Dado pessoal sensível: dado pessoal sobre origem racial ou étnica, convicção religiosa, opinião política, filiação a sindicato ou a organização de caráter religioso, filosófico ou político, dado referente à saúde ou à vida sexual, dado genético ou biométrico, quando vinculado a uma pessoa natural;*[47]

---

[46] Artigo 1º, ***caput*** da Lei nº 13.709, de 14 de agosto de 2018. Lei Geral de Proteção de Dados Pessoais (LGPD). Disponível em: <http://www.planalto.gov.br/ccivil_03/_ato2015-2018/2018/lei/l13709.htm>. Acesso em: 10 jun. 2022.

[47] Ibid.

Dessa forma, em relação a esses dados é necessário ter um cuidado maior, pois se trata de informações que podem ter cunho discriminatório, ou seja, o armazenamento indevido desses dados pode gerar um efetivo prejuízo para seu titular, ou seja, no presente caso, o empregado.

Sendo assim, a referida lei estabelece que será necessário realizar um tratamento desses dados pessoais, cujo procedimento encontra-se definido em lei para manuseio de tais informações, de modo que seja evitado o prejuízo ao titular do direito à privacidade.

Relembramos que o titular do direito à privacidade de informações será sempre uma pessoa natural, a quem se referem os dados pessoais que são objeto de tratamento.

Nessa sistemática, a lei definiu que o agente de tratamento tem como função controlar e operar tais dados, portanto, o controlador toma as decisões enquanto o operador realiza seu tratamento.

Além disso, é necessário ressaltar que há a responsabilidade de reparação por parte dos agentes de tratamento, na hipótese de eventuais danos sofridos em decorrência do irregular ou incorreto tratamento das informações pelo empregador, que nesta relação é o agente de tratamento.

Um dos principais objetivos da LGPD é proteger o titular dos dados e ressaltar que esses dados pertencem ao seu titular e não às empresas que os utilizam para comercialização.

1.2 O Tratamento de dados pessoais

O tratamento de dados pessoais é todo e qualquer manuseio realizado com os referidos dados, ou seja, qualquer ação realizada com os dados de pessoas naturais, enseja o necessário tratamento de tais informações, nos estritos termos previstos em lei.

Nesse sentido, o art. 5º, inciso X, da Lei Geral de Proteção de Dados traz a definição do tratamento de dados pessoais:

X - tratamento: toda operação realizada com dados pessoais, como as que se referem a coleta, produção, recepção, classificação, utilização, acesso, reprodução, transmissão, distribuição, processamento, arquivamento, armazenamento, eliminação, avaliação ou controle da informação, modificação, comunicação, transferência, difusão ou extração;[48]

O art. 7º da Lei Geral de Proteção de Dados estabelece que o tratamento de dados pessoais somente poderá ser realizado mediante 10 (dez) hipóteses, também denominadas de bases legais, que devem ser corretamente registradas.

Ainda, Viviane Nóbrega Maldonado (2019) apresenta uma definição do tratamento de dados pessoais:

> Outra definição muito relevante constante da LGPD é a atinente ao próprio tratamento, assim entendido como toda operação realizada com dados pessoais, como as que se referem à coleta, produção, recepção, classificação, utilização, acesso, reprodução, transmissão, distribuição, processamento, arquivamento, armazenamento, eliminação, avaliação ou controle da informação, modificação, comunicação, transferência, difusão ou extração. Note-se que a conceituação é extremamente abrangente e inclui todas as operações relativas aos dados pessoais, desde sua coleta até o término propriamente dito. No mais, é importante destacar que o mero armazenamento está inserido, por definição legal, como atividade de tratamento, de sorte que a simples posse de dados determina, por si só, a observância dos dispositivos legais. (MALDONADO, 2019, p. 16)

[48] Artigo 5º, X da Lei nº 13.709, de 14 de agosto de 2018. Lei Geral de Proteção de Dados Pessoais (LGPD). Disponível em: <http://www.planalto.gov.br/ccivil_03/_ato2015-2018/2018/lei/l13709.htm>. Acesso em: 10 jun. 2022.

Ou seja, para se realizar o tratamento dos dados pessoais no caso concreto, deve-se ter ciência da importância de se utilizar a base legal adequada, bem como de documentar o procedimento realizado.

O tratamento deverá ser realizado mediante o fornecimento de consentimento pelo titular. Neste caso, precisa ser realizado de forma livre e espontânea, de modo que o titular do dado pessoal necessita concordar com o tratamento de seus dados para que o consentimento tenha validade.

Observa-se que o art. 5º, XII, da Lei Geral de Proteção de Dados estabelece que:

> *Art. 5º, XII - consentimento: manifestação livre, informada e inequívoca pela qual o titular concorda com o tratamento de seus dados pessoais para uma finalidade determinada;*[49]

Por certo que o consentimento não poderá ser realizado de forma genérica, principalmente em relação aos dados pessoais sensíveis, devendo ser realizado de forma específica, isto é, o consentimento precisa ser livre para que a sua finalidade seja atingida quando o dado pessoal for tratado.

Outra hipótese de tratamento é mediante o cumprimento de obrigação legal ou regulatória pelo controlador, tais como a necessidade de prestar informações perante órgãos de fiscalização trabalhista e órgãos fiscais, ou seja, o poder público, por meio de seus órgãos da administração direta e/ou indireta.

Há, ainda, a possibilidade de a Administração Pública realizar o tratamento e uso compartilhado de dados necessários à execução de políticas públicas previstas em leis e regulamentos ou respaldadas em contratos, convênios ou instrumentos congêneres.

---

[49] Artigo 5º, XII da Lei nº 13.709, de 14 de agosto de 2018. Lei Geral de Proteção de Dados Pessoais (LGPD). Disponível em: <http://www.planalto.gov.br/ccivil_03/_ato2015-2018/2018/lei/l13709.htm>. Acesso em: 10 jun. 2022.

Além disso, o tratamento pode ser realizado para estudos por órgãos de pesquisa, porém, neste caso deverá ser garantida, sempre que possível, a anonimização dos dados pessoais, assim como quando necessário para a execução de contrato ou de procedimentos preliminares relacionados a contrato do qual seja parte o titular, a pedido do titular dos dados.

Ademais, existe a hipótese de o tratamento ser realizado para o exercício regular de direitos em processo judicial, administrativo ou arbitral, de acordo com a Lei nº 9.307, de 23 de setembro de 1996[50], mais conhecida como "Lei de Arbitragem", para a proteção da vida ou da incolumidade física do titular ou de terceiro e para a tutela da saúde, exclusivamente, em procedimento realizado por profissionais de saúde, serviços de saúde ou autoridade sanitária.

Por fim, há a hipótese de tratamento quando é necessário atender aos interesses legítimos do controlador ou de terceiro e para a proteção do crédito.

Dessa forma, o tratamento de dados pessoais possui grande importância, principalmente para o titular dos dados, que tem direito de exigir a proteção das suas informações.

Sendo assim, a Lei Geral de Proteção de Dados foi promulgada não apenas para proteger o detentor dos dados, mas igualmente, as próprias informações, haja vista que estas têm movido o próprio mercado atual, absolutamente digitalizado, ou seja, conclui-se que na atualidade, os dados e informações pessoais de indivíduos se tornaram fonte de riqueza.

Forçoso concluir que todo tratamento de dados pessoais gera responsabilidade para os envolvidos no processo de guarda e tutela das informações pessoais de terceiro, no caso, empregado.

---

[50] Artigo 5º, XII da Lei nº 9.307, de 23 de setembro de 1996. Dispõe sobre a arbitragem. Disponível em: <http://www.planalto.gov.br/ccivil_03/leis/l9307.htm>. Acesso em: 10 jun. 2022.

No presente artigo iremos analisar a responsabilidade das partes frente a proteção de dados do empregado, bem como a responsabilidade do empregador em proceder à guarda e tutela de informações no contexto da Lei Geral de Proteção de Dados.

2. Responsabilidade da empresa e do empregado em relação à Lei Geral de Proteção de Dados

2.1 Responsabilidade da empresa

As empresas possuem grandes responsabilidades sob a ótica da Lei Geral de Proteção de Dados, tendo em vista que normalmente armazenam inúmeras informações pessoais e dados, tanto de relações comerciais quanto em relações internas envolvendo seu quadro de empregados.

Nas relações de emprego, faz-se necessário o manuseio de dados pessoais–entre eles, dados pessoais sensíveis–, desde a fase pré-contratual, que ocorre durante o processo seletivo, passando pela fase contratual, durante o período de vínculo de emprego, até chegar na fase pós-contratual, que se dará após o encerramento do vínculo profissional.

Na etapa pré-contratual, ou seja, quando o empregado envia os dados para se candidatar à vaga de emprego, não há que se falar em solicitação de dados sensíveis ao candidato, haja vista que podem ser utilizados de forma indevida, gerando discriminação e consequente negativa da contratação para o posto de emprego.

Portanto, entendemos que na fase pré-contratual, deve-se solicitar as informações básicas e estritamente indispensáveis ao preenchimento da vaga de emprego.

De qualquer forma, ainda que as informações sejam básicas, a lei imputa a responsabilidade de consentimento por parte dos candidatos, à empresa–futuro empregador, autorizando a coleta de tais informações e o tratamento dos dados para a finalidade específica do processo seletivo.

Após, na fase contratual e pós-contratual deve-se aumentar por parte do empregador o cuidado com os dados, pois neste momento será necessário solicitar informações pessoais e, eventualmente, dados sensíveis para a efetivação da contratação do empregado.

Ademais, é de extrema importância que independentemente das fases mencionadas, a empresa esteja em conformidade com a Lei Geral de Proteção de Dados, sendo necessária a elaboração de contratos de trabalho e aditivos contratuais com termos adequados para que os titulares de direitos e dos respectivos dados pessoais tenham plena ciência das informações armazenadas, da finalidade de armazenamento, do tempo em que tais dados serão armazenados pelo empregador e quem será responsável pela guarda e tutela de tais informações.

Conforme falamos anteriormente, ocorrendo violação à lei, conforme texto legal, o controlador ou operador deverão reparar as violações causadas.

Nesse sentido, o art. 42 da referida lei estabelece que em razão do exercício de atividade de tratamento de dados pessoais, causar a outrem dano patrimonial, moral, individual ou coletivo, em violação à legislação de proteção de dados pessoais, é obrigado a repará-lo, ou seja, a lei exige a reparação ao titular dos dados, quando estes são violados.[51]

Portanto, além da responsabilidade da empresa em relação à Lei Geral de Proteção de Dados, há a responsabilidade civil na hipótese de violação à norma, ou seja, a empresa possui a responsabilidade de reparar todo dano que causar em relação ao mau uso ou tratamento indevido de dados pessoais.

2.2 Responsabilidade do empregado

Paralelamente à responsabilidade da empresa, passamos a analisar as responsabilidades do empregado frente à Lei Geral de Proteção de Dados.

---

[51] Incluir referência: "Artigo 42º, caput da Lei nº 13.709, de 14 de agosto de 2018. Lei Geral de Proteção de Dados Pessoais (LGPD). Disponível em: <http://www.planalto.gov.br/ccivil_03/_ato2015-2018/2018/lei/l13709.htm>. Acesso em: 10 jun. 2022

O empregado no exercício de suas funções deve zelar pelo tratamento, guarda e/ou sigilo dos dados a que possui acesso em decorrência da atividade profissional, principalmente as informações sigilosas e os dados sensíveis envolvendo a empresa, o exercício da atividade empresarial e seus clientes.

Em setembro de 2017, todo o país se viu surpreendido com a notícia – altamente difundida – de que os atendentes de loja de vestuário vendiam dados de clientes por R$ 50,00 (cinquenta reais) na internet. Diversos sites de notícias difundiram as informações de que os dados eram utilizados pelos compradores para a prática de crimes, tais como estelionato, falsidade ideológica, entre outros.

Tal fato gerou grande debate a respeito dos limites para recebimento, guarda e tutela de dados de pessoas físicas e os riscos relacionados a práticas semelhantes.

O empregado, sem qualquer margem para dúvidas, possui responsabilidade perante a empresa e às informações que tem contato no decorrer de suas atividades profissionais, se sujeitando a medidas punitivas disciplinares decorrentes de qualquer conduta contrária aos interesses de seu empregador no exercício de suas funções e que sejam contrárias à relação de confiança havida na relação de emprego.

Não desconsideramos a responsabilidade do empregador em fornecer orientação e capacitação de seus empregados para o tratamento dos dados a partir da vigência da LGPD. Ou seja, é necessário que todos os empregados tenham clareza das suas funções e responsabilidades, conhecimento da Lei Geral de Proteção de Dados e de como deve ocorrer o tratamento dos dados, principalmente dos dados sensíveis a que se possui acesso.

A capacitação dos empregados é de responsabilidade do empregador, que possui poder diretivo frente à relação de emprego, bem como, de suportar os riscos do exercício da atividade econômica.

Ademais, o empregador detém amplo conhecimento da importância dos dados que tutela, pois estes são necessários ao exercício de sua atividade empresarial, bem como das consequências que um vazamento pode causar para a sua reputação e a própria manutenção de seu negócio.

Portanto, os procedimentos adotados em relação a tais temas devem ser efetivamente implantados e periodicamente reanalisados, ou seja, apesar do empregado ter suas responsabilidades, o empregador possui o maior interesse de ver os procedimentos sendo realizados adequadamente e se ver distante de qualquer situação que atrapalhe ou prejudique o exercício da atividade econômica.

De toda sorte, os empregados precisam ser treinados e oficialmente cientificados acerca da importância dos dados a que possuem acesso, do dever de sigilo, devendo possuir ciência inequívoca das eventuais punições decorrentes da quebra de sigilo profissional.

As orientações poderão constar em códigos de conduta, regulamentos internos, termos de confidencialidade ou até mesmo nos próprios contratos de trabalho, onde serão definidas as diretrizes do empregador em relação ao uso pelo empregado de informações para o exercício de suas atividades profissionais.

Neste sentido, teremos a oportunidade de analisar mais adiante um acórdão recentemente proferido pelo Tribunal Regional do Trabalho da 2ª Região, acerca da responsabilidade do empregado em relação à quebra de sigilo das informações a que possuía acesso em decorrência de sua atividade profissional.

3. Julgados relacionados à Lei Geral de Proteção de Dados

3.1 O Tribunal Regional do Trabalho da 2ª Região mantém dispensa por justa causa - Processo nº 1000612-09.2020.5.02.0043

Para corroborar com o tema desenvolvido neste artigo, observa-se o acórdão do Tribunal Regional do Trabalho da 2ª Região nos autos do processo nº 1000612-09.2020.5.02.0043, que manteve a dispensa por justa causa de um empregado, por ter encaminhado dados pessoais e confidenciais da empresa para o seu e-mail pessoal.

No referido processo, restou demonstrado que o empregador proibia o envio das informações da empresa, bem como que não era liberado o uso de celulares no ambiente de trabalho. A decisão, além de se basear no fato do empregado ter desrespeitado o código de conduta e ética, também reforçou o descumprimento do que estabelece a Lei Geral de Proteção de Dados, na medida em que houve a transferência de informações que o empregador entende como sigilosas.

Ressalta-se que o empregado tinha ciência plena e inequívoca da vedação no compartilhamento de dados e informações, independentemente do seu fim, tendo em vista que se tratava de informações sigilosas para o exercício da atividade empresarial.

Sendo assim, apesar do empregado alegar em defesa que o compartilhamento das informações jamais se fez para terceiros, o fato é que havia uma orientação da empresa de que o envio era proibido, bem como, tratava-se de dados confidenciais e que, portanto, demandam proteção por parte do empregador e de seus empregados.

O judiciário, portanto, ratifica a importância de se respeitar a proteção de dados dentro do ambiente profissional, pois apesar de neste caso o compartilhamento não ter sido realizado para terceiros, tal conduta poderia vir a prejudicar não somente o empregado que realizou o envio, mas a empresa, os detentores dos dados pessoais e o próprio exercício e continuidade da atividade econômica.

Tal conduta poderia causar prejuízos irreparáveis para a empresa e terceiros, principalmente em relação a sua reputação e visibilidade no mercado.

Ressalta-se que a reputação de uma empresa precisa trazer credibilidade e confidencialidade, ou seja, é necessário que os dados estejam sempre protegidos e isso inclui os dados que integram o ambiente de trabalho.

Portanto, um empregado que tem contato com dados nas suas atividades laborais precisa ter o entendimento da importância que estes têm no mundo atual, altamente digitalizado, principalmente nas consequências que um vazamento pode causar para a empresa em que atua.

3.2 A 25ª Vara do Trabalho de Porto Alegre condenou a empresa ao pagamento de indenização por danos morais – Processo nº 0020260-89.2020.5.04.0025

Em contrapartida, analisando os comportamentos das empresas em relação à Lei Geral de Proteção de Dados, observamos que existem aquelas que ainda não se adequaram devidamente às diretrizes da referida lei.

Nesse sentido, verifica-se a sentença da 25ª Vara do Trabalho de Porto Alegre que condenou uma empresa ao pagamento de indenização por danos morais, tendo em vista que foi compartilhada na intranet da companhia uma "*tabela com o nome, número da ação trabalhista e o valor que cada funcionário teria para receber de crédito, em todos os processos trabalhistas contra a empresa, expondo os empregados de forma constrangedora e indevida*". (SALIBA, 2021)

Ocorre que nesse caso a empresa expôs indevidamente os seus empregados, podendo ter gerado prejuízos irreparáveis, tendo em vista que tal compartilhamento violou a intimidade, vida privada, honra e imagem das pessoas afetadas.

Ora, a própria Constituição Federal no art. 5º, X, reconhece o direito a indenização por dano material ou moral nesses casos, conforme abaixo colacionado:

> *X - são invioláveis a intimidade, a vida privada, a honra e a imagem das pessoas, assegurado o direito a indenização pelo dano material ou moral decorrente de sua violação;*[52]

---

[52] Artigo 5°, X da Constituição (1988). ***Constituição da República Federativa do Brasil***, de 5 de outubro de 1988. Brasília: Senado Federal, 1988. Disponível em: <http://www.planalto.gov.br/ccivil_03/consti-

Ainda, a sentença nesse processo reconheceu a violação aos direitos dos empregados e condenou o empregador ao pagamento de indenização por danos morais no importe de R$ 2.000,00 (dois mil reais) por cada empregado que teve os seus dados vazados.

Esse julgado demonstra a importância de a empresa estar adequada conforme a Lei Geral de Proteção de Dados, ou seja, cumprindo o que ali está determinado, bem como, visando a proteção de dados dos seus empregados e de todos aqueles que de certa forma possui acesso aos dados.

4. A análise do negociado sobre o legislado frente a Lei Geral de Proteção de Dados

Conforme analisamos, não nos restam dúvidas de que a Lei nº 13.709/2018 possui aplicação nas relações de emprego, uma vez que o próprio art. 1º da LGPD deixa claro que a lei é voltada para proteger os dados pessoais de pessoas naturais que sejam tratados por pessoas físicas ou jurídicas de direito público ou privado.

Neste sentido, é importante chamarmos a atenção que no dia 02 de junho de 2022 o Pleno do Supremo Tribunal Federal declarou constitucional o art. 611-A da Consolidação das Leis Trabalhistas[53], que estipula o rol exemplificativo de situações em que as negociações coletivas de trabalho devem prevalecer sobre a legislação.

O Tribunal observou, contudo, que a redução de direitos por acordos coletivos deve respeitar as garantias constitucionalmente asseguradas aos trabalhadores, ao decidir que convenções ou acordos coletivos de trabalho que limitam ou suprimem direitos trabalhistas são válidas, desde que seja assegurado um patamar civilizatório mínimo ao trabalhador.

---

tuicao/constituicao.htm>. Acesso em: 12 maio 2022.

[53] Artigo 611-A do Decreto-Lei 5.452, de 1º de maio de 1943. Aprova a Consolidação das Leis do Trabalho. ***Diário Oficial da União***, Brasília, DF, 09 ago. 1943. Disponível em: <http://www.planalto.gov.br/ccivil_03/decreto-lei/del5452.htm:>. Acesso em: 10 jun. 2022.

Em uma linguagem simples, significa dizer que as convenções coletivas de trabalho representam leis entre as partes, dando fim à polêmica instituída pela Reforma Trabalhista (Lei nº 13.467/2017), acerca da negociação de direitos disponíveis, de modo a declarar a plena liberdade negocial das entidades representativas.

Nessa seara, ao analisarmos a plena liberdade negocial frente e em paralelo à Lei Geral de Proteção de Dados, entendemos que as entidades sindicais poderão, via convenção coletiva ou acordo coletivo de trabalho, dispor acerca do tratamento de dados pessoais pelos empregados, sobre a guarda e tutela por parte do empregador, de dados e informações de empregados, o prazo máximo em que tal guarda e tutela poderão se dar, bem como, eventuais multas decorrentes do descumprimento das previsões contidas em tais normativos convencionais.

Neste sentido, com o aval do art. 611-A da CLT, é possível concluir que as negociações coletivas poderão tratar do tema relacionado à proteção, guarda e tutela de dados, de modo a aproximar as negociações coletivas à realidade e necessidades de cada categoria profissional, de acordo com suas peculiaridades e informações compartilhadas durante do período pré-contratual, contratual e pós-contratual.

Ainda, observamos que os sindicatos possuem grande responsabilidade perante suas categorias profissionais, no sentido de regular de forma ampla e coletiva, como se dará a solicitação de dados e informações em relação às necessidades setorizadas de certas categorias.

Por certo que tais entidades poderão, via instrumento coletivo, definir quais informações poderão ser solicitadas pela empresa quando da convocação para processo seletivo na fase pré-contratual, quais documentos e informações poderão ser solicitados na fase contratual e por qual período tais documentos e informações estarão sob guarda e tutela do empregador após encerrada a relação de emprego e quais as possibilidades em que poderá o empregador fazer uso de tais dados, evitando-se, inclusive, eventual utilização indevida de informações do empregado, que poderia lhe gerar algum dano ou prejuízo frente ao mercado de trabalho.

Muito embora pouco noticiado a respeito da autonomia coletiva para tratar do tema relacionado à Lei Geral de Proteção de Dados, entendemos tratar-se de grande oportunidade conferida às entidades sindicais, no sentido de que seja regulada a solicitação, guarda e tutela de informações, de modo a evitar e/ou prevenir que eventuais abusos sejam cometidos em prejuízo de empregados que integrem certa categoria profissional, conferindo ao ente sindical, portanto, oportunidade de chamar à negociação empresas que possuem grande interesse em eliminar riscos de multas relacionadas à LGPD.

Considerações finais

Do trabalho de pesquisa desenvolvido, podemos concluir que a introdução ao sistema normativo brasileiro da Lei nº 13.709/2018 causou grande alvoroço em toda sociedade – também em razão do receio de aplicação de multas de elevado valor, mas principalmente pelo total desconhecimento da sociedade em como tratar com sigilo e responsabilidade informações pessoais de terceiros em um momento histórico onde não existe espaço para falarmos de privacidade.

Conforme discorremos, vivemos em uma sociedade que caminhou para a transparência de tal forma que perdeu ao longo do tempo os limites para que houvesse acesso à informação e o respeito à privacidade.

Talvez em razão da globalização, do avanço tecnológico, em decorrência da forma como utilizamos as redes sociais – dando total publicidade do dia a dia e da vida que levamos –, perdemos, ao longo do tempo, o senso crítico em relação à forma como a intimidade, a vida privada e o direito em relação ao acesso a informações devem ser tratados.

Por todos estes fatores, somados ao fácil e indiscriminado acesso, divulgação, utilização e banalização de informações pessoais, vivemos em uma sociedade com tamanha falta de zelo e cuidado, quando falamos de informações e dados pessoais, sensíveis e privados.

A Justiça do Trabalho lida com processos em que empregados sofrem discriminação de todas as formas, desde o gênero, passando por crença religiosa e chegando à discriminações decorrentes da própria condição física e de saúde. É possível ver, nos dias de hoje, empregados sendo demitidos em razão de doença grave, doenças que geram estigma e/ou preconceito, e que muitas vezes, os empregadores não têm conhecimento de como tratar e lidar com tais informações, gerando ainda mais constrangimentos e exposições ao empregado.

Vivemos no século 21, onde o acesso a dados, informações, de gênero, saúde, profissão, ideologia, entre outros, se tornaram valiosas informações, que por sua vez geram algoritmos destinados ao comércio mundial e que movimentam e induzem bilhões de pessoas ao consumo.

Ou seja, a informação tornou-se um valioso instrumento para gerar riquezas.

O advento de uma legislação que protege não apenas a sociedade, mas que gera maior segurança nas relações de emprego, sem dúvida é algo digno de nota.

Estamos falando aqui da limitação da autonomia do empregador ao colher, tratar, arquivar e eliminar dados sensíveis e não sensíveis de empregados e ex-empregados, respeitando, portanto, o direito individual de cada um em ter sua privacidade e o uso de seus dados e informações pessoais reguladas.

Por outro lado, existe também a garantia ao empregador de que o exercício de sua atividade econômica e as informações para ela necessárias, não estarão em risco, haja vista que a mesma lei que regula a utilização de dados e informações pessoais dos empregados, limita e regula a forma como estes farão o tratamento de informações em posse da empresa em decorrência do exercício de sua atividade empresarial.

Exploramos, ainda, a possibilidade de os sindicatos profissionais regularem, via instrumento coletivo, a forma como a empresa/empregador fará uso dos dados e informações obtidos, de modo que sejam evitadas condutas discriminatórias, abuso da guarda, do tratamento e durante o processo de eliminação de dados, sejam eles obtidos durante o processo seletivo na fase pré-contratual, ao longo do contrato de trabalho durante a fase contratual e após o término da relação de emprego, o que chamamos de fase pós-contratual.

Podemos concluir, portanto, que a Lei Geral de Proteção de Dados chegou para ficar, de modo a "criar freios" para o trânsito ilimitado de dados e informações pessoais, nos fazendo refletir sobre a importância da privacidade e do uso responsável de informações pertencentes a terceiros.

Nesse sentido, em conformidade com as relações de emprego, podemos concluir que se trata de um grande avanço regulatório, gerando segurança a todos os integrantes da relação de emprego, tanto para o empregador quanto para o empregado.

A partir da LGPD, o empregado tem garantia de que seus dados e informações pessoais serão tratados com respeito e finalidade definida, com a segurança de que suas informações serão eliminadas oportunamente, não sendo utilizadas ou comercializadas para qualquer fim.

Por outro lado, empresas/empregadores possuem a segurança de que seus dados e de seus clientes serão respeitados e tratados com o sigilo necessário, evitando-se, portanto, danos empresariais, à imagem e ao exercício da atividade econômica de inúmeras ordens.

Podemos concluir que a chegada da Lei nº 13.709/2018 traz consigo não apenas uma regulação necessária às relações de emprego, mas também, grande reflexão acerca dos limites para a solicitação, o uso, a guarda e o tratamento de dados e informações pessoais para toda sociedade, de modo que, no âmbito trabalhista, a importância se mostra ainda maior, uma vez que tanto empregador, quanto empregado, se veem beneficiados pelo maior controle de informações instituído em nosso ordenamento jurídico pela vigência da nova norma legal.

Cabe agora aguardarmos para ver como as entidades sindicais, o judiciário trabalhista e os órgãos de fiscalização irão se posicionar, consolidando entendimento sobre a entrada em vigor da Lei Geral de Proteção de Dados e seus impactos na legislação trabalhista e nas relações de emprego.

Referências

ALMEIDA, Dayse Coelho de. **Lei Geral de Proteção de Dados e novos direitos do empregado na decisão automatizada**. 14 dez. 2021. Disponível em: <https://www.migalhas.com.br/depeso/356587/lgpd-e-novos-direitos-do-empregado-na-decisao-automatizada>. Acesso em: 08 jun. 2022.

BRASIL. Constituição (1988). **Constituição da República Federativa do Brasil, de 5 de outubro de 1988**. Brasília: Senado Federal, 1988.

_______. Decreto-Lei nº 5.452, de 1º de maio de 1943. **Aprova a Consolidação das Leis do Trabalho**. Diário Oficial da União, Brasília, DF, 09 ago. 1943. Disponível em: <http://www.planalto.gov.br/ccivil_03/decreto-lei/del5452.htm:>. Acesso em: 10 jun. 2022.

_______. Lei nº 13.709, de 14 de agosto de 2018. **Lei Geral de Proteção de Dados Pessoais (LGPD)**. Disponível em: <http://www.planalto.gov.br/ccivil_03/_ato2015-2018/2018/lei/l13709.htm>. Acesso em: 10 jun. 2022.

_______. **Lei nº 13.467, de 13 de julho de 2017**. Altera a Consolidação das Leis do Trabalho (CLT), aprovada pelo Decreto-Lei nº 5.452, de 1º de maio de 1943, e as Leis nºs 6.019, de 3 de janeiro de 1974, 8.036, de 11 de maio de 1990, e 8.212, de 24 de julho de 1991, a fim de adequar a legislação às novas relações de trabalho. Diário Oficial da União, Brasília, DF, 14 jul. 2017.

_______. **Lei nº 9.307, de 23 de setembro de 1996**. Dispõe sobre a arbitragem. Disponível em: <http://www.planalto.gov.br/ccivil_03/leis/l9307.htm>. Acesso em: 10 jun. 2022.

COSTA, Ariston Flávio Freitas da; SANTOS, Rayssa Steffany de Lira. **Os impactos da Lei Geral de Proteção de Dados no Direito Coletivo do Trabalho**. 01 dez. 2021. Disponível em: <https://ambitojuridico.com.br/cadernos/direito-do-trabalho/lei-geral-de-protecao-de-dados-direito-do-trabalho/>. Acesso em: 08 jun. 2022.

LEI GERAL DE PROTEÇÃO DE DADOS. São Paulo: Associação dos Advogados, v. 144, nov. 2019. Mensal.

MALDONADO, Viviane Nóbrega (coord.). **LGPD: Lei Geral de Proteção de Dados Pessoais - Manual de Implementação**. São Paulo: Thomson Reuters Brasil, 2019. 368 p.

MANTIDA justa causa de trabalhador que repassou dados sigilosos da empresa para seu e-mail pessoal. 03 nov. 2021. Tribunal Regional do Trabalho da 2ª Região. Disponível em: <https://ww2.trt2.jus.br/noticias/noticias/noticia/mantida-justa-causa-de-trabalhador-que-repassou-dados-sigilosos-da-empresa-para-seu-e-mail-pessoal>. Acesso em: 07 jun. 2022.

PERREGIL, Fernanda; CALCINI, Ricardo (org.). **LGPD e Compliance Trabalhista**. Leme: Jh Mizuno, 2021. 321 p.

PROTEÇÃO de dados pessoais e as relações de trabalho. 14 abr. 2022. Disponível em: <https://www.lgpdbrasil.com.br/protecao-de-dados-pessoais-e-as-relacoes-de-trabalho/>. Acesso em: 06 jun. 2022.

SALIBA, Ana Luisa. **Empresa que divulgou lista com dados das ações contra ela comete ato ilícito**. 2021. Disponível em: <https://www.conjur.com.br/2021-ago-08/justica-condena-empresa-exposicao-ilegal-dados-funcionarios>. Acesso em: 12 maio 2022.

TEIXEIRA, Tarcisio (coord.). **Empresas e a implementação da lei geral de proteção de dados**. Salvador: Editora Juspodivm, 2021. 479 p.

CITAÇÃO INICIAL NO PROCESSO DO TRABALHO: SÚMULA 16 DO TRIBUNAL SUPERIOR DO TRABALHO E PROVIMENTO GP-CR Nº 1/2019 DO TRIBUNAL REGIONAL DO TRABALHO DA 15ª REGIÃO SOB A ÓTICA DAS GARANTIAS CONSTITUCIONAIS

Elaine Cristina Pereira Tomaz

Introdução

O caráter informal sempre predominou na Justiça do Trabalho, principalmente como forma de facilitar o acesso do trabalhador à justiça e de conferir maior celeridade ao processo. Tendo tais características como norte, o legislador determinou que as correspondências de comunicação dos atos processuais que informam o início do processo e a designação de audiência, sejam enviadas por registro postal, observando-se exceção à esta regra apenas quanto ao processo de execução, art. 880 da Consolidação das Leis do Trabalho (CLT), quando a citação deve ser pessoal.

A relevância do tema se observa principalmente em razão de que o início da contagem dos prazos se dá após o recebimento da notificação pela parte, consoante disposição no art. 774, da CLT.

Inobstante a importância em se identificar de forma inequívoca a data de recebimento da notificação inicial, o legislador buscou justificar a autonomia do processo do trabalho e, para isso "utilizou na CLT, de forma indiscriminada, o termo 'notificação', como o meio adequado para comunicação de todo e qualquer ato processual realizado no âmbito da justiça laboral (seja citação ou intimação)", conforme observa Renato Saraiva (2011), de forma que, em regra, a comunicação dos atos processuais na Justiça do Trabalho é realizada através dos Correios.

Nessa ordem de ideias, não há citação inicial do reclamado no processo trabalhista, pois a legislação determina apenas que se proceda a notificação deste, após 48 horas do recebimento da petição inicial, para comparecimento em audiência, quando procederá apresentação de defesa, conforme determinações contidas no art. 841 da CLT.

Como tentativa inicial de assegurar o registro de eventual frustração da notificação o legislador determina, no parágrafo único do art. 774 da CLT, obrigação dos Correios em informar ao Tribunal de origem eventual recusa no recebimento ou não localização do destinatário, no prazo de 48 (quarenta e oito) horas, sob pena de ser responsabilizado o servidor.

Considerando a sistemática determinada pela CLT, o Tribunal Superior do Trabalho (TST) editou, através da Resolução Administrativa 28/1969, a Súmula nº 16, com redação atual dada pela Resolução Administrativa 121/2003 que consigna: "Presume-se recebida a notificação 48 (quarenta e oito) horas depois de sua *postagem*. O seu não-recebimento ou a entrega após o decurso desse prazo constitui ônus de prova do destinatário".

Assim, o Tribunal Regional do Trabalho da 15ª Região (TRT15), promoveu alteração recente–20/02/2019–editou o PROVIMENTO GP-CR Nº 1/2019 que alterou a redação do Capítulo NOT (DAS NOTIFICAÇÕES OU INTIMAÇÕES) da Consolidação das Normas da Corregedoria para determinar que *as intimações postais serão realizadas utilizando a modalidade cartas simples para a realização de notificações citatórias em meio físico, além da utilização de comunicação eletrônica no que se apresentar possível.*

A alteração reflete o caráter de informalidade e celeridade tão presentes na Justiça Especializada, além de objetivar a redução dos custos do processo.

Ainda, da análise da determinação sumulada pelo Egrégio Tribunal Superior é possível observar que o início da contagem de prazo que configura a presunção de recebimento se dá a partir da postagem da notificação. Na redação original da súmula constava o termo "regular expedição", no lugar da expressão "postagem", contudo a redação atual não alterou o sentido da determinação (OLIVEIRA, 2008), atualizando apenas o termo à sistemática adotada pelos Correios à época.

Observa-se que o verbete atribui o ônus probatório ao destinatário, já que incumbe a ele comprovar o recebimento ou não da notificação após o prazo de 48 (quarenta e oito) horas fixado pelo Tribunal.

Todavia, não se olvida que a postagem poderá ocorrer de forma irregular além de que a interferência de fatores externos, como a greve e a alteração dos procedimentos de entrega da notificação, pode constituir obstáculos a regular notificação dentro dos prazos fixados pelo Tribunal, revestindo de nulidade o procedimento.

Considerando a presunção relativa de recebimento da notificação fixada pelo TST na Súmula nº 16, o não comparecimento da parte na audiência acarretará a revelia, que tem como um de seus efeitos a presunção de veracidade dos fatos alegada pela parte contrária.

Ocorre que, não raras as vezes, a devolução da comunicação postal é conhecida apenas depois de realizada a audiência inicial ou, ainda, a parte reclamada apenas tomará ciência do processo quando notificada da prolação da sentença que reconheceu a revelia, materializando flagrante violação aos princípios do contraditório e ampla defesa que devem estar assegurados às partes.

A adoção de procedimentos para acelerar e reduzir os custos da notificação, como o adotado pelo TRT15, retira a remota possibilidade da parte de conseguir comprovar a ausência de recebimento da notificação ou seu recebimento fora do prazo, já que o envio de correspondência por Carta Simples não permite a consulta de nenhuma movimentação da correspondência.

De outro lado, não se olvida que o rito processual trabalhista foi concebido para ser mais célere, através da utilização de institutos que visam a prestação da tutela jurisdicional de forma mais célere, isto porque, frequentemente envolvem a entrega ao reclamante de crédito trabalhista, de natureza alimentar.

Nesse sentido, o direito fundamental à razoável duração do processo e dos meios que garantam a celeridade de sua tramitação, insculpido no art. 5º, LXXVIII, da Constituição Federal, se estabelece como um norte que direciona os procedimentos a serem adotados no Processo do Trabalho.

No entanto, não se pode perder de vista que o diploma Constitucional assegura a todos a garantia ao contraditório e a ampla defesa, em seu art. 5º, LV, princípios que também se posicionam como direito fundamental às partes.

Na situação em apreço, tem-se nitidamente instalado um conflito de princípios fundamentais constitucionais, exigindo maior atenção do aplicador da lei ao determinar qual princípio irá se sobressair no caso concreto.

1. Peculiaridades do Direito Processual do Trabalho

Objetivando uma compreensão mais ampla da aplicação dos princípios constitucionais, faz-se necessária uma análise quanto às características do Direito Processual do Trabalho.

Nesse sentido, tem-se que o Processo do Trabalho compreende, numa definição sintética, o ramo jurídico como sistema processual que congrega os litígios do mundo do trabalho e de organização e funcionamento da Justiça do Trabalho, sem prejuízo de outras definições analíticas e de matriz constitucionalista:

> [...] ramo da ciência jurídica, constituído por um sistema de valores, princípios, regras e instituições próprias, que tem por objeto promover a concretização dos direitos fundamentais individuais, coletivos e difusos dos trabalhadores e a pacificação justa dos conflitos decorrentes direta e indiretamente das relações de emprego e de trabalho, bem como regular o funcionamento dos órgãos que compõe [*sic*] a Justiça do Trabalho (BEZERRA LEITE, 2015, p. 105).

A compreensão do Direito Processual do Trabalho, mais do que uma definição descritivo-sintética, se dá através da formação histórica, mormente em razão da finalidade, qual seja, realizar o Direito Material do Trabalho.

A função basilar do Direito Processual do Trabalho objetivou a criação de um modelo processual que preza pela facilitação do acesso à Justiça pelo trabalhador. Não se justificaria a existência de um Direito do Trabalho protetivo uma vez que sua efetivação estivesse condicionada aos mesmos procedimentos, caros, lentos e complexos da justiça comum. O Direito Processual do Trabalho estaria legado ao campo ideal, mas nada real.

Uma análise à construção histórico-legislativa deixa claro que, mesmo em matéria processual, a CLT adotou conceitos gerais e indeterminados. Apesar de alguns críticos considerarem a CLT com um número expressivo de imprecisões terminológicas, a lógica do texto legal foi um avanço para a época e mesmo no Código de Processo Civil (CPC) de 1939, já se identificavam muitas das expressões "imprecisas" e "pouco técnicas", a exemplo o conceito genérico de "notificação" que teria advindo do art. 138 do CPC de 1939.

Oportuno registrar que alguns autores, como Bruno Gonçalves Fonseca (2015), têm posicionamento contrário quanto ao antecedente normativo que teria inspirado a Consolidação Normativa, destacando que o compromisso histórico do processo do trabalho sempre foi diferente do processo comum.

Observa-se, enfim, que a CLT se preocupa mais com o resultado final de efetividade do processo do que com procedimentos que constituem o processo comum, o que justificaria a denominação conferida por Coqueijo Costa (1986) como "Direito Judiciário do Trabalho".

A primeira característica predominante que se observa é a confirmação na esfera processual do caráter protetivo do Direito Material do Trabalho. Era necessária uma justiça especializada que estivesse familiarizada com as urgências e peculiaridades do conflito capital-trabalho para se alcançar uma solução justa. Este compromisso do Direito Processual do Trabalho com a proteção do Direito do Trabalho se traduz na mais intensa instrumentalidade do processo que, em síntese, foi retratada por Coqueijo Costa (1986):

> O desequilíbrio dos sujeitos no processo do trabalho impõe a especialização deste processo, como consequência das peculiaridades do conflito individual de trabalho, para corrigir tal desequilíbrio. Daí, os princípios da gratuidade, da inquisitoriedade, da celeridade, da proteção ("in dubio pro operário") da imediatidade, da oralidade e da simplicidade (1986, p. 19).

A instrumentalidade determinante do "Processo Judiciário do Trabalho" em relação ao Direito Material do Trabalho, além de incorporar o princípio de proteção no plano processual, também atrai a incidência de outros princípios do plano material para o ambiente processual. Nesse sentido, pode-se citar o princípio da verdade real, consignado no art. 765

da CLT, através do qual se autoriza "qualquer diligência" em busca da verdade. Ainda, é nítida em esfera processual a tradução do princípio da primazia da realidade que confere maior valor probante à prova testemunhal em confronto com a prova material. Nessa perspectiva, também se identifica em sede processual o princípio da irrenunciabilidade ou indisponibilidade que veda a negociação processual que implique em renúncia de direitos trabalhistas (BEZERRA LEITE, 2015).

A fim de preservar a proteção ao trabalhador na instrumentalidade processual e garantir o acesso à Justiça, foi necessário um rompimento com o formalismo processual. A Consolidação Normativa criou um procedimento pautado na simplicidade, centrado na oralidade, sem tantos requisitos de validade aos atos processuais, utilizando-se do princípio do informalismo ou instrumentalidade das formas (CAIRO JUNIOR, 2008), em que se admite, por exemplo, o *jus postulandi* das partes, a apresentação de defesa oral, características que romperam com os rígidos padrões processuais da época e fazem da simplicidade mais uma característica marcante do Direito Processual do Trabalho.

Digno de nota, uma das grandes preocupações com a implantação do processo judicial eletrônico (PJ-e[54]) no âmbito trabalhista é garantir que o novo sistema e meio processual não sirva de pretexto para a retomada de práticas excessivamente formalistas, ainda que o cumprimento de certas exigências otimize o funcionamento do sistema, não se pode

[54] O PJe é uma plataforma digital desenvolvida pelo CNJ em parceria com diversos Tribunais. Caracteriza-se pela proposição da prática de atos jurídicos e acompanhamento do trâmite processual de forma padronizada, mas considerando características inerentes a cada ramo da Justiça. Objetiva a conversão de esforços para a adoção de solução padronizada e gratuita aos Tribunais, atenta à racionalização aos ganhos de produtividade nas atividades do judiciário e também aos gastos com elaboração ou aquisição de softwares, permitindo o emprego de recursos financeiros e de pessoal em atividades dirigidas à finalidade do Judiciário.
Em dezembro de 2013 foi aprovada a resolução nº 185/2013 que instituiu o PJe como sistema nacional de processamento de informações e prática de atos processuais. (Disponível em: <https://www.cnj.jus.br/programas-e-acoes/processo-judicial-eletronico-pje/>. Acesso em: 01 ago. 2022.)

perder de vista o cerne da Justiça Especializada, de forma que o espírito de simplicidade deve prevalecer.

Como consequência de um procedimento delineado pela simplicidade, oralidade e informalidade, surge mais uma característica peculiar, consistente na celeridade. Considerando que se está diante de um modelo processual que, em sua maioria, cuida de tutela de natureza alimentar, o rito deve observar uma rapidez singular.

Essa rapidez no processamento se dá em razão da fixação de prazos menores, menor rigor nas notificações, concentração de atos em audiência, irrecorribilidade das decisões interlocutórias, afora demais elementos que configuram o sistema processual trabalhista como o modelo mais rápido de processamento de ações[55].

Outra característica marcante que se observa no âmbito do processo trabalhista é a efetividade. Tal característica se faz presente principalmente em razão da adoção do modelo inquisitivo de processo que confere ao magistrado amplos poderes na condução do processo, nos termos do art. 765 da CLT, promovendo um compromisso do magistrado com a efetividade da tutela jurisdicional. O dispositivo legal confere ampla liberdade na direção do processo e adoção de procedimentos, o que legitima o magistrado a construir um itinerário processual que tenha como objetivo um resultado efetivo.

As características apresentadas sustentam a autonomia do processo trabalhista como ramo especializado, mas permitem uma relação de interdependência com o processo comum a fim de garantir a prevalência de conceitos de processo, procedimento, princípios processuais, garantias constitucionais, devido processo legal, mas sempre tendo como norte a simplicidade, celeridade e efetividade além da alma protecionista.

---

[55] Disponível em: <https://www.csjt.jus.br/web/csjt/-/justi%C3%A7a-do-trabalho-%C3%A9-destaque-em-relat%C3%B3rio-do-cnj-em-concilia%C3%A7%C3%A3o-e-digitaliza%C3%A7%C3%A3o>. Acesso em: 01 ago. 2022.

2. Princípios Constitucionais

A observância aos princípios constitucionais, segundo o magistério de Carlos Henrique Bezerra Leite (2006), exerce tríplice função no ordenamento jurídico, que se traduz em informativa, interpretativa e normativa, *in verbis*:

> A primeira seria destinada ao legislador, inspirando a atividade legiferante em harmonia com os valores sociais, políticos, éticos e econômicos do ordenamento, ou ainda, em sintonia com os anseios da sociedade. A segunda função destina-se ao aplicador do direito, no sentido de melhor compreender os significados e os sentidos das normas que fazem parte do ordenamento. Na função normativa, também direcionada ao aplicador do direito, decorre da aplicação direta na solução dos casos concretos, derrogação de uma norma por um princípio, ou na forma indireta, por meio da integração do sistema nos casos de lacuna na lei. (BEZERRA LEITE, 2006, p. 55)

Em síntese, os princípios jurídicos se reportam diretamente à realidade social de forma que se posicionam aquém e além da lei enquanto norma positivada ou consuetudinária. Neste sentido, pode se afirmar que são regras que desempenham a função de conformar a ordem jurídica como um todo, seja como um elemento integrador na hipótese de omissão de norma legal específica, seja como fonte formal no caso de ausência de normas legais aptas a incidir sobre o fato concreto.

É de fundamental relevância a correta apreciação dos princípios constitucionais ao direito do trabalho pois estes definem a eficácia jurídica dos direitos e garantias constitucionais trabalhistas, uma vez que correspondem a normas de observância obrigatória, dotadas de função prática no âmbito do sistema jurídico.

2.1 Garantia ao contraditório, ampla defesa e ao devido processo legal

Nessa ordem, Bezerra Leite (2006) leciona que o princípio do contraditório constitui garantia constitucional às partes no processo de forma indistinta. É considerado um princípio de mão dupla já que consiste na bilateralidade da ação e do processo. Através desse princípio se estabelece o conceito de parte no processo, uma vez que a parte seria aquela que efetivamente ou potencialmente, participa do contraditório que se instala dentro de uma relação jurídica processual.

Embora as garantias do contraditório e ampla defesa sejam indissociáveis, é possível certa distinção entre elas (ALEXANDRINO e PAULO, 2016). A ampla defesa consiste no direito do indivíduo de trazer aos autos do processo todos os elementos de prova, licitamente admitidos, em busca da verdade real, assegurando ainda o direito de omitir ou calar-se para não produzir prova contra si.

O contraditório e ampla defesa estão ligados de forma intrínseca ao princípio do devido processo legal, de modo a garantir às partes a aplicação das regras processuais previstas na legislação processual trabalhista, evitando-se surpresas às partes, com a aplicação de outras regras processuais e sempre de forma ampla, garantindo a participação das partes (contraditório) e a produção de prova (ampla defesa).

Estes princípios constituem a base do Estado Democrático de Direito e a demonstração inicial de sua efetividade no processo trabalhista ocorre a partir da notificação inicial, que possibilita oportunidade à parte reclamada de apresentar sua defesa, a contestação.

2.2 Celeridade. Razoável duração do processo

O princípio da razoável duração do processo, estampado no art. 5º, LXXVIII, da CF/1988, acrescido pela Emenda Constitucional nº 45, de 30/12/2004, é resultante do devido processo legal, leciona Fredie Didier

(2013), e constitui-se como o direito a um processo com tramitação delimitada pela celeridade, sem dilações constantes e indevidas.

A partir desse conceito, o devido processo seria aquele com duração razoável, com raízes advindas também dos princípios da inafastabilidade e da proteção à dignidade da pessoa humana.

A celeridade não é uma característica exclusiva do processo especializado, porém, na seara laboral esta característica se revela mais acentuada, observa Schiavi (2010), principalmente em razão de que em sua maioria os pedidos postulados pelos trabalhadores versam sobre créditos de natureza alimentar.

A simplicidade e informalidade são reflexos do princípio da celeridade no processo trabalhista uma vez que o acesso à Justiça é garantido à parte, independente da presença de um advogado, através do *jus postulandi*, oportunizando o exercício do direito de defesa que deve ser conduzido de forma rápida e simples.

Nesse cenário, a celeridade processual constitui garantia fundamental das partes e se traduz na busca pela prestação jurisdicional mais célere e eficaz, indispensável na sistemática processual trabalhista, resultante da proteção à dignidade da pessoa humana que se constitui como fundamento da República Federativa do Brasil.

2.3 A aplicação da proporcionalidade como forma de solução dos conflitos dos princípios

Segundo o entendimento majoritário da doutrina, o princípio da proporcionalidade constitui-se de três elementos ou subprincípios: a adequação, necessidade e proporcionalidade em sentido estrito.

Observa-se que o primeiro consiste na adequação, de todas as medidas tomadas pelo Poder Público, à finalidade perseguida, possibilitando que se alcance os fins pretendidos. A partir da análise desse elemento é possível se constatar se o meio utilizado é inadequado ou impertinente ao fim pretendido. O segundo elemento, ligado à necessidade, observa que a medida em que restringe um direito somente será válida se ela for indispensável para a preservação do próprio ou de outro direito e se não puder ser substituída por outra providência igualmente eficaz e menos gravosa.

Finalmente, o terceiro subprincípio trata da proporcionalidade em sentido estrito utilizado somente após se verificar a adequação da medida restritiva de direito, de modo que há necessidade de se constatar a harmonia, equilíbrio, obtidos através da ponderação considerando o grau de restrição e de realização do princípio contraposto.

Leciona Daniel Sarmento (2004), em suas reflexões doutrinárias, que a aplicação dos princípios não pode ocorrer de forma mecânica, "exigindo um esforço interpretativo maior de seu aplicador" e destacando as lições de Zagrebelsky, conclui que, se considerarmos que não existem princípios, mas somente regras, "*seria vantajoso substituir todos os juízes por computadores, diante do automatismo do processo de aplicação do direito*".

Alerta João Batista Lopes (2005), ao abordar as nuances do princípio da proporcionalidade na seara processual, que "*no dia a dia forense, vê-se o juiz diante de princípios em estado de tensão conflitiva, que o obrigam a avaliar os interesses em jogo para adotar a solução que mais se ajuste aos valores consagrados na ordem jurídica*"; nesse sentido, conclui ter o princípio da proporcionalidade "íntima relação com a efetividade do processo na medida em que, ao solucionar o conflito segundo os ditames da ordem constitucional, está o juiz concedendo a adequada proteção ao direito e atendendo aos escopos do processo" (Ibid.).

3. Súmula nº 16 TST e Provimento GP-CR nº 1/2019 do Tribunal Regional do Trabalho da 15ª Região. Reflexos no processo do trabalho

O teor da Súmula nº 16 do Tribunal Superior do Trabalho, presume o recebimento da notificação após 48 horas da sua postagem. Nessa ordem, o aviso de recebimento da notificação revela-se de superior importância, uma vez que se constitui como meio de prova essencial para comprovar o recebimento da notificação pelo destinatário da inicial trabalhista, ainda que não se exija a pessoalidade, sendo fundamental para a fixação do termo inicial entre a comunicação e a realização da audiência ou do início dos prazos processuais.

O parágrafo único do art. 841, da CLT, em sua redação original, consigna que a notificação será feita em *registro postal com franquia*, ao que se presume a necessidade de registro da movimentação da notificação no processo, porém tal entendimento não é uníssono na jurisprudência, chegando ao ponto de o Tribunal Regional do Trabalho da 15ª Região determinar que as intimações postais sejam realizadas através de *cartas simples*, ao total arrepio das determinações constantes no diploma consolidado.

A adoção do envio das notificações através de *carta simples* impossibilita identificar a situação do documento, data de entrega ou devolução.

A questão que se apresenta, do ponto de vista prático, é que, em certos casos, a parte tem dificuldades em fazer prova da ausência do recebimento da notificação ou ainda do recebimento tardio desta, tudo em razão da extrema dificuldade de se provar fatos negativos, identificados na doutrina como prova diabólica.

Observa-se, ainda, que toda a controvérsia estaria resolvida a partir da determinação de expedição de notificações acompanhadas de AR e da obrigatoriedade de juntada deste aos autos, já que a partir destes fatos a problemática em se identificar o termo de início do recebimento da intimação postal estaria suprimido.

Sabe-se que, o parágrafo único do art. 774, da CLT, não é cumprido, já que os Correios efetivamente não devolvem a correspondência em que está sendo feita a intimação no prazo exíguo de 48 horas, no caso de o destinatário não ser encontrado ou recusar o recebimento. Some-se a isto o extenso volume de trabalho dos Correios, assim como as hipóteses em que o serviço é paralisado por conta da greve de seus funcionários, quando fica mais evidente a devolução com atraso dos avisos de recebimento, muitas vezes, após a ocorrência da audiência trabalhista.

O entendimento consolidado na Súmula nº 16 desconsidera a posição dos demais componentes do ordenamento jurídico em relação ao processo. A presunção advinda da Súmula, aceita a possibilidade de dar seguimento aos atos processuais mesmo sem a certeza de que quaisquer das partes tenham sido devidamente "notificadas", tudo em nome dos princípios da celeridade e simplicidade que regem o processo trabalhista.

Não se desconhece que a notificação postal representou um avanço significativo no andamento dos processos trabalhistas. No mesmo sentido, a Súmula nº 16, quando aplicada como mecanismo para evitar manobras da parte para obstar a notificação. Todavia, a busca por um processo mais célere não pode significar afronta às garantias processuais, de natureza constitucional, igualmente importantes.

Nesse sentido, destaca-se a decisão da SDI-1 onde suscitado o debate acerca do tema, a relatora Ministra Cristina Peduzzi destacou a chamada *teoria da aparência*, através da qual se presume a competência daquele em que se apresente no endereço do réu, como apto a firmar o recebimento do AR, porém ressalvou a ministra que quando "ausente nos autos o aviso de recebimento, sequer é possível assinalar que alguém tenha firmado o recebimento da postagem":

> "EMBARGOS – CITAÇÃO – PRESUNÇÃO MITIGADA – AUSÊNCIA NOS AUTOS DO AVISO DE RECEBIMENTO – SÚMULA Nº 16/TST 1. A presunção de citação a que se refere a Súmula nº 16/TST tem por fato constitutivo a efetiva ocorrência da postagem. Assim, nascida a presunção com a demonstração da regular postagem, incumbe ao Réu a demonstração de fato que lhe seja impeditivo. É dizer, comprovada a realização da postagem, cabe ao Réu a prova de que esta não se deu da forma adequada, por erro, culpa ou mesmo dolo. 2. Na espécie, o Eg. Tribunal Regional consignou

> inexistir nos autos o aviso de devolução postal, prova necessária à constituição da presunção a que se refere a Súmula nº 16/TST. 3. **Assim, ausente demonstração da materialidade da postagem, a adoção da presunção aqui referida importaria em exigência de realização de prova negativa – e impossível – dirigida contra a mera abstração, a ofender o princípio constitucional da ampla defesa**. 4. Precedentes da C. SBDI-1 e do Eg. Superior Tribunal de Justiça. Embargos conhecidos e providos" (E-RR-619698-23.2000.5.15.5555, DEJT 25/05/2007). *Sem grifo no original*

Importa destacar os argumentos que fundamentaram a decisão do Colendo Tribunal em análise à Súmula nº 16:

> "A leitura atenta da referida súmula demonstra que a presunção de entrega do aviso de recebimento está condicionada à realização de ato anterior, a postagem. Ou seja, a responsabilidade que se impõe ao Réu, na espécie, segue rigorosamente o princípio geral da distribuição do ônus da prova.
>
> Nascida a presunção com a demonstração da regular postagem, conclui-se que a esta – a postagem – é conferido o status de fato constitutivo da presunção. Constituída a presunção, incumbe ao Réu a demonstração de fato que lhe seja impeditivo, é dizer, o Réu deverá comprovar que, embora realizada a postagem, esta não se deu da forma adequada, por erro, culpa ou mesmo dolo. Podem ser citados como exemplos: *i)* a realização da citação em local inadequado; *ii)* o recebimento do AR por agente incapaz de firmá-lo; *iii)* a entrega em prazo posterior às 48 horas etc.
>
> A adoção dessa noção importa em consequências teóricas de grande relevância prática.
>
> A primeira diz respeito à problemática da prova negativa. Toda presunção deve ser calcada em um mínimo de materialidade. Assim o é, por exemplo, com a presunção relativa à continuidade do trabalho: comprovada a preexistência de serviços – materialidade – incumbe à Reclamada demonstrar quando se deu o término de sua prestação e o

despedimento (Súmula 212/TST); ou também, assentada a existência de vínculo empregatício – materialidade – incumbe à Reclamada comprovar a realização dos depósitos relativos ao FGTS (Orientação Jurisprudencial nº 301 da C. SBDI-1).

Se adotado o entendimento de que presunção quanto à citação nasce mesmo quando desprovida de materialidade, impor-se-ia ao Réu a realização de prova impossível, já que irrealizável a produção de prova contra a mera abstração. O posicionamento violaria, por extensão, o princípio constitucional da ampla defesa (artigo 5º, inciso LV, da Constituição da República).

Um segundo ponto importante diz respeito à teoria da aparência. Segundo sua concepção, presume-se a competência daquele que se apresente, no endereço do Réu, como apto a firmar o recebimento do AR. Se ausente dos autos o aviso de recebimento, sequer é possível assinalar que alguém tenha firmado o recebimento da postagem.

Acerca da teoria da aparência – e também da extensão da presunção referida na Súmula nº 16/TST – esta C. SBDI-1 já se pronunciou, ao afirmar que ela surge a partir da efetiva entrega da correspondência:

> 'A notificação ou citação inicial por via postal (art. 841, § 1º, da CLT) presume-se realizada quando tenha sido entregue na empresa a empregado do réu, a zelador do prédio comercial ou depositada em caixa postal da empresa, como admite a jurisprudência, já que não há previsão legal de pessoalidade na entrega da comunicação.' (TST-E-RR-73.124/1993.7, DJ 25.10.1996)

Para Valentin Carrion, que cita o referido precedente em seus Comentários à CLT (Ed. LTr, 31ª ed., p. 842), a citação ou notificação postal presume-se realizada apenas quando tenha sido entregue na empresa, a quem quer que seja (teoria da aparência). Afirma, em seguida, que incumbe ao Réu provar o não-recebimento sem sua culpa.

Vale ressaltar, inclusive, que o Eg. STJ, analisando situação semelhante, adotou o entendimento aqui proposto:

> **'AGRAVO REGIMENTAL. AGRAVO DE INSTRUMENTO. CITAÇÃO. AFASTAMENTO DA TEORIA DA APARÊNCIA FRENTE ÀS PECULIARIDADES DO CASO CONCRETO. INCIDÊNCIA DA SÚMULA 07/STJ. DISSÍDIO JURISPRUDENCIAL NÃO CONFIGURADO.**
>
> 1. O Tribunal de origem entende ser inaplicável à hipótese a teoria da aparência pois não há comprovação de que a carta de citação foi efetivamente entregue no endereço da empresa ré, além de não haver identificação da pessoa que assinou o aviso de recebimento. Nesse contexto, está ausente o pressuposto de aplicação da teoria referida, consubstanciado na certeza de que a carta citatória foi entregue no endereço da demandada, não prescindindo a reversão do julgado, do revolvimento do conjunto fático-probatório, providência inviável nesta excepcional instância *ut* súmula 07/STJ.
>
> 2. Não resta configurado o dissídio jurisprudencial quando há ausência de similitude fática entre o acórdão recorrido e o aresto paradigma.
>
> 3. Agravo regimental desprovido' (STJ-AgRg no Ag nº 660.152/SP, 4ª T, Rel. Min. Fernando Gonçalves, DJ 22.08.2005)

Conclui-se, por todo o exposto, **que a ausência do aviso de recebimento nos autos afasta a presunção a que se refere à Súmula nº 16/TST.** A C. Turma, portanto, ao adotar a presunção nela referida, interpretou equivocadamente o artigo 841 da CLT, ofendendo o artigo 896 da CLT, ao não conhecer do Recurso de Revista.

Conheço por violação aos artigos 841 e 896 da CLT". (*Sem grifo no original*)

O entendimento consubstanciado nas razões de decidir do Acórdão exaltam a importância de se registrar a devolução do Aviso de recebimento da notificação no processo de forma a garantir a efetividade dos atos processuais.

Considerações finais

O presente estudo pretendeu tecer uma análise dos efeitos da aplicação da Súmula nº 16 do TST e do Provimento GP-CR nº 01/2019 do editado pelo TRT15, em uma perspectiva positiva, no sentido de agilizar o trâmite processual, e considerando, principalmente, a perspectiva negativa por violação às garantias constitucionais de defesa asseguradas às partes no âmbito judicial.

As medidas que objetivam conferir celeridade na tramitação dos processos, simplificando-se os procedimentos, como se observou na edição do Provimento GP-CR nº 01/2019 pelo TRT15, devem observar a manutenção da qualidade da prestação jurisdicional, sem perder de vista a preservação do direito ao contraditório, a ampla defesa e a segurança jurídica.

O prejuízo maior no caso de aplicação da referida Súmula 16 é o risco de, em homenagem à celeridade processual trabalhista, não oferecer oportunidade para a reclamada apresentar sua defesa, prejudicando, portanto, princípio basilar constitucional do devido processo legal, exercício do contraditório e ampla defesa.

É necessário prudência e bom senso do magistrado trabalhista ao conduzir o processo do trabalho, para, em cada caso concreto, analisar qual princípio deve se sobrepor ao outro e, consequentemente, entender pela aplicação ou não da presunção de entrega da correspondência no prazo de 48 horas.

Observa-se, na prática trabalhista, que esse bom senso está em algumas condutas adotadas pelo juízo, como na reiteração na notificação no caso de retardo na devolução pelos Correios do Aviso de Recebimento, ou ainda, da expedição de Mandado de Intimação a fim de possibilitar a certeza de que a comunicação processual foi alcançada, porém, ainda é considerável o número de processos em que ocorre a aplicação indiscriminada da presunção decorrente da Súmula nº 16 do TST.

Não se pode olvidar o prejuízo advindo de uma ausência de defesa, a exemplo do que ocorre na revelia, a fim de se alcançar uma via mais célere no percurso processual. Pois, em tal caso, o processo estaria eivado de nulidade na sua origem, posto que não houve a notificação e a oportunidade de ofertar ao reclamado possibilidade de defender-se daquilo que o autor demanda.

O magistrado tem papel fundamental na condução do processo, devendo agir como garantidor dos direitos fundamentais dos litigantes, sob pena de violar garantias fundamentais básicas e agravar os custos do processo que posteriormente poderá ter vários atos anulados, além do imenso prejuízo ocasionado às partes.

Necessário, portanto, que a aplicação da Súmula nº 16 do TST pelos juízes trabalhistas seja feita com razoabilidade, observando-se também o princípio da proporcionalidade como técnica para ponderar o conflito entre princípios igualmente importantes para o processo, verificando-se qual princípio deverá ceder diante do outro no caso concreto.

Referências

ALEXANDRINO, Marcelo; PAULO, Vicente. **Direito Constitucional Descomplicado**. 7. ed. São Paulo: Método, 2011.

BEZERRA LEITE, Carlos Henrique. **Curso de Direito Processual do Trabalho**. 4. ed. São Paulo: LTr, 2006.

BEZERRA LEITE, Carlos Henrique (Org.). **Novo CPC: Repercussões no Processo do Trabalho**. São Paulo: Saraiva, 2015.

BRASIL. Tribunal Superior do Trabalho. E-RR-619698-23.2000.5.15.5555, Subseção I Especializada em Dissídios Individuais, Relatora Ministra Maria Cristina Irigoyen Peduzzi. DEJT, 25 maio 2007. Disponível em: <https://jurisprudencia.tst.jus.br/#6a23f3ef2cc73321bd11988e161c2878>. Acesso em: 23 maio 2021.

CAIRO JUNIOR, José. **Curso de Direito Processual do Trabalho**. Salvador: JusPodivm, 2008.

COSTA, Carlos Coqueijo. **Direito Processual do Trabalho**. 3. ed. Rio de Janeiro: Forense, 1986.

DIDIER JR., Fredie. **Curso de Direito Processual Civil 1**. 15. ed. Salvador: JusPodivm, 2013.

FONSECA, Bruno. Reflexos do novo Código de Processo Civil na atuação do Ministério Público do Trabalho. In: **Novo Código de Processo Civil e seus reflexos no Processo do Trabalho**. Elisson Miessa (organizador). Salvador: JusPodivm, p. 367/384.

LOPES, João Batista. **Princípio de proporcionalidade e efetividade do processo civil. Estudos de direito processual civil**. Homenagem ao Professor Egas Dirceu Moniz de Aragão. Coord. Luiz Guilherme Marinoni. São Paulo: RT, 2005.

OLIVEIRA, Francisco Antônio de. **Comentários às súmulas do TST**. 8. ed. São Paulo: Revista dos Tribunais, 2008.

SARAIVA, Renato. **Curso de Direito Processual do Trabalho**. 8. ed. São Paulo: Método, 2011.

SARMENTO, Daniel. **Direitos fundamentais e relações privadas**. Rio de Janeiro: Lumen Juris, 2004.

SCHIAVI, Mauro. **Manual de Direito Processual do Trabalho**. 3. ed. São Paulo: LTr, 2010.

DA FLEXIBILIZAÇÃO DA COISA JULGADA MATERIAL EM SEDE DE LIQUIDAÇÃO E EXECUÇÃO DE SENTENÇA: DA IMPOSSIBILIDADE DE DEDUÇÃO DO CRÉDITO DO TRABALHADOR

Guilherme Nogueira Ramos

Introdução

Visa o presente estudo a análise da aplicação dos artigos 884, § 5º, da CLT, e 525, § 12º, do CPC, como forma de flexibilização do princípio da coisa julgada, em especial diante da recente decisão do Supremo Tribunal Federal na ADI 5.766, onde restou declarada inconstitucionalidade da aplicação do art. 791-A, § 4º, da CLT, para os hipossuficientes da relação processual.

Notório que diversas alterações introduzidas pela Lei nº 13.467/2017, chamada de "reforma trabalhista", trouxeram diversos retrocessos aos direitos dos trabalhadores. Nessa abordagem, o tema se revela intrinsecamente ligado à proteção e irredutibilidade de direitos dos trabalhadores, à dignidade da pessoa humana, função social da empresa, sem contar o princípio do amplo acesso à Justiça, além de proibição em nosso ordenamento jurídico de alterações legislativas *in pejus* do trabalhador.

1. Da coisa julgada material e formal e suas exceções

De introito ao presente tema, relevante recordarmos os efeitos da coisa julgada. Tem-se por coisa julgada, segundo previsão dos artigos 502[56] e seguintes do CPC, o efeito que *torna imutável e indiscutível a decisão de mérito não mais sujeita a recurso.*

O artigo 508[57] do mesmo Diploma Processual positiva em complemento que, operado o trânsito em julgado da sentença de mérito, serão consideradas apresentadas todas as alegações do autor, assim como repelidas com a defesa da parte contrária, seja para seu acolhimento ou rejeição, ou seja, não sendo mais possível a discussão ou novas pretensões sobre o mérito resolvido.

Já para o diploma objeto deste estudo, para o Processo do Trabalho, a CLT prevê a imutabilidade da coisa julgada no Capítulo V, Da Execução, onde giza o § 1º do art. 879, que *Na liquidação, não se poderá modificar, ou inovar, a sentença liquidanda nem discutir matéria pertinente à causa principal*, ou ainda em razão de transação judicial levado a termo, imutável e irrecorrível, nos termos do parágrafo único dos artigos 831 e 836, da CLT e OJ nº 132 da SDI-2 do TST[58].

---

[56] CPC/2015, art. 502. "Denomina-se coisa julgada material a autoridade que torna imutável e indiscutível a decisão de mérito não mais sujeita a recurso."

[57] CPC/2015, art. 508. "Transitada em julgado a decisão de mérito, considerar-se-ão deduzidas e repelidas todas as alegações e as defesas que a parte poderia opor tanto ao acolhimento quanto à rejeição do pedido."

[58] CLT, art. 831 Parágrafo único. No caso de conciliação, o termo que for lavrado valerá como decisão irrecorrível, salvo para a Previdência Social quanto às contribuições que lhe forem devidas. OJ-SDI-2 **132. AÇÃO RESCISÓRIA. ACORDO HOMOLOGADO. ALCANCE. OFENSA À COISA JULGADA (DJ 04.05.2004)** Acordo celebrado - homologado judicialmente - em que o empregado dá plena e ampla quitação, sem qualquer ressalva, alcança não só o objeto da inicial, como também todas as demais parcelas referentes ao extinto contrato de trabalho, violando a coisa julgada, a propositura de nova reclamação trabalhista.

Em regra, portanto, não havendo recurso, ou ocorrendo a sua interposição em matéria parcial, ocorrendo o trânsito em julgado por preclusão (art. 507, CPC), tem-se por inoponível a decisão de mérito, não mais podendo ser modificada.

Contudo, de forma excepcional, temos a possibilidade de rediscutir a decisão meritória mesmo que operado seu trânsito em julgado, através de procedimentos especiais, tal qual através de ação rescisória, nos termos do art. 836, da CLT[59], tudo para reanálise da decisão irrecorrível em sua fase cognitiva do processo.

Importante frisar que o tema de nosso estudo visa a análise da possibilidade de modificação da sentença na fase em que o título judicial já se encontra em fase de liquidação e/ou de execução, onde os elementos probatórios e fase primária de cognição foram superados.

2. Da flexibilização da coisa julgada material na fase de execução

Após o introito, em recordação muito superficial sobre os efeitos da sentença, em especial à imutabilidade legal após transitada em julgado do comando judicial, na prática processual trabalhista, por vezes, nos deparamos com títulos judiciais com erros, enganos de escrita ou ainda de cálculo, além de sentenças baseadas em textos legais cuja eficácia se perdeu, em razão de superveniente reconhecimento pelo Supremo Tribunal Federal da inconstitucionalidade de texto utilizado como fundamentação, tornando o título, por sua vez e *s.m.j.*, ineficaz em seus efeitos.

Após reforma trabalhista, cujos efeitos foram produzidos em nosso ordenamento jurídico a partir de 11 novembro de 2017, nos deparamos

[59] CLT, art. 836. É vedado aos órgãos da Justiça do Trabalho conhecer de questões já decididas, excetuados os casos expressamente previstos neste Título e a ação rescisória, que será admitida na forma do disposto no Capítulo IV do Título IX da Lei no 5.869, de 11 de janeiro de 1973 – Código de Processo Civil, sujeita ao depósito prévio de 20% (vinte por cento) do valor da causa, salvo prova de miserabilidade jurídica do autor. (Redação dada pela Lei nº 11.495, de 2007)

diariamente com diversas sentenças imutáveis, cuja estabilidade se operou com o seu trânsito em julgado, nas quais a liquidação de sentença e correspondente execução do título judicial vêm autorizando a dedução dos créditos dos trabalhadores beneficiados pela gratuidade da Justiça, mesmo após decisão do Supremo Tribunal Federal na ADI 5.766, onde os Ministros daquela Corte, por maioria, formaram entendimento a declarar a inconstitucionalidade do artigo 791-A, § 4º, da CLT.

Na decisão da ADI nº 5.766, assim julgou, por maioria, sendo publicada tira de julgamento com o respectivo verbete:

> "O Tribunal, por maioria, **julgou parcialmente procedente o pedido formulado na ação direta, para declarar inconstitucionais os arts. 790-B, *caput* e § 4º, e 791-A, § 4º, da Consolidação das Leis do Trabalho (CLT)**, vencidos, em parte, os Ministros Roberto Barroso (Relator), Luiz Fux (Presidente), Nunes Marques e Gilmar Mendes. Por maioria, julgou improcedente a ação no tocante ao art. 844, § 2º, da CLT, declarando-o constitucional, vencidos os Ministros Edson Fachin, Ricardo Lewandowski e Rosa Weber. Redigirá o acórdão o Ministro Alexandre de Moraes. Plenário, 20.10.2021 (Sessão realizada por videoconferência - Resolução 672/2020/STF)." [grifos meus]

Em liquidação de sentença nos processos trabalhistas, já operado o trânsito em julgado, muitos Juízes, com fulcro no § 1º do art. 879, da CLT, ainda vêm aplicando **inadequados comandos judiciais em aplicação da lei declarada inconstitucional, determinando a dedução dos honorários advocatícios sucumbenciais, mesmo que ao vencido seja concedida a benesse da gratuidade da Justiça.**

Entretanto, entendemos que as sentenças proferidas com base no art. 791-A, da CLT, nas quais se determina a dedução dos honorários do crédito do trabalhador, **devem ser afastadas e revistas, bem como excluir do título condenatório a dedução deferida anteriormente, e cujo trânsito se operou, diante da incontestável decisão proferida pelo**

STF, em 20/10/2021, que afastou essa possibilidade de redução do crédito alimentar dos trabalhadores, para pagamento de honorários da parte adversa, quando concedida a gratuidade da Justiça.

Importante destacarmos que a imutabilidade da coisa julgada não é definitiva e, em casos como vem ocorrendo em diversos processos, deve ser relativizada.

Isso porque, temos em voga atuais manifestações sobre a coisa julgada inconstitucional, verificada quando uma sentença, transitada em julgado, encontra-se motivada em interpretação ou aplicação de lei tida pelo STF como incompatível com a Constituição. De se ressaltar que, quando falamos em sentença inconstitucional transitada em julgado, não é propriamente a sentença que é inconstitucional, mas o conteúdo específico que fere a Constituição utilizado como meio de fundamentação da sentença.

A inconstitucionalidade declarada pelo STF a nosso ver possui efeito *ex tunc*, ou seja, não resulta efeito no mundo jurídico, portanto, **por ser matéria de ordem pública, deve ser revisto o título judicial, por aplicar lei inconstitucional, inclusive, de forma *ex officio*, ou seja, independentemente de manifestação do jurisdicionado, pautada na mesma ordem estabelecida e exegese do artigo 833, da CLT**.

A coisa julgada formal, em seu turno, não opera a imutabilidade de todo o conteúdo do julgado (coisa soberanamente julgada), sendo que, além de poder ser combatida mediante ação rescisória, **pode e deve ser aplicada a lei de acordo com a estrita legalidade e constitucionalidade da norma, razão de impossibilidade de deduzir valor a título de honorários sucumbenciais da parte adversa**.

Note-se que, possuindo o processo do trabalho diversas fases, partindo do conhecimento do direito à liquidação e posterior execução do título, deve ser aplicado sob o prisma de outros preceitos jurídicos, como, por exemplo, os já citados, resultante da análise do quanto previsto no § 12º, do art. 525 do CPC, e § 5º, do art. 884, da CLT, que assim regem sobre o tema:

Art. 884 - Garantida a execução ou penhorados os bens, terá o executado 5 (cinco) dias para apresentar embargos, cabendo igual prazo ao exequente para impugnação.

§ 5º ***Considera-se inexigível o título judicial fundado em lei ou ato normativo declarados inconstitucionais pelo Supremo Tribunal Federal ou em aplicação ou interpretação tidas por incompatíveis com a Constituição Federal****. (grifo meu)*

Art. 525. Transcorrido o prazo previsto no art. 523 sem o pagamento voluntário, inicia-se o prazo de 15 (quinze) dias para que o executado, independentemente de penhora ou nova intimação, apresente, nos próprios autos, sua impugnação.

§ 1º Na impugnação, o executado poderá alegar:

"§ 12. Para efeito do disposto no inciso III do § 1º deste artigo, considera-se também inexigível a obrigação reconhecida em título executivo judicial fundado em lei ou ato normativo considerado inconstitucional pelo Supremo Tribunal Federal, ou fundado em aplicação ou interpretação da lei ou do ato normativo tido pelo Supremo Tribunal Federal como incompatível com a Constituição Federal, em controle de constitucionalidade concentrado ou difuso." [grifo meu]

Sobre o tema, conforme extraído do sítio "migalhas"[60], o estudo aplicado por José Alberto Couto Maciel, no texto "*Título executivo judicial inexequível, a rescisória e a terceirização*", trouxe julgados e entendimentos doutrinários no seu bojo que se encaixam perfeitamente ao tema em estudo.

Assim apontou em seu estudo:

"A doutrina trabalhista não tem enfrentado constantemente o tema sobre a relativização da coisa julgada, mas Manoel Antônio Teixeira Filho, em seu Curso de Direito Processual do Trabalho II, já assim se pronunciava:

---

[60] Disponível em: <https://www.migalhas.com.br/depeso/286764/titulo-executivo-judicial-inexequivel--a-rescisoria-e-a-terceirizacao>.

> 'Com efeito, já nas primeiras edições do livro Ação Rescisória no Processo do Trabalho (São Paulo LTr, 4a., ed. 2005) chamávamos a atenção ao fato de que o atributo da imutabilidade da coisa julgada - derivante da necessidade de estabilização das relações sociais e jurídicas - pressupunha que ela se houvesse formado em consonância com a ordem constitucional. Deste modo, fazer-se respeitar a autoridade e a imutabilidade da *res iudicata* implicava, *ipso facto*, defender-se a supremacia do texto constitucional. Invertendo o raciocínio, sustentávamos que quando a coisa julgada se formasse contra a Constituição, era, longe de constituir um instrumento de pacificação das relações sociais e jurídicas, consistia, isto sim, um elemento de perturbação dessas mesmas relações, pois não apenas na mente do vencido pelo provimento jurisdicional, mas, sobretudo, na consciência coletiva, jamais se acomodaria a aceitação de prevalência da coisa julgada diante do texto constitucional por esta violado'."

Também Rodolfo Pamplona Filho e Tércio Souza, in "Curso de Direito Processual do Trabalho", fls. 622, entendem que:

> Mas há ainda a possibilidade de a parte suscitar a inexigibilidade do título como matéria de defesa contra a pretensão executiva. Com efeito, é possível que o direito pretendido esteja sob condição ou termo e à parte executada incumbirá sustentar a inexigibilidade do crédito, por não atenção àquelas condições.
>
> Nesse mesmo sentido há que se pontuar que o título fundado em preceito reputado inconstitucional pelo STF pode ser inexigível a teor do artigo 884, parágrafo 5º da CLT, sendo o mesmo regime do CP.

Portanto, a relativização da coisa julgada é tema de relevante importância e de ordem Constitucional, pois não trata de modificar a sentença por certo imutável, mas sim, de ser declarado inexigível o crédito contabilizado, fulcrado em decisão cujo texto foi declarado inconstitucional (art. 791-A). Isso autoriza a revisão sobre dedução e diminuição dos créditos dos trabalhadores agraciados pela gratuidade da Justiça, pelo STF, **POR CRISTALINA INCOMPATIBILIDADE COM A CONSTITUIÇÃO FEDERAL**.

Existem julgados que apresentam a necessidade da parte indicar a incompatibilidade decorrente do texto declarado inconstitucional. Passamos abaixo a indicar as violações às previsões positivadas na nossa Carta Maior de 1988.

Dispõe nossa Constituição Federal em seu art. 5º que:

> Art. 5º Todos são iguais perante a lei, sem distinção de qualquer natureza, garantindo-se aos brasileiros e aos estrangeiros residentes no País a inviolabilidade do direito à vida, à liberdade, à igualdade, à segurança e à propriedade, nos termos seguintes:
> XXXIV - são a todos assegurados, independentemente do pagamento de taxas:
> a) o direito de petição aos Poderes Públicos em defesa de direitos ou contra ilegalidade ou abuso de poder;
> XXXV - a lei não excluirá da apreciação do Poder Judiciário lesão ou ameaça a direito;

Importante frisar que a garantia de assistência judiciária gratuita, para aqueles que não podem arcar com as despesas e custas processuais, como corolário lógico do princípio de acesso à Justiça está previsto expressamente também no art. 5º da Constituição Federal, em seu inciso LXXIV, e deve ser integral, sob pena de afronta ao objetivo da norma.

A decisão do STF quanto a inconstitucional parte justamente da violação do texto Consolidado diante da incompatibilidade de tal positivação, pois fere o direito insculpido no art. 5º, LXXIV, exposto no parágrafo anterior, não devendo, portanto, ser pautadas as liquidações de sentença em texto inconstitucional e incompatível com sua previsão expressa de acesso à justiça, não podendo, assim, ser **descontados dos valores que forem reconhecidos como devidos pela Justiça do Trabalho**, ainda que em outras ações.

O benefício da gratuidade processual para atender ao seu princípio constitucional deve ser integral e assegurar inclusive as custas e as demais despesas processuais, inclusive verba de sucumbência, *ex vi* do art. 5º, LXXIV, da Constituição Federal de forma expressa estabelece:

> LXXIV - o Estado prestará assistência jurídica integral e gratuita aos que comprovarem insuficiência de recursos.

Portanto, a expressão "ainda que beneficiário da justiça gratuita" do § 4º do art. 791-A da CLT (com a redação dada pela Lei nº 13.467/2017), é inconstitucional, por confronto direto com o disposto no art. 5º, LXXIV, da Constituição da República, que, ao assegurar assistência judiciária "integral e gratuita", não admite exceções. Com efeito, a redação do texto constitucional é clara ao empregar o vocábulo "integral", o que implica no reconhecimento de que todas as despesas processuais devem ser dispensadas quando a parte é beneficiária da justiça gratuita, não cabendo ao legislador ordinário criar ressalvas.

Nessa linha, ressalta ainda o art. 98, § 1º, do CPC que, aplicável de forma subsidiária ao processo laboral, a gratuidade da justiça compreende as taxas ou as custas judiciais; os honorários do advogado e do perito; os depósitos previstos em lei para interposição de recurso, para propositura de ação e para a prática de outros atos processuais inerentes ao exercício da ampla defesa e do contraditório.

Outrossim, é a redação do art. 9º da Lei nº 1.060/1950, *in verbis*:

> Art. 9º Os benefícios da assistência judiciária compreendem todos os atos do processo até decisão final do litígio, em todas as instâncias.

O Enunciado 100 da 2ª Jornada de Direito Material e Processual do Trabalho da ANAMATRA dispõe sobre a matéria:

> "**HONORÁRIOS E ASSISTÊNCIA JUDICIÁRIA É INCONSTITUCIONAL A PREVISÃO DE UTILIZAÇÃO DOS CRÉDITOS TRABALHISTAS RECONHECIDOS EM JUÍZO PARA O PAGAMENTO DE DESPESAS DO BENEFICIÁRIO DA JUSTIÇA GRATUITA COM HONORÁRIOS ADVOCATÍCIOS OU PERICIAIS** (ARTIGOS 791-A, § 4º, E 790-B, § 4º, DA CLT, COM A REDAÇÃO DADA PELA LEI Nº 13.467/2017), POR FERIR OS DIREITOS FUNDAMENTAIS À ASSISTÊNCIA JUDICIÁRIA GRATUITA E INTEGRAL, PRESTADA PELO ESTADO, E À PROTEÇÃO DO SALÁRIO (ARTIGOS 5º, LXXIV, E 7º, X, DA CONSTITUIÇÃO FEDERAL)."

Nessa toada, todo o posicionamento legal é de vedação de suportar o beneficiário da justiça gratuita com os honorários periciais e de sucumbência parcial ou recíproca, nos moldes deferido de forma inconstitucional pelo título judicial em que se apoia a r. sentença de liquidação e 791-A da CLT. O objetivo de acentuar o risco processual ao trabalhador é notório com vistas a desestimular a procura pela tutela jurisdicional e massacrar os direitos sociais.

Diante da argumentação posta, todas as referidas regras ora citadas, em destaque, comprovada a incompatibilidade com o texto Constitucional, bem como a imprescindível aplicação dos arts. 525, § 12º, do CPC e 885, § 5º, da CLT, a não aplicar em liquidação de sentença e fase de liquidação e posterior execução, título fundado em texto declarado inconstitucional pelo STF, nos termos da ADI nº 5.766, não podem ser aplicadas ao processo do trabalho, o qual pela própria especificidade do ramo, prescinde de princípios próprios e, principalmente, da proteção do hipossuficiente da relação de emprego.

São os ensinamentos do Ministro Mauricio Godinho Delgado e da Jurista Gabriela Neves Delgado:

> É que o conjunto normativo constante do artigo 791-A, caput e Parágrafos 1º até 5º, da CLT - se lido em sua literalidade -, pode inviabilizar o direito e a garantia constitucionais fundamentais constitucionais da justiça gratuita (artigo 5º, XXXV, CF) e o direito, garantia e princípio constitucionais fundamentais do amplo acesso à justiça (artigo 5º, XXXV, CF) relativamente à grande maioria das pessoas físicas dos trabalhadores do País. Isso em decorrência dos elevados riscos econômico-financeiros que passam a envolver o processo judicial trabalhista, particularmente para as pessoas destituídas de significativas (ou nenhuma) renda e riqueza[61].

Considerações finais

Conforme exposto, embora o entendimento majoritário deparado atualmente nas Varas Singulares seja pelo respeito da coisa julgada e imutabilidade do título, que deveria ser enfrentado via ação rescisória, acreditamos que a manutenção das r. sentenças, em liquidação do título, com a aplicação de texto declarado inconstitucional, afronta os dispositivos legais previstos nos artigos 884, § 5º, da CLT e 525, § 12, do CPC, em especial tema muito relevante e atual, onde trabalhadores, mesmo beneficiados pela gratuidade legal, vêm ainda sofrendo com dedução de seus créditos para pagamento de honorários advocatícios sucumbenciais, em afronta ao princípio da assistência judiciária gratuita integral prevista no texto constitucional.

Entendemos, assim, sejam plenamente aplicáveis os dispositivos legais, independentemente da necessária rediscussão da matéria principal, uma vez que o próprio título judicial fundamentado em texto inconstitucional teria a perda de sua eficácia legal, haja vista os efeitos de decisão do Supremo, enquanto ou se não modulados os efeitos, entendendo, assim, pelo efeito *ex tunc*, com confronto aos princípios constitucionais, e por conseguinte, afastar a dedução de honorários sucumbenciais do trabalhador

61 ***A Reforma Trabalhista no Brasil***, outubro 2017, LTr, p. 329.

hipossuficiente, por ser matéria de ordem pública e estarmos diante de sentença inconstitucional, nos termos da ADI 5766, art. 5º, XXXV, da CF/1988, arts. 525, § 12, do CPC e 884, § 5º, da CLT.

Referências

BRASIL. **Consolidação das Leis do Trabalho** de 01 de maio de 1943. Disponível em: <http://www.planalto.gov.br/ccivil_03/decreto-lei/Del5452.htm>. Acesso em: 21 ago. 2021.

BRASIL. **Código de Processo Civil**, de 16 de março de 2015. Disponível em: <http:// http://www.planalto.gov.br/ccivil_03/_ato2015-2018/2015/lei/l13105.htm>. Acesso em: 21 ago. 2022.

BRASIL. **Constituição Federativa da República do Brasil** de 05 de outubro de 1998. Disponível em: <http://www.planalto.gov.br/ccivil_03/constituicao/constituicao.htm>. Acesso em: 21 ago. 2022.

BRASIL. Lei 1.060/50. **Estabelece normas para a concessão de assistência judiciária aos necessitados**, de 05 de fevereiro de 1950. Disponível em: <http:// www.planalto.gov.br/ccivil_03/leis/l1060.htm>. Acesso em: 21 ago. 2022.

DELGADO, Mauricio Godinho. **A Reforma Trabalhista no Brasil**, outubro 2017, LTr, p. 329.

MACIEL, José Alberto Couto. **Título executivo judicial inexequível, a rescisória e a terceirização**. Disponível em: <https://www.migalhas.com.br/depeso/286764/titulo-executivo-judicial-inexequivel--a-rescisoria-e-a-terceirizacao>. Acesso em: 21 ago. 2022.

CRÍTICA À FORMA JURÍDICA NO DIREITO DO TRABALHO

Hayenne Sartori Vasconcelos

Introdução

O atual contexto de flexibilização do Direito do Trabalho se dá com bases em discursos que atribuem a ele parcela da culpa pela deflagração de crises econômicas. Mesmo sendo uma área do direito que tem como princípio a tutela do trabalho, ainda assim há uma parcela de matriz neoliberal que

> [...] prega a análise do arcabouço normativo do direito do trabalho sem interdisciplinaridade que passe além do economicismo, de modo que desconsidera as implicações sociopolíticas de suas proposições. [...] contraria o fundamento mais essencial do direito do trabalho, que é o de tutela (FONSECA, 2021, p. 48).

É justamente neste vai-e-vem de direitos trabalhistas, ora sendo concedidos, ora sendo retirados, que se colocou a questão se o direito seria instrumento hábil para a extirpação das contradições de classe presentes dentro da relação de trabalho.

O caminho pelo qual tal questionamento foi respondido se baseou na explicitação da forma social do direito (forma jurídica) como derivada do modo de produção capitalista para que, em seguida, houvesse uma subsunção da forma jurídica-geral à forma específica nos moldes do Direito do Trabalho.

A partir disso, foi utilizado o método bibliográfico com vistas a identificar os principais pontos teóricos do chamado debate[62] derivacionista do Direito com bases no materialismo histórico-dialético advindo da crítica marxista.

Mas antes mesmo de iniciar o desenvolvimento do presente artigo, pondera-se por estabelecer certa delimitação de seu objeto, que caminha contra o enfoque juspositivista.

Isto porque, a partir deste último, o Direito é estudado como uma ciência autônoma, apartada da realidade fática das contradições sociais. Ou seja, dentro dos parâmetros da escola positivista, seu exame se estabelece com base na estrita legalidade que é dada por ele próprio, numa espécie de tautologia.

Tal método positivista de apreensão das relações sociais tem premissas no método analítico de explicar "[...] *por um simplório nexo causal entre os eventos, como se estivessem concatenados em um movimento automático de progresso da humanidade*" (FONSECA, 2021, p. 19).

E para além de ser analítico, o método positivista também é idealista, pois "[...] *se apresenta apenas como uma 'imagem do mundo do direito' e não como uma explicação dele*" (Ibid., p. 23).

Este método se fortificou com a ascensão burguesa ao poder a partir da queda do Absolutismo, expressando bem as "[...] *divisões e classificações da técnica jurídica, sem preocupação crítica*" (Ibid., p. 20), havendo uma espécie de fim em si mesmo, estudo de si próprio, apartado da realidade social com vistas à manutenção do *status quo*.

---

[62] Debate como conceito aberto em constante construção e dialético, pois sujeito a constante revisão.

Apesar de na Idade Moderna[63] as teorias acerca da política e da organização social terem deixado de ser teológicas (como no feudalismo, por exemplo), ainda assim eram idealistas, uma vez que não possuíam visão crítica da materialidade das relações sociais, pois eram formuladas com o intuito de justificar, manter e conformar a dominação presente naquela sociedade burguesa (ex.: teorias do contrato social, juspositivistas) (MASCARO, 2013).

O método do materialismo histórico-dialético não nega as contradições sociais com seu afastamento por meio de normas jurídicas abstratas (em forma e em conteúdo), mas compreende justamente a necessidade de contextualizá-las dentro da totalidade social concreta, sem prejuízo de criticar as bases materiais sobre as quais tais contradições são passíveis de se manterem.

Foi Karl Marx quem desenvolveu tal método, e para ele "[...] *tanto as relações jurídicas quanto as formas do Estado não podem ser explicadas pelo positivismo, pois devem ser apreendidas a partir de suas condições materiais de existência*" (FONSECA, 2021, p. 43). Isto quer dizer que o direito se espelha nas relações entre sujeitos para formulação de seu conteúdo jurídico, e não o contrário. Conforme o desenvolvimento das relações comerciais, por exemplo, o direito se amolda a fim de adequá-las e regulá-las de acordo com sua forma. Há o fato para que depois haja o direito.

Movimentos jurídicos pós-positivistas iniciaram (e assim continuam) um debate de como a compreensão do direito seria necessária por meio de sua interligação com outras áreas do saber, como a sociologia, história e economia. Não tratando mais a ciência

---

[63] "A Idade Contemporânea é plenamente assentada no Estado, e Idade Moderna é uma fase de transição. Pode-se enxergar nela o germe da forma política atual, embora nem todas as estruturas da reprodução econômica capitalista estejam presentes. Já há uma classe burguesa, há um circuito intenso de troca de mercadorias, mas há uma política absolutista, que respalda privilégios estamentais e está ainda jungida à Igreja" (MASCARO, 2013, p. 56).

jurídica como fechada em si mesma, mas dependente de reflexão fora de suas estritas bases legais.

Todavia, tratando-se das delimitações teóricas desta pesquisa, resta necessário pontuar que, em que pese tais intentos de congregação do direito com outras áreas do conhecimento sejam, de fato, um avanço diante do positivismo científico, ainda assim a análise do direito pelos teóricos pós-positivistas se dá dentro dos moldes da forma jurídica, motivo pelo qual se afasta do objetivo geral desta pesquisa.

Isto porque o presente intento busca analisar se o direito, independentemente de seu conteúdo normativo, seria instrumento hábil a extirpar as contradições materiais existentes na sociedade contemporânea a fim de emancipar a classe trabalhadora.

1. Forma jurídica

Uma vez já estabelecido o corte epistemológico com o juspositivismo nesta pesquisa, o direito foi tratado como forma social, pois ela representa relações sociais concretas. E apesar de serem tratadas como abstrações categoriais, não são metafísicas ou idealistas, diferentemente de como assim tratam os juspositivistas e as teorias iluministas sobre o contrato social.

Para se pontuar os debates da derivação da forma jurídica como sendo proveniente do modo de produção capitalista, necessária se faz uma breve digressão histórica com finalidade de situação.

Foi ao final da década de 1970 que a luta política se afastava cada vez mais da teoria marxista, com a derrota da luta socialista na antiga URSS, e também sob o argumento do reducionismo economicista que parte dos marxistas, de fato, assim se posicionavam.

Com isso, outros movimentos sociais (de gênero ou de raça, p. ex.), que não se viam abrangidos pela luta de classes, se distanciaram da crítica radical ao modo de produção e caminhavam para epistemologias, que apesar de materialistas, eram identitárias (CALDAS, 2021; EDELMAN, 2016).

Este movimento fez com que a divisão do polo político entre socialismo e social-democracia se afastasse cada vez mais da crítica marxista, formando outro polo, o do Estado do bem-estar social e o Estado neoliberal. Uma luta política dentro do conteúdo das formas política e jurídica, mas não contra as formas em si (CALDAS, 2021).

Assim, mesmo que ainda ativos, os movimentos sociais, enfraquecidos no quesito revolucionário de transformação, iniciaram uma série de medidas reformistas, dentro dos moldes da legalidade.

Os debates sobre a derivação[64] das formas política e jurídica do modo de produção capitalista se desenvolveram da reformulação das políticas de Estado pela transformação do regime de acumulação fordista e implantação do Estado neoliberal, e consequente desmonte de diversos direitos sociais. Ou seja, a partir da crise do modelo de Estado pautado no "bem-estar social", ou seja, nos limites do keynesianismo.

Desta forma, o derivacionismo procuraria "[...] *ser uma alternativa teórica no interior do marxismo [...]; a razão pela qual o Estado de bem-estar social constitui, na expressão dos derivacionistas, uma 'ilusão'*" (p. 28), pois

> Cada vez que o capitalismo passa por uma crise, reestrutura-se uma nova forma de acumulação e, ao mesmo tempo, exsurge uma nova forma de regulação estatal. [...] O próprio Estado de 'bem-estar social', gestado desde a primeira metade do século XX, somente opera enquanto contribui para a valorização do valor, porque há uma relação de dependência entre a forma política e o processo produtivo (LEITE, 2020, p. 49/50).

[64] No Brasil, os debates da derivação (do Estado e do Direito a partir do modo de produção capitalista) permaneceram desconhecidos e, assim, o discurso do marxismo soviético prevaleceu, quando ainda não criticados, tais debates, por um caráter de reducionismo econômico ou politicismo (CALDAS, 2021).

Portanto, uma vez que um sistema de acumulação entra em colapso, o fetichismo do próprio capital entra numa espécie de (re)adequação para reformulação de seus próprios moldes, a fim de criar um outro sistema de acumulação. "*Ainda que os processos de trabalho se alterem, a lógica produtiva segue a mesma*" (FONSECA, 2021, p. 96).

Caldas (2021) identifica que

> Há pelo menos três vertentes teóricas marxistas com relação às quais a teoria derivacionista do Estado procura se opor e se diferenciar. [...] o pensamento stalinista, [...] a Escola de Frankfurt [...], os marxistas franceses e, particularmente no tocante à abordagem do Estado, o filósofo francês Nico Poulantzas [...]. De todos os assuntos tratados criticamente pela escola derivacionista que são encontrados nas correntes acima mencionadas, dois podem ser destacados: a concepção do Estado como instrumento da classe dominante e a autonomia relativa do Estado em relação à economia (p. 43/44).

O debate derivacionista vai contra o marxismo ortodoxo, ou soviético-stalinista, e também contra os pensamentos revisionistas, pois não compreende o Estado ou o Direito como instrumentos para emancipação social. Não havendo possibilidade de "tomada dos aparelhos estatais" pelos explorados para utilização daqueles por estes, pois a forma em si é capitalista, deriva e funciona de modo fetichista para a valorização do valor, para a manutenção do modo de produção ao qual ela funciona.

A forma jurídica, assim como a forma política (Estado), não serve a uma classe ou a outra, não defende os burgueses ou a classe operária, mas opera em favor da manutenção do capital e, portanto, se adapta à forma de acumulação de determinado período (ex.: liberal, fordista, pós-fordista, neoliberal).

Assim, os debates da derivação descartam abordagens do eixo marxista-leninista, pois não consideram o Estado como meio adequado para a superação do modo de produção capitalista.

"*O Estado, então, não é* ***mero comitê gestor dos negócios da burguesia***" (LEITE, 2020, p. 51), diferentemente do que teoriza Engels.

Deste modo, a mudança no conteúdo das formas (ex.: eleições políticas, estatização de setores econômicos, ampliação de direitos), de fato, não interfere em nada para a derrubada do modo de produção e, consequentemente, a sociabilidade capitalista, mas "[...] *há um razoável consenso entre os pensadores da teoria da derivação de que tais fatos podem impactar no desenvolvimento da luta de classes e, portanto, interferem no desdobramento dos fatos históricos*" (CALDAS, 2021, p. 270).

Entretanto, ainda assim é importante salientar que, "'*a partir de formas sociais já dadas e estruturadas é que as normas jurídicas operam [enquanto conteúdo]*'" (MASCARO, 2013, p. 68 apud FONSECA, 2021, p. 76).

Isto quer dizer que, sendo uma relação antagônica, os conflitos sociais que permeiam as relações de produção não serão extintos pela defesa a mais de uma ou de outra parte, mas as estratégias políticas de determinado contexto histórico permitirão (em conjunto com a luta de classes) a mudança no conteúdo normativo, mas com vistas à manutenção, ainda que não imediata e claramente visível, do modo de produção capitalista.

E "*como é assegurada a reprodução das relações de produção? Na linguagem da tópica (infraestrutura, superestrutura), diremos: é, em grande parte assegurada pela superestrutura, jurídico-política e ideológica*" (ALTHUSSER, 1980 apud LEITE, 2020, p. 44).

A infraestrutura significaria a base econômica da sociedade, ou seja, o modo de produção capitalista. E a superestrutura tudo aquilo que erige de tal modo de produção, tal como o Estado (com seus aparelhos repressivos e ideológicos) e o Direito. "*Em síntese, a superestrutura pode ser dividida em dois níveis ou instâncias: 1) estrutura político-jurídica e 2) base ideológica: religião, arte, filosofia, educação* [...]" (CHAGAS, 2012, p. 2).

No entanto, cumpre informar que para Hirsch (2017), a concepção althusseriana de Estado e seus aparelhos como superestrutura é aproveitada, desde que tal fenômeno não seja compreendido como secundário ao capitalismo, mas necessário a ele, como parte de sua totalidade (apud LEITE, 2020, p. 45).

E Althusser reconhece que "[...] *a existência social das ideologias é absolutamente inseparável das instituições, haja vista que é, por meio delas, que código, rituais, práticas, rotinas, costumes e cerimônias manifestam-se*" (1996, p. 105/166 apud CHAGAS, 2012, p. 5). Portanto, os hábitos sociais constituem a forma ideológica.

Entretanto, tal ideologia não trata de uma "falsa consciência" ou "ocultação da realidade" como modo de dominação. A ideologia, nos moldes althusserianos, constitui o sujeito dentro da relação de produção capitalista a fim de inserir e manter os sujeitos enquanto produtores e consumidores de mercadorias e, consequentemente, valorizar o valor.

A ideologia seria um "[...] *elemento estruturante e reprodutivo da realidade, constituindo-se e reconstituindo-se, portanto, como prática*" (CALDAS, 2021, p. 270). "'É por isso que Edelman *nunca dissocia ideologia de funcionamento prático dessa ideologia*'" (THÉVENIN, p. 54 apud p. 183).

Portanto, nos moldes de Althusser (2011) o núcleo da ideologia estaria na "[...] ***interpelação***, *que consiste num movimento simultâneo de subjetivação (constituição como sujeito, centro de iniciativas, livre, capaz e responsável) e assujeitamento (submissão, imposição de um papel social)*" (apud KASHIURA JUNIOR, 2020, p. 256/257).

E a partir de tal conceito de ideologia, é possível falar também em ideologia jurídica, tendo em vista que o Direito, assim como o Estado, se insere como um dos meios derivados do capitalismo, servindo à sua manutenção, como forma jurídica e forma política, respectivamente.

> Neste ponto, notamos que o 'revestimento' jurídico não é apenas uma ideologia [no sentido amplo de "ocultação da realidade" ou de "ideias", por exemplo], mas também uma prática efetivamente assumida, pois a classe burguesa, do ponto de vista fático, não apenas jurídico, reconhece a

classe trabalhadora como constituída por sujeitos de direito, proprietários de mercadorias, no caso, a força de trabalho (CALDAS, 2021, p. 193).

Essa constituição do sujeito enquanto sujeito de direito, ou seja, sujeito que possui direitos e deveres fundamentais (liberdade, igualdade, propriedade – tríade do direito), se dá pela necessidade de circulação mercantil.

Pois, conforme aponta Kashiura Junior (2020), para que as mercadorias possam ser trocadas são necessárias pessoas que as levem ao mercado com uma "*capacidade volitiva abstrata*" (p. 241) e entre elas também é necessária uma "*equivalência subjetiva real*" (p. 241), sendo instaurada pelo direito por meio de sua tríade (liberdade, igualdade, propriedade privada).

Desta forma, autonomia da vontade, igualdade e propriedade privada são os requisitos básicos para que as trocas mercantis ocorram, e a forma jurídica toma como primordiais tais conceitos para constituir os sujeitos de direito dentro dos moldes de produção capitalista e possibilitar a venda da força de trabalho como mercadoria.

Nesse sentido, "[...] *uma troca somente pode acontecer na medida em que exista a comunhão entre as vontades dos proprietários envolvidos. A* traditio *implica o mútuo reconhecimento entre os sujeitos – não há troca onde há violência*" (AKAMINE JUNIOR, 2020, p. 121), motivo pelo qual o Estado, assim como o Direito, assume um caráter neutro baseando-se numa subjetividade jurídica abstrata.

Portanto, a forma jurídica no capitalismo assume bases inéditas (pois nunca vistas em tal especificidade em outro modo de produção. Como a exemplo no feudalismo, onde a relação de trabalho entre servo e senhor era exercida com base na violência direta. Já no capitalismo, a "[...] *exploração do trabalho e desigualdade de classes são mediadas por relações jurídicas de igualdade e liberdade*" (KASHIURA JUNIOR, 2020, p. 255), mesmo que tal afirmação possa parecer contraditória.

A ideologia jurídica não somente constitui o sujeito de direito, mas sujeita os indivíduos ao direito.

2. Direito do Trabalho

Fonseca (2021) divide em duas vertentes as teorias progressistas sobre o Direito do Trabalho, sendo que a primeira (sob enfoque dogmático e zetético[65]) o trataria como mecanismo de luta da classe trabalhadora contra a exploração capitalista e, portanto, identifica o modo de produção como fonte da dicotomia entre capital. Entretanto, ainda assim se vale dos instrumentos jurídicos para "[...] *fortalecer a luta da classe trabalhadora na conquista de espaços e proteções em seu bojo legal*" (p. 12).

Já a segunda tece uma crítica quanto à compreensão da primeira ser reformista, pois agiria dentro dos moldes da legalidade postos, modificando somente seu conteúdo sem perspectiva de superação do direito enquanto derivado do modo de produção capitalista, ou seja, deixando de refletir sobre a forma jurídica.

Portanto, os mecanismos de ação, de tais reflexões progressistas, são totalmente divergentes, tendo em vista que a primeira age no conteúdo normativo (vivendo com esta certa ambivalência/contradição[66]), enquanto a segunda nega a luta emancipatória por meio de caminhos reformistas.

O campo teórico abrangido pela segunda reflexão é o limite já estabelecido na delimitação desta pesquisa.

Obviamente não se pode negar a importância da "história jurídica" (EDELMAN, 2016, p. 19) da classe operária, uma vez que a conquista, por meio da luta de classes, ainda que dentro da forma jurídica, por diversas

---

[65] O enfoque dogmático exerce uma função diretiva, não questiona os pontos de partida, pois eles já estariam definidos, parte de dogmas, sendo um espaço pouco aberto para contestações e reconstruções. Já o zetético tem função especulativa/informativa, os pontos de partida são postos em dúvida e parte de evidências. Mas ambos os enfoques não se anulam (FERRAZ JUNIOR, 2012).

[66] "Coutinho [2007] trata da função 'bipolar' do direito do trabalho, pois institui limites à exploração capitalista, mas garante que ela persista" (apud FONSECA, 2021, p. 54). E a "ambivalência, portanto, é expressão do fato de que o direito do trabalho é entendido como fundamental à manutenção da dignidade e da cidadania da classe trabalhadora dentro do atual modelo social, mas é ele mesmo que, como já se disse, pacifica o conflito social e legitima a manutenção do capitalismo" (p. 53). "Ou seja, em se tratando de um "conflito social de caráter estrutural" (p. 72) a integral satisfação de uma das partes impede a satisfação da outra, criando-se uma ambiguidade por natureza. Há um entrelaçamento entre "subjugação e proteção" (JEAMMAUD, 1986, p. 9/10 apud p. 88).

vezes trouxe importantes avanços no quesito da saúde dos trabalhadores (efeito imediato/presente), por exemplo. Mas ainda assim, tais avanços se mostram instáveis, haja vista a facilidade do desmonte de direitos sociais (pois ainda dentro da forma jurídica capitalista), como o atual contexto de flexibilização claramente exemplifica.

Assim, o núcleo/conteúdo da norma pode dar pistas sobre o modo de organização dos movimentos sociais, sobre a história – dentro da legalidade imposta – da classe operária, mas o direito não poderia servir como instrumento emancipatório (efeito mediato/futuro) dos marcos capitalistas (EDELMAN, 2016).

E continua o autor (2016) ao dizer que a luta de classes *no* direito se mostra justamente como uma faceta da ideologia jurídica, pois o direito é narrado, assim como o modo de produção capitalista, como a única maneira de combate às desigualdades sociais (luta por mais direitos, por exemplo). Desta forma, o aprisionamento dos movimentos sociais, tal qual a luta de classes, pela forma jurídica nada mais é do que mais um *modus operandi* do capitalismo.

Sendo que para o direito, enquanto forma jurídica, "[...] *as lutas operárias são 'fato' que cumpre transformar a todo custo, em 'direito'*" (p. 22). Como exemplo utiliza a greve, que inicialmente mostrou-se como uma ferramenta de emancipação da classe trabalhadora, mas logo em seguida foi abocanhada pela legalidade e somente dentro desta poderia existir e funcionar.

A partir disso, haveria uma necessidade de se afastar do simples olhar atual e imediatista concebido dentro da perspectiva da dominação gestionária[67].

[67] O modelo de dominação gestionária não nega a realidade, mas proclama a incapacidade de mudá-la, produzindo uma espécie de "lucidez desencantada" (BOLTANSKI, 2013, p. 451). Não havendo um impedimento à mudança, mas apenas uma propagação de que ela é bastante difícil, senão impossível. E para não se utilizar de mecanismos de exclusão dos outros modelos de dominação (como a exemplo, pelo terror), a dominação gestionária, na realidade, permite a inserção de grupos dominados em espaços ocupados pelos dominantes, isto para que haja uma ilusão de representatividade capaz de revoluções sistemáticas (como por exemplo por meio da alteração do conteúdo na forma jurídica).

Tal modelo de dominação, teorizado por Boltanski (2013), seria um modo de operação que autoriza mudanças sociais, mas somente mediante uma prévia determinação implícita do sistema (como pequenas reformas que não o ponha em descrédito, como por exemplo a concessão de direitos trabalhistas), portanto, sem a real disposição e permissão à mudança radical. Havendo uma falsa inclusão dos oprimidos em espaços dominados pelos opressores.

Isto significa que, apesar de a ideologia constituir os sujeitos e posicioná-los dentro dos moldes do modo de produção ao qual ela serve, às vezes a luta do proletariado acaba por tensionar demais as relações de produção e o bom andamento do sistema como um todo. Com isso o Estado pode ceder ou não aos anseios dos movimentos sociais.

Essas mudanças de conteúdo (frise-se que ainda dentro dos marcos da forma jurídica) são um modo de o capitalismo se manter, na medida em que os limites da materialidade de determinado período histórico permitirem. Ou seja, o capital cederia os anéis para não perder os dedos (quando há uma crise em certo sistema de acumulação). Isto quando não toma de volta os anéis anteriormente dados (em outro sistema de acumulação).

> Nesses momentos, é que a forma do Direito pode acolher as demandas das lutas sociais, mas é preciso ter clareza de que isso só ocorre porque interessa à superação da crise, a fim de que o valor tome fôlego para voltar a se valorizar. Não é a vontade dos indivíduos que altera as relações, nem as lutas simbólicas e identitárias dos movimentos de representatividade, mas o automovimento do valor remodelando o Direito pela interação dialética entre as formas econômicas e as lutas sociais [...] (LEITE, 2020, p. 139).

Desta forma, haveria uma espécie de automaticidade nas relações sociais de produção, pois fetichistas, sendo que "[...] *a vontade não determina mais nada, uma vez que as relações sociais se tornaram independentes em relação a seus sujeitos* [...]" (DI MASCIO, 2020, p. 171).

Althusser aponta que "[...] *as forças produtivas são modeladas pelas relações de produção*[68] [...]" (1978, p. 39 apud p. 173), e isso quer dizer que não há uma vontade de classe que determina certa relação social, mas que essas relações ocorrem independentemente dessa "vontade" idealizada por discursos reformistas que advogam pela mudança da realidade social por meio da luta de classes, por exemplo.

A sociedade, então, seria resultado de relações que independem das vontades dos indivíduos, sendo tais relações não prioritariamente jurídicas, mas de produção. A partir do modo de produção a fisionomia jurídica é dada.

E ao equiparar todos os indivíduos como livres, iguais, detentores de propriedade privada por meio de uma lei geral, abstrata e impessoal, a forma jurídica legitima a manutenção das contradições existentes no modo de sociabilidade capitalista.

Assim, a classe operária, mesmo que desprovida de qualquer bem que não a sua própria força de trabalho, é posta lado a lado com a classe burguesa, que, de fato, possui propriedade sobre os meios de produção.

"'*A propriedade no sentido jurídico surgiu não porque ocorreu às pessoas dotar umas às outras com essa qualidade jurídica, mas porque elas podiam trocar mercadorias somente depois de vestir a máscara de proprietário*'" (PACHUKANIS, 2017, p. 157 apud KASHIURA JUNIOR, 2020, p. 244).

A partir dos conceitos burgueses presentes na forma jurídica (igualdade, liberdade, propriedade privada), "*o caráter formal do Direito, portanto, seria proveniente da* ***ocultação*** *da relação de exploração por meio do trabalho assalariado*" (CALDAS, 2021, p. 180).

Isto porque "'[...] *o antagonismo estabelece entre* ***propriedade enquanto resultado do trabalho de outrem*** *e* ***propriedade enquanto***

---

[68] Forças produtivas são os elementos materiais sobre os quais haverá trabalho e os indivíduos que trabalham. Relações de produção são o modo como as forças produtivas vão se organizar em cada momento histórico. E a junção das forças produtivas e as relações de produção resulta em um modo de produção.

resultado do próprio trabalho, *necessariamente se perdeu com a dissimulação da verdadeira fonte do novo valor*[69]'" (FLATOW; HUISKEN, p. 107/108 apud p. 133). Desta forma, "*igualdade e liberdade jurídica são produzidas pela expropriação*" (KASHIURA JUNIOR, 2020, p. 250).

Ou seja, ao vender a mercadoria que detém, sua força de trabalho, o trabalhador produz valor, e com isso se insere na relação social de troca de mercadorias em conjunto ao burguês que compra tal mercadoria. E ambos se equiparam social e formalmente, seja pela troca livre ("manifestação da livre vontade das partes") de mercadorias, seja pela condição de iguais e detentores de propriedade privada, ainda que um seja proprietário somente de sua força de trabalho.

Isto é a chamada "*magia do contrato*" (RAMOS FILHO, 2012, p. 24 apud FONSECA, 2021, p. 90), pois com a ilusão de venda da força de trabalho para ganhar determinada quantia de dinheiro, entre partes livres, iguais e detentoras de propriedade privada, é que o valor é produzido às costas dos sujeitos, portanto, de modo fetichista.

Ademais, tal quantia de dinheiro, além de não expressar o verdadeiramente produzido pela força de trabalho (pois expropriado do trabalhador), se limita à manutenção das condições de vida do empregado para continuidade da venda de sua força de trabalho sem prejuízo da continuidade do sistema.

> O desenvolvimento do revisionismo no movimento operário em si depende crucialmente da experiência de legislação de 'bem-estar' social promulgada pelo Estado burguês, que limita as formas particulares de exploração do trabalhador na empresa capitalista. Ao estabelecer um nível mínimo de subsistência (através da legislação dos trabalhadores a proteção e a

[69] "'Valor é a forma reificada da sociabilidade de seu trabalho, em que o trabalhador existe como mais do que o 'resultado', do que uma quantidade abstrata de trabalho reificado'" (BLANKE; JÜRGENS; KASTENDIEK p. 122/123 apud CALDAS, 2021, p. 137).

> sistemas de segurança social), a existência de material dos assalariados é assegurada durante os momentos em que eles não podem vender sua força de trabalho como mercadoria no mercado (doença, velhice, desemprego). Essa legislação poderia facilmente parecer uma limitação da dominação do capital [*sic*] sobre o trabalho vivo, especialmente porque sua promulgação sempre foi o resultado mediado pelas lutas de classes. Aos olhos da classe trabalhadora, ou especialmente de sua organização, o Estado poderia, portanto, parecer ser um instrumento que poderia ser utilizado por meio da 'tática do salame', alcançando-se o poder político e social pouco a pouco (fatia por fatia) (MÜLLER, p. 34 apud CALDAS, 2021 p. 87/88).

E "[...] *com ele [direito do trabalho] se assegura aos trabalhadores o 'patrimônio jurídico que os equipara, socialmente, aos que detêm o patrimônio econômico*'" (MARQUES DA FONSECA, 2006, p. 19 apud p. 94).

A panaceia da igualdade liberal, positivada enquanto igualdade formal, realiza o papel de escamotear as diferenças reais entre as partes que celebram um negócio jurídico, pois, ao equiparar formalmente proletariado e capital no contrato de trabalho pressupõe liberdade de contratar e estipular cláusulas que vinculam as condutas pelo *pacta sunt sevanda*, e, perversamente, faz com que o Direito funcione como o flagelo do capital, como instrumento da exploração violenta da classe trabalhadora mascarado de racionalidade jurídica (LEITE, 2020, p. 66/67).

Apesar de individualmente cada burguês não compreender como proveitoso o pagamento de tais direito sociais, numa perspectiva global, o contrário seria "[...] *inoportuno para a manutenção de um sistema no qual o capital é acumulado por meio da produção, circulação e consumo das mercadorias*" (CALDAS, 2021, p. 110), pois sofreriam as consequências da ausência de tais direitos.

E desta forma o autor pontua que

> sem seguro-desemprego, Fundo de Garantia por Tempo de Serviço (FGTS), aviso prévio e outros direitos sociais, o destino dos trabalhadores seria a marginalidade (a enfermidade, a criminalidade etc.) ou o óbito, ou seja, uma exclusão dupla do circuito de trocas mercantis: como mão de obra potencial; como consumidor (p. 110).

O direito à saúde do trabalhador, por exemplo, não é uma dádiva resultante da luta de classes que será mantida em benefício da classe obreira, mas é simples e nada mais do que a garantia de uma mínima segurança de maior tempo de exploração da própria força de trabalho.

O Estado se apresenta como "neutro" a fim de conservar os requisitos mínimos necessários para a continuidade do capital, sem prejuízo de eventualmente "frear" o interesse individual burguês quanto à exploração do trabalho assalariado, sob premissas de preservar a própria capacidade de trabalho com vistas à continuidade de sua exploração. Ressaltando que o meio pelo qual tal gestão do Estado se dá é a forma jurídica.

E "[...] *é justamente ao se afirmar como poder terceiro que o Estado exerce papel decisivo na reprodução da dinâmica capitalista de valorização do valor*" (LEITE, 2020, p. 54).

Assim, a forma jurídica usa o sujeito de direito, detentor de liberdade, igualdade e propriedade privada, a fim de ocultar a exploração do trabalhador pelo capital e usa da relação salarial a fim de ocultar a mais-valia que lhe é expropriada.

Considerações finais

Entendida a forma jurídica e, portanto, a forma do sujeito de direito, como absolutamente nova e nascida com o modo de produção capitalista, resta necessária a negação de uma trans-historicidade do direito pelo modo de compreensão analítico, como assim fazem os juspositivistas.

O direito não é somente ideologia no sentido de "falsa consciência"/"alienante"(ilusão de justiça, equidade, resolução de problemas), mas também é uma forma social que constitui a materialidade das relações na sociedade capitalista. Ou seja, é graças à forma jurídica que a exploração acontece por meio da manutenção das condições necessárias à continuidade do modo de produção.

À vista disso, diferentemente do que pregam os juspositivistas, o direito não emana de um Estado soberano representando uma vontade popular (sistema representativo idealizado pelos iluministas), mas na realidade das abstrações do modo de produção capitalista, das formas econômicas de produção com vistas à manutenção do *status quo*.

As acomodações de movimentos sociais se dão na forma jurídica, sendo a constitucionalização dos direitos sociais é um claro exemplo da domesticação dos conflitos sociais, pois insere as demandas imediatas dentro da forma jurídica que é por si capitalista.

Isto posto, é possível concluir que a consagração de direitos trabalhistas com vistas à proteção da classe obreira possui duas grandes funções, sendo a de diminuir as tensões sociais inerentes às relações laborais e a de melhorar as condições sob as quais o valor é extraído da força de trabalho, ou seja, com finalidade de aprimorar a manutenção do modo de produção.

É por meio da forma jurídica e da ideologia jurídica que o sujeito de direito possui uma característica inerente de livre, igual e detentor de propriedade privada a fim de equiparar aqueles que vendem a sua força de trabalho como mercadoria àqueles que a compram também como mercadoria.

A inserção de direitos das mulheres, direitos dos trabalhadores ou de outras minorias não muda a realidade social, não há mudança concreta com vistas à transformação pelo conteúdo inserido dentro da forma jurídica, pois sua forma é capitalista *per se*.

Assim, o Direito não alcança os anseios de emancipação da classe trabalhadora, pois, enquanto forma jurídica capitalista, foi forjado para reproduzir, manter, aprimorar, conformar e amplificar os efeitos desse modo de produção.

Referências

AKAMINE JUNIOR, Oswaldo. Fetichismo jurídico. In: **Léxico pachukaniano**. São Paulo: Lutas Anticapital, 2020, p. 109/124.

BOLTANSKI, Luc. Sociologia crítica, instituições e o novo modo de dominação gestionária. **Sociologia & Antropologia**. Rio de Janeiro, v. 3, n. 6, p. 441/463, nov., 2013. Disponível em: <https://www.scielo.br/scielo.php?pid=S2238-38752013000600441&script=sci_abstract&tlng=pt>. Acesso em: 06 jul. 2020.

CALDAS, Camilo Onoda. **A teoria da derivação do Estado e do direito**. São Paulo: Editora Contracorrente, 2021.

CHAGAS, Arnaldo Toni. O sujeito ideológico na perspectiva de Louis Althusser – o assujeitamento. **Psicologia.pt**, p. 1/11, 2013. Disponível em: < https://www.psicologia.pt/artigos/textos/A0675.pdf>. Acesso em: 01 abr. 2020.

DI MASCIO, Carlo. Método. In: **Léxico pachukaniano**. São Paulo: Lutas Anticapital, 2020, p. 155/175.

EDELMAN, Bernard. **A legalização da classe operária**. São Paulo: Boitempo, 2016.

FERRAZ JUNIOR, Tércio Sampaio. **Introdução ao estudo do Direito**: técnica, decisão, dominação. São Paulo: Atlas, 2012.

FONSECA, Maíra Silva Marques da. **Teoria crítica do direito do trabalho**: reflexões sobre os tempos de trabalho. Belo Horizonte: Editora Dialética, 2021.

KASHIURA JUNIOR, Celso Naoto. Sujeito de direito. In: **Léxico pachukaniano**. São Paulo: Lutas Anticapital, 2020, p. 241/257.

LEITE, Taylisi de Souza Corrêa. **Crítica ao feminismo liberal**: valor-clivagem e marxismo feminista. São Paulo: Editora Contracorrente, 2020.

MASCARO, Alysson Leandro. **Estado e forma política**. São Paulo: Boitempo, 2013.

RELAÇÕES DE EMPREGO PECULIARES: TRABALHO INTERMITENTE

Larissa Rombaldo Arantes

Introdução

Com a Lei da Reforma Trabalhista vieram novos institutos jurídicos que causaram grandes mudanças no equilíbrio da relação de emprego gerando consequências, tendo como a principal delas a precarização do trabalho. Por mais que a ideia inicial da Lei nº 13.467/2017 fosse diminuir os índices de desemprego e fomentar a economia, o que se viu na prática foi a perda do direito dos trabalhadores em prol de grandes benefícios para a classe empresária.

Acompanhado de muitas discussões e polêmicas, a Lei modificou o art. 443 da Consolidação das Leis Trabalho, trazendo o regime de trabalho intermitente. Nessa nova modalidade, o empregado trabalha com alternância de períodos de trabalho e de inatividade, ficando a cargo do empregador a convocação do empregado para o trabalho. A "vantagem" que se fala neste tipo de contrato de trabalho é a possibilidade do trabalhador de possuir vários empregos, regulando de forma individual cada contrato.

Desse modo, dada a relevância da matéria, o presente artigo trará, primeiramente, uma busca pelo conceito jurídico do trabalho intermitente e, em um segundo momento, mostra os seus efeitos na prática, analisando também uma possível inconstitucionalidade dessa nova modalidade. Por fim, mostra como a jurisprudência começou a decidir sobre a questão, com um acórdão do TST que alarmou sobre toda a problemática que o tema envolve.

Este artigo não tem a menor pretensão de esgotar o assunto, uma vez que o contrato de trabalho intermitente se trata de um tema relativamente novo no Brasil. Muito embora a Medida Provisória nº 808 tenha trazido importantes considerações sobre o assunto, teve sua vigência limitada, deixando muitas dúvidas em relação à condução deste contrato de trabalho.

1. Conceito

O trabalho intermitente foi inserido no ordenamento jurídico brasileiro com o projeto de Lei nº 6.787/2016, que deu origem à Lei nº 13.467/2017, a chamada "Reforma Trabalhista". Com ela vieram diversos livros e revistas científicas que não se preocuparam, ou melhor dizendo, não conseguiram alcançar um conceito definitivo sobre o trabalho intermitente, porque a explicação de como isso ocorreria na prática causou maiores preocupações, o que dificultou a busca por uma definição.

A CLT prevê que o contrato individual de trabalho poderá ser acordado tácita ou expressamente, verbalmente ou por escrito, por prazo determinado ou indeterminado, ou para prestação de trabalho intermitente. Considera-se como intermitente o contrato de trabalho no qual a prestação de serviços, com subordinação, não é contínua, ocorrendo com alternância de períodos de prestação de serviços e de inatividade, determinados em horas, dias ou meses, independentemente do tipo de atividade do empregado e do empregador, exceto para os aeronautas, regidos por legislação própria[70].

[70] Nova redação do art. 443, dada pela Lei nº 13.467/2017.

Em primeira análise, temos que intermitente é o trabalho que se encerra e recomeça por várias vezes, alternando sempre os períodos em que se presta o serviço, como também aqueles de inatividade. Ocorre que o conceito dado pelo parágrafo terceiro nada nos explica, pois todo trabalho é intermitente, uma vez que aquele que trabalha por 8 horas tem 16 horas de inatividade, que foram determinados em horas, ou aquele que trabalha por 6 dias seguidos tem 24 horas de inatividade, nesse caso determinados em semanas; ou até mesmo aqueles que têm labor de 11 meses com 1 mês de inatividade, aqui os períodos de atividade e inatividade foram contados em meses. Ou seja, a alternância de períodos de trabalho não é o suficiente para conceituar o trabalho intermitente.

O contrato de trabalho intermitente é uma espécie de contrato de trabalho, ou seja, é não eventual e sim esperado, ordinário que haja necessidade de trabalho. Mas, nessa nova modalidade é preciso que tenha um chamado prévio do empregador para que ele ocorra, sendo que o empregado desconhece o tempo exato de inatividade suficiente para a caracterização da intermitência.

Anteriormente, o entendimento era no sentido de não ser válida a pactuação de jornada de trabalho móvel e variável, como ocorre no trabalho intermitente, fazendo com que o empregado recebesse apenas pelas horas trabalhadas, nem mesmo por convenção ou acordo coletivo, como podemos ver no julgamento de um AIRR pela 7ª Turma em 2014:

> "AGRAVO DE INSTRUMENTO EM RECURSO DE REVISTA - JORNADA DE TRABALHO MÓVEL E VARIÁVEL - ABUSO DE DIREITO - SÚMULAS NºS 23, 221, II, E 296 DO TST. Conforme noticia a decisão Recorrida consta do contrato de trabalho cláusula estipulando jornada móvel e variável, recebendo o empregado apenas por aquelas horas trabalhadas. O respectivo modelo de jornada incorpora benefícios à empresa, atendendo, todavia, apenas às suas necessidades e preterindo, os interesses dos empregados. A possibilidade de contratação para jornada inferior ao limite legal com

salário proporcional obviamente resta autorizada, mas não se admite a ausência da prefixação daquela jornada, ainda que reduzida, porquanto é direito do empregado ter a efetiva ciência prévia de sua jornada diária de trabalho e, consequentemente, do seu salário mensal. Na hipótese dos autos a contratação previa a possibilidade de jornada diária de até oito horas, razão pela qual ficava o empregado vinculado a todo aquele período, não lhe cabendo ativar-se em outra atividade. No mesmo diapasão, não tinha conhecimento prévio do valor de seu salário mensal, pois percebia pelas horas efetivamente trabalhadas, apenas com a garantia mínima de duas horas diárias. Dessume-se desse contexto que o benefício do referido regime de contratação dirigia-se única e exclusivamente ao interesse do empregador, sabedor de que contaria com o empregado pela jornada integral de oito horas diárias conforme lhe aprouvesse e, ainda, podendo estender as jornadas com o pagamento de horas extraordinárias. Assim, a empregadora geria um regime de otimização das horas de trabalho de seus empregados e de escalas conforme a movimentação e a necessidade dos serviços em seu estabelecimento. Nos períodos de pequena frequência de clientes o empregado trabalharia por poucas horas, e a reclamada não necessitaria pagar pelo tempo no qual o trabalhador, embora não se ativasse na função, fosse obrigado a reservar o seu dia para atender à possível convocação para a jornada de oito horas. Dessa fixação da jornada, ainda que proporcional e inferior ao limite legal, deve atender às exigências de ambas as partes, com método fixo e não aleatório, como fez a empresa, focada que estava tão somente na diminuição de seus custos operacionais, infringindo, inequivocamente, os princípios basilares de proteção ao trabalhador e da dignidade da pessoa humana, e sujeitando o empregado tão somente ao livre arbítrio patronal, sem a menor segurança quanto aos aspectos mínimos e formais da relação contratual, com execrável transferência dos riscos da atividade econômica para o empregado. Agravo de instrumento desprovido." (AIRR 137000-

70.2008.5.01.0014, Rel. Min. Luiz Philippe Vieira de Mello Filho, 7.ª Turma, j. 04 jun. 2014, publ. *DEJT* de 06 jun. 2014).

A Lei nº 13.467/2017 acrescentou o art. 611-A, inc. VIII, na CLT no qual trouxe que a convenção coletiva e o acordo coletivo de trabalho prevalecem sobre a lei quando versarem sobre teletrabalho, regime de sobreaviso e trabalho intermitente.

Desse modo, a ideia inicial mostra o quão precário se dá essa modalidade de contrato que não garante nem trabalho, nem salário e que nada tem a ver com nova modalidade contratual celetista, mas sim uma nova modalidade de salário por unidade de obra, onde não há, sequer, previsão do momento que se fará necessário o trabalho. Aqui se vê o porquê da dificuldade de se conceituar esse tipo de contrato.

A Medida Provisória nº 808/2017 havia alterado o art. 452-A da CLT, constando que o contrato de trabalho intermitente deveria ser celebrado por escrito e registrado na CTPS, ainda que previsto em acordo coletivo ou convenção coletiva de trabalho, bem como a identificação, assinatura e domicílio ou sede das partes, o valor da hora ou do dia de trabalho, que não poderia ser inferior ao valor horário ou diário do salário mínimo, assegurada a remuneração do trabalho noturno superior à do diurno e observado o disposto no § 12 e o local e o prazo para o pagamento da remuneração.

Porém, o texto perdeu a validade a partir de 23/04/2018, mas a Portaria MTB nº 349/2018 surgiu com o objetivo de trazer maior segurança jurídica para o ambiente de trabalho, reeditando regras expostas acima contidas na extinta MP, uma vez que garante os direitos e as obrigações das partes.

Apesar de tratar-se de medida necessária ao momento, o problema em questão é que, diferente da MP, ela não detém força de lei. Tal regulamentação não pode ser feita por meio de uma Portaria, cuja função apenas é a delimitação da fiscalização feita pelo Ministério do

Trabalho, mas sim por lei federal. De qualquer forma, a Portaria trouxe regras de extrema importância, principalmente no que diz respeito ao trabalho intermitente.

Na referida modalidade, o empregador deverá convocar o empregado com pelo menos 03 dias de antecedência, podendo estabelecer em cronograma as datas em que o empregado deveria comparecer ao trabalho e recebida a convocação, o empregado terá o prazo de um dia útil para responder ao chamado, presumida, no silêncio, a recusa.

O período de inatividade não será considerado tempo à disposição do empregador e por isso não será remunerado, logo não terá recolhimento de FGTS. Ficará descaracterizado o contrato de trabalho intermitente caso haja remuneração por tempo à disposição no período de inatividade.

Também a contribuição previdenciária e o FGTS deverão ser recolhidos mensalmente pela empresa nos termos da lei e como para os demais empregados, a cada 12 meses trabalhados o empregado tem direito de usufruir, nos 12 meses subsequentes, um mês de férias, período no qual não poderá ser convocado para prestar serviços pelo mesmo empregador. Porém, vale lembrar que referidos pagamentos serão realizados de acordo com número de horas trabalhadas, ou seja, se o trabalhador laborou apenas por 10 horas naquele mês, será sobre essa quantidade de horas que coincidirão os recolhimentos.

Por fim, o art. 3º da Portaria nº 349/2018 dispõe que é facultado às partes convencionar, por meio do contrato de trabalho intermitente, os locais de prestação de serviços, turnos para os quais o empregado será convocado para prestar serviços, formas e instrumentos de convocação e de resposta para a prestação de serviços e formato de reparação recíproca na hipótese de cancelamento de serviços previamente agendados.

Mesmo com todas as regras impostas pela legislação, essa sistemática pode gerar insegurança ao trabalhador, não permitindo saber se será convocado para prestar serviços, ou por quanto tempo, o que resulta no desconhecimento de qual será o valor do salário a ser recebido e no desconhecimento do verdadeiro nível remuneratório mensal.

2. A constitucionalidade do trabalho intermitente na prática

Ao contrário da dificuldade que encontramos em conceituar o trabalho intermitente, a prática é bem simples de compreender, bastando olhar todo o cenário em volta da Lei nº 13.467/2017, que trouxe precarização das condições de trabalho, de emprego e de vida do trabalhador brasileiro.

O problema real do trabalho intermitente é que há uma relação de emprego formal, mas que não gera nenhuma garantia de recebimento de salário no final de cada mês. Nesse tipo de contrato, o trabalhador fica por todo o tempo esperando um chamado do empregador, enquanto este pode ficar dias, semanas ou até meses sem precisar de nenhum tipo de prestação e nesse caso sem pagar nenhum tipo de salário. É um cenário claro em que o empregador divide os riscos do negócio com o empregado.

O que se pretendeu com esse tipo de contrato foi reduzir o custo do trabalho em detrimento da classe trabalhadora e da Constituição Federal, pois pagar salário apenas pelo trabalho efetivamente entregue, sem a menor preocupação com o pagamento pelo período de inatividade, é uma afronta aos direitos do trabalhador. Essa ruptura aos paradigmas protetivos do trabalho causará o empobrecimento da classe trabalhadora em todo o país.

Gustavo Filipe Barbosa Garcia (2019) cita os problemas que podem ocorrer na prática do contrato de trabalho intermitente:

> Na prática, a medida pode gerar a transferência ao empregado, que é a parte mais vulnerável da relação jurídica, dos riscos da atividade econômica e do empreendimento desenvolvido, que, por natureza, devem ser do empregador, por ser o titular dos meios de produção (art. 2º da CLT). Os empregados,

> evidentemente, também têm as suas despesas mensais, e muitas delas são fixas, necessitando saber, com maior segurança e previsibilidade, o patamar de sua renda, não podendo conviver com tamanha incerteza [...]. Na realidade, essa modalidade de trabalho pode favorecer a parte mais forte da relação de emprego, permitindo ao empregador a busca pelo lucro sem assumir o risco inerente à atividade desempenhada. (GARCIA, 2019)

O que se argumenta em defesa dessa modalidade é que a medida permitiria ao trabalhador ter mais de um emprego, como sendo uma vantagem para ambas as partes. No entanto, a exclusividade, em regra, não é requisito do contrato de trabalho (arts. 2º e 3º da CLT). Nada impede que o empregado tenha mais de um vínculo de emprego, mesmo sendo fixo o horário do labor.

Não há demonstração alguma de que a modalidade em questão diminuirá a taxa de desemprego e, mesmo que fosse, seria muito difícil o empregado conseguir conciliar mais de um emprego sem saber com certa antecedência o período de trabalho que terá em determinado dia, bem como o tempo disponível para exercer outra atividade. Se já é difícil conciliar dois empregos sabendo a carga horária exata de cada dia, imagina quando o empregado, sequer, sabe se vai ou não ser necessário para a empresa nos próximos dias.

Vimos que a problemática do trabalho intermitente gira em torno da necessidade de um pagamento mínimo mensal ao trabalhador independentemente de ser ou não necessário sua presença para o trabalho ou de quantas horas dispõe ao contrato, respeitado o limite constitucional.

O art. 7º da Constituição Federal dispõe em seus incisos sobre os direitos dos trabalhadores que visam a melhoria da sua condição social; o inciso IV do referido artigo dispõe: salário mínimo, fixado em lei, nacionalmente unificado, capaz de atender às suas necessidades vitais básicas e às de sua família com moradia, alimentação, educação, saúde, lazer, vestuário, higiene, transporte e previdência social, com reajustes periódicos que lhe preservem o poder aquisitivo, sendo vedada sua vinculação para qualquer fim, bem como o inciso VII dispõe: garantia de salário, nunca inferior ao mínimo, para os que percebem remuneração variável[71].

Com isso a compreensão do problema fica ainda mais simples, pois se o trabalhador intermitente não é remunerado como preceitua a Constituição Federal, há uma precarização nesse tipo de contratação, uma vez que o patamar civilizatório mínimo não está sendo preservado. A falta de um salário fixo também acarretará a violação de outros direitos como férias, 13º salário, INSS etc.

Os incisos IV e VII do art. 7º da CF devem ser interpretados junto aos princípios constitucionais da valorização social do trabalho e da dignidade da pessoa humana.

Sendo assim, é necessário o cumprimento do direito de todo trabalhador receber pelo menos um salário mínimo mensal em decorrência do contrato de trabalho e jamais em razão do efetivo trabalho. É clara a afronta à legislação constitucional, ferindo os incisos IV e VII do art. 7º e os incisos III e IV do art. 1º (dignidade da pessoa humana e valorização social do trabalho), ambos da Constituição Federal.

De qualquer forma, o que não se pode aceitar é que a contratação de trabalho intermitente se dê como forma de precarização da relação de trabalho. Em resumo, é super válido a contratação em tempo parcial, com a disposição para o trabalho reduzida, o que não pode é declarar constitucional o pagamento de salário inferior ao mínimo mensal já estipulado, gerando um retrocesso social.

3. Posição da jurisprudência sobre o tema

Levantadas as críticas acerca do trabalho intermitente, inclusive sobre a inconstitucionalidade dessa modalidade, é válido citar alguns

---

[71] Constituição da República, art. 7º, incisos IV e VII.

dos julgados que tratam sobre o tema, de forma a analisarmos como tem se dado o entendimento nos tribunais. Vários Tribunais Regionais do Trabalho já proferiram decisões sobre a nulidade do contrato de trabalho intermitente.

> CONTRATO DE TRABALHO INTERMITENTE. VALIDADE. Comprovado que o autor celebrou com a empresa reclamada contrato de trabalho intermitente, prestando seus serviços nos moldes do art. 443, § 3º, da Consolidação das Leis do Trabalho, assim como, que o trabalhador tinha ciência que somente trabalharia quando fosse convocado, mantém-se a sentença recorrida que julgou improcedentes o pedido de rescisão indireta e demais verbas rescisórias pleiteadas na inicial, pelos seus próprios e jurídicos fundamentos. Recurso ordinário conhecido, porém desprovido." (TRT-11 00008743820205110006, Rel. Jorge Alvaro Marques Guedes, 3ª Turma)
> EMENTA: CONTRATO DE TRABALHO INTERMITENTE. VALIDADE. Os prazos de três dias corridos de antecedência da convocação para o trabalho e de um dia para a aceitação da proposta, previstos nos §§ 1º e 2º do art. 452-A da CLT, foram instituídos em benefício do empregado, permitindo-lhe avaliar o interesse em atender ao chamado. A renúncia a tais prazos, com o início da prestação de serviços no mesmo dia da assinatura do contrato de trabalho intermitente, não é prejudicial para o empregado, que passa a exercer atividade remunerada desde logo, nem constitui irregularidade grave a ponto de acarretar a nulidade da avença, sanção que não foi cominada pela lei. Recurso a que se dá provimento, nesse aspecto." (TRT-18 - RORSUM: 00108082220205180104 GO 0010808-22.2020.5.18.0104, 2ª Turma, Rel. Platon Teixeira de Azevedo Filho, j. 28 maio 2021)

Porém, vamos destacar aqui o acórdão do TRT da 3ª Região, pois foi a partir dele que o Tribunal Superior do Trabalho proferiu sua primeira decisão sobre o tema.

No processo 0010454-06.2018.5.03.0097, o Des. Relator José Eduardo de Resende Chaves Júnior, da 4ª Vara do Trabalho de Coronel

Fabriciano/MG, entendeu pela nulidade do contrato de trabalho intermitente com o fundamento de que embora seja lícito, deve ser feito apenas excepcionalmente, no caso de demandas não contínuas. "Não é cabível ainda a utilização de contrato intermitente para atender posto de trabalho efetivo dentro da empresa", registrou.

Em Recurso de Revista a 4ª Turma do TST deu provimento ao recurso do Magazine Luiza, modificando a decisão reconhecendo a validade do contrato intermitente. O relator do processo, Ives Gandra Martins Filho, apontou que a decisão do Tribunal Regional vai contra o princípio da legalidade, uma vez que a nova modalidade não gera precarização e sim traz segurança jurídica para os trabalhadores e empregadores, na medida em que os trabalhos informais foram regulamentados, garantindo direitos trabalhistas.

Trata-se de uma decisão rasa e com pouco fundamento dada a complexibilidade do tema em questão, mas esse é o entendimento da Turma, não é o posicionamento da corte sobre a matéria. Devido ao modo que se deu a Lei da Reforma Trabalhista, o tema ainda precisa ser amadurecido e passará por muitas decisões que deverão ser analisadas caso a caso.

> "I) AGRAVO DE INSTRUMENTO – RITO SUMARÍSSIMO – TRABALHO INTERMITENTE – TRANSCENDÊNCIA JURÍDICA – VIOLAÇÃO DO ART. 5º, II, DA CF. Tratando-se de matéria nova a relativa ao trabalho intermitente, reconhece-se a transcendência jurídica do recurso de revista, e constatando-se a recusa do Regional na aplicação da nova Lei 13.467/17 à modalidade intermitente de contratação, a hipótese é de reconhecimento de violação do art. 5º, II, da CF, em processo submetido ao rito sumaríssimo. Agravo de instrumento provido.
>
> II) RECURSO DE REVISTA – RITO SUMARÍSSIMO – TRABALHO INTERMITENTE – MATÉRIA NOVA – TRANSCENDÊNCIA JURÍDICA – VIOLAÇÃO DO ART. 5º, II, DA CF – DESRESPEITO PATENTE À LEI 13.467/17,

QUE INTRODUZIU OS ARTS. 443, § 3º, E 452-A NA CLT. 1. Constitui matéria nova no âmbito deste Tribunal, a ensejar o conhecimento de recurso de revista com base em sua transcendência jurídica (CLT, art. 896-A, § 1º, IV), aquela concernente ao regramento do trabalho intermitente, introduzido em nosso ordenamento jurídico pela Lei 13.467/17. 2. Discutida a matéria em recurso oriundo de processo submetido ao rito sumaríssimo, apenas por violação direta de dispositivo constitucional se pode conhecer do apelo, nos termos do § 9º do art. 896 da CLT. 3. É pacífica a jurisprudência do TST no sentido de que, excepcionalmente, pode-se conhecer de recurso de revista em rito sumaríssimo por violação ao princípio da legalidade insculpido no art. 5º, II, da CF, como forma de controle jurisdicional das decisões dos TRTs que deixarem flagrantemente de aplicar dispositivo legal que rege a matéria em debate (Precedentes de todas as Turmas, em variadas questões). 4. In casu, o 3º Regional reformou a sentença, que havia julgado improcedente a reclamatória, por entender que o trabalho intermitente 'deve ser feito somente em caráter excepcional, ante a precarização dos direitos do trabalhador, e para atender demanda intermitente em pequenas empresas' e que 'não é cabível ainda a utilização de contrato intermitente para atender posto de trabalho efetivo dentro da empresa'. 5. Pelo prisma da doutrina pátria, excessos exegéticos assomam tanto nas fileiras dos que pretendem restringir o âmbito de aplicação da nova modalidade contratual, como nas dos que defendem sua generalização e maior flexibilidade, indo mais além do que a própria lei prevê. 6. Numa hermenêutica estrita, levando em conta a literalidade dos arts. 443, § 3º, e 452-A da CLT, que introduziram a normatização do trabalho intermitente no Brasil, tem-se como 'intermitente o contrato de trabalho no qual a prestação de serviços, com subordinação, não é contínua, ocorrendo com alternância de períodos de prestação de serviços e de inatividade, determinados em horas, dias ou meses, independentemente do tipo de atividade do empregado e do empregador, exceto para os aeronautas, regidos por legislação própria' (§ 3º). Ou seja, não se limita a determinadas atividades ou empresas, nem a casos excepcionais. Ademais, fala-se em valor horário do salário mínimo ou daquele pago a empregados contratados sob modalidade distinta de contratação (CLT, art. 452-A). 7. Contrastando a decisão regional com os comandos legais supracitados, não poderia ser mais patente o desrespeito ao princípio da legalidade. O 3º Regional, refratário, como se percebe, à reforma trabalhista, cria mais parâmetros e limitações do que aqueles impostos pelo legislador ao trabalho intermitente, malferindo o princípio da legalidade, erigido pelo art. 5º, II, da CF como baluarte da segurança jurídica. 8. Ora, a introdução de regramento para o trabalho intermitente em nosso ordenamento jurídico deveu-se à necessidade de se conferir direitos básicos a uma infinidade de trabalhadores que se encontravam na informalidade (quase 50% da força de trabalho do país), vivendo de 'bicos', sem carteira assinada e sem garantia de direitos trabalhistas fundamentais. Trata-se de uma das novas modalidades contratuais existentes no mundo, flexibilizando a forma de contratação e remuneração, de modo a combater o desemprego. Não gera precarização, mas segurança jurídica a trabalhadores e empregadores, com regras claras, que estimulam a criação de novos postos de trabalho. 9. Nesses termos, é de se acolher o apelo patronal, para restabelecer a sentença de improcedência da reclamatória trabalhista. Recurso de revista conhecido e provido." [72]

Vale ressaltar que tramitam no Supremo Tribunal Federal Ações Diretas de Inconstitucionalidade (ADIs 5806, 5826, 5829, 5950 e 6154), cujo relator é o Ministro Edson Fachin, nas quais questionam instrumentos relacionados ao contrato de trabalho intermitente. O argumento que se destaca é o da precarização do trabalho, tendo em vista a falta de garantia

---

[72] TST. (25 de Julho de 2020). ***RECURSO DE REVISTA: RR 10454-06.2018.5.03.0097***. Relator: Ives Gandra Martins Filho. DJ: 07/08/2019. Fonte: JusBrasil: <https://tst.jusbrasil.com.br/jurisprudencia/742301480/recurso-de-revista-rr-104540620185030097?ref=serp>.

de uma jornada de trabalho, bem como de noção salarial, onde os riscos da atividade estão sendo claramente transferidos ao empregado.

As ações ainda não foram julgadas, até então apenas três ministros votaram, 2 deles a favor da modalidade.

Na ADI 5826, o Ministro Edson Fachin, relator, votou contra a nova modalidade de trabalho, argumentando que o empregado não tem garantia de que será convocado e assim, o trabalhador, apesar de formalmente contratado, continua sem as reais condições de gozar dos direitos que dependem da prestação de serviços e remuneração decorrente. Após, Nunes Marques e Alexandre de Moraes votaram a favor do trabalho intermitente.

Nunes alega que a modalidade é constitucional porque assegura itens como descanso semanal remunerado, recolhimentos previdenciários, férias e 13º salário, garantindo flexibilidade e reinserção de uma parcela de trabalhadores no mercado, enquanto Alexandre de Moraes afirmou que foram respeitados os direitos previstos nos arts. 6º e 7º da Constituição Federal. A próxima a votar será a ministra Rosa Weber, que pediu vista em 03/12/2020, interrompendo o julgamento.

Considerações finais

Trazer conceitos para novos regimes jurídicos é um tanto desafiador, ainda mais quando se trata de uma Lei que entrou no ordenamento jurídico trazendo consigo grandes lacunas e gerando impactos que podem o tornar ilegítimo. Mas, claro está para todos que o que se pretendeu com o contrato de trabalho intermitente foi, nada mais que, favorecer o empregador trazendo uma imprevisão de jornada de trabalho e salário.

Na prática, frente às regras consolidadas do caso, não é difícil perceber que sua aplicação não é lícita, pois afronta princípios constitucionais, como o da dignidade da pessoa humana e da valorização social. Essa modalidade cria uma espécie de retenção de salário quando não paga o trabalhador em período de inatividade, mas que se encontra à disposição do empregador.

Assim, o contrato de trabalho intermitente não está nem perto de ser um instrumento jurídico válido que diminui o desemprego e melhora a economia do país, mas sim como um objeto que se sobrepõe à Constituição Federal, colocando os interesses do empregador acima dos direitos dos trabalhadores, causando a precarização da relação de emprego.

Referências

BRASIL. **Lei nº 13.467, de 13 de julho de 2017**. Altera a Consolidação das Leis do Trabalho (CLT), aprovada pelo Decreto-Lei nº 5.452, de 1º de maio de 1943, e as Leis n º 6.019, de 3 de janeiro de 1974, 8.036, de 11 de maio de 1990, e 8.212, de 24 de julho de 1991, a fim de adequar a legislação às novas relações de trabalho. Disponível em: <http://www.planalto.gov.br/ccivil_03/_ato2015-2018/2017/lei/l13467.htm>. Acesso em: maio 2020.

BRASIL. Redação Final. **Projeto de Lei nº 6.787-B**, de 2016.

GARCIA, Gustavo Filipe Barbosa. **CLT comentada de acordo com a Reforma Trabalhista**. 5. ed. São Paulo: Editora Método, 2019.

HIGA, Flávio da Costa. **Reforma trabalhista e contrato de trabalho intermitente**. Consultor Jurídico, opinião, 8 de junho de 2017. Disponível em: <http://www.conjur.com.br/2017-jun-08/flavio-higa-reforma-trabalhista-contrato-trabalho-intermitente#_ftn13>. Acesso em: jun. 2022

COVID-19: UMA ANÁLISE DO ENQUADRAMENTO DA DOENÇA COMO OCUPACIONAL

Letiane Corrêa Bueno Nogueira Ramos

Introdução

A inclinação do direito do trabalho após a Lei nº 13.467/2017 se mostra na conjectura atual no jogo "garante ou viola", "valoriza ou descarta", "permite ou restringe"? Passamos, portanto, pelo sequestro silencioso dos direitos sociais.

Em uma análise aos debates políticos e inúmeros questionamentos sobre se a finalidade da "reforma trabalhista" foi atingida, ou seja, aumento de empregos e melhores condições ou se realmente foi um retrocesso de anos de luta da classe trabalhadora transcende uma pandemia mundial decorrente da Covid-19, que trouxe inúmeras alterações ao direito do trabalho.

O enfoque do campo médico acerca da doença é notável, entretanto, existem impactos diretos nas relações de trabalho, o ser humano, leia-se trabalhador, envolveu-se novamente na hostilidade que envolve o empregado e empregador, ou seja, o conflito entre capital e trabalho. Nesse enfoque insurge o questionamento, as leis trabalhistas existentes e novas editadas corresponderam à realidade atual?

O diálogo social entre classes sempre foi o conselho para uma sociedade democrática, seria o momento de abandono de discursos negacionistas e olhar para os trabalhadores como seres humanos ou atentar às suas insurgências?

O presente estudo visa uma avaliação da pandemia do vírus da Covid-19 e estabelecer o seu enquadramento como doença ocupacional. Resta a indagação: seria possível a Covid-19 ser considerada uma doença ocupacional? O encargo, aparentemente simplista, é, na verdade, um processo de investigação cautelosa e árdua, entretanto, traz ao operador do direito a incumbência na análise dos elementos fáticos de indicar a presença dos requisitos que legitimam o enquadramento da doença ocupacional.

1. Breve resumo das alterações normativas após a pandemia da COVID-19 / Da vulnerabilidade do empregado

A Organização Pan-Americana da Saúde assim classifica a Covid-19:

> "Os coronavírus (CoV) são uma ampla família de vírus que podem causar uma variedade de condições, do resfriado comum a doenças mais graves, como a síndrome respiratória do Oriente Médio (MERS-CoV) e a síndrome respiratória aguda grave (SARS-CoV). O novo coronavírus (nCoV) é uma nova cepa de coronavírus que havia sido previamente identificada em humanos. Conhecido como 2019-nCoV ou COVID-19, ele só foi detectado após a notificação de um surto em Wuhan, China, em dezembro de 2019". (Organização Panamericana da Saúde, 2020)

O surgimento da Covid-19 repercutiu diretamente nas relações de emprego, tanto que foi publicada a Medida Provisória nº 927 para o enfrentamento do estado de calamidade pública reconhecido pelo Decreto nº 6 de 20 de março de 2020; entretanto, no que diz respeito ao objeto do presente estudo, apresentou em seu art. 29 a seguinte redação: *Art. 29. Os casos de contaminação pelo coronavírus (covid-19) não serão considerados ocupacionais, exceto mediante comprovação do nexo causal.* (BRASIL, 2020).

Assim, a redação do artigo excluía, como regra, a Covid-19 como doença ocupacional, atribuindo ao empregado o ônus comprobatório do nexo causal, situação que ofenderia a redação dos arts. 7º, XXVIII e 201, I, da Constituição Federal.

Contudo, com a publicação da Medida Provisória inúmeros descontentamentos surgiram, visto que a redação do artigo vai contra ao texto constitucional na redução dos riscos inerentes ao trabalho, por meio de normas de saúde, higiene e segurança (art. 7º, XXII, da CF), tanto que sequencialmente o Supremo Tribunal Federal declarou sua eficácia suspensa em virtude de decisão liminar nas Ações de Declaração de Inconstitucionalidades nºs 6.342, 6.344, 6.346, 6.348, 6.349, 6.352 e 6.354[73].

Nesse aspecto, a decisão do Pleno do Supremo Tribunal Federal de que a Covid-19 não é uma doença ocupacional aquiesceu a solução da problemática da legislação anterior à edição da Medida Provisória em momento pandêmico, conforme será abordado no item subsequente deste estudo.

---

[73] PROVISÓRIA 927/2020. MEDIDAS TRABALHISTAS PARA ENFRENTAMENTO DO ESTADO DE CALAMIDADE PÚBLICA RECONHECIDO PELO DECRETO LEGISLATIVO 6/2020. NORMAS DIRECIONADAS À MANUTENÇÃO DE EMPREGOS E DA ATIVIDADE EMPRESARIAL. ART. 29. EXCLUSÃO DA CONTAMINAÇÃO POR CORONAVÍRUS COMO DOENÇA OCUPACIONAL. RESPONSABILIDADE OBJETIVA DO EMPREGADOR. ART. 31. SUSPENSÃO DA ATUAÇÃO COMPLETA DOS AUDITORES FISCAIS DO TRABALHO. AUSÊNCIA DE RAZOABILIDADE. SUSPENSÃO DA EFICÁCIA DOS ARTS. 29 E 31 DA MP 927/2020. CONCESSÃO PARCIAL DA MEDIDA LIMINAR. 1. A Medida Provisória 927/2020 foi editada para tentar atenuar os trágicos efeitos sociais e econômicos decorrentes da pandemia do coronavírus (covid-19), de modo a permitir a conciliação do binômio anutenção de empregos e atividade empresarial durante o período de pandemia. 2. O art. 29 da MP 927/2020, ao excluir, como regra, a contaminação pelo coronavírus da lista de doenças ocupacionais, transferindo o ônus da comprovação ao empregado, prevê hipótese que vai de encontro ao entendimento do Supremo Tribunal Federal em relação à responsabilidade objetiva do empregador em alguns casos. Precedentes. 3. Não se mostra razoável a diminuição da atividade fiscalizatória exercida pelos auditores fiscais do trabalho, na forma prevista pelo art. 31 da MP 927/2020, em razão da necessidade de manutenção da função exercida no contexto de pandemia, em que direitos trabalhistas estão sendo relativizados. 4. Medida liminar parcialmente concedida para suspender a eficácia dos arts. 29 e 31 da Medida Provisória 927/2020. (BRASIL, 2020)

Assim, pela própria redação do artigo, em comunhão com a "reforma trabalhista", nota-se que o intuito do Poder Executivo era restringir/descartar a Covid-19 como uma doença ocupacional e os motivos são claros, seja pelo governo de direita em benefício ao capital, ou simplesmente por onerar o Estado com o pagamento de benefícios previdenciários dispendiosos por acidente/doença ocupacional.

Nessa linha, ainda no período pandêmico foi publicada a Medida Provisória nº 936 (BRASIL, 2020), a qual instituiu o PEMER-Programa Emergencial de Manutenção do Emprego e da Renda com a possibilidade, por acordo entre empregado e empregadores, da suspensão de contratos de trabalho por período determinado ou redução dos salários dos empregados com igual redução da jornada, com subsídios salariais advindos do governo federal.

No caso em concreto, em que pese várias empresas se adequarem ao Programa Emergencial de Manutenção do Emprego e da Renda, inúmeras não conseguiram se ajustar e dispensaram os empregados ou até mesmo fecharam, essa, portanto, foi a realidade brasileira em momento pandêmico.

E não apenas isso, com os argumentos de que a Medida Provisória nº 927/2020 (BRASIL, 2020) reconheceu a força maior, observamos ainda em meio à crise sanitária a ocorrência de milhares de dispensas realizadas por motivo de força maior, a teor do art. 501, *caput*, da Consolidação das Leis do Trabalho, o que teve como consequência o pagamento de direitos rescisórios inferiores, como apenas a metade da indenização relativa à demissão imotivada.

A jurisprudência do Colendo Tribunal Superior do Trabalho, posteriormente, caminhou no sentido de que a pandemia da Covid-19 não justificaria a dispensa por força maior, se não houvesse a extinção da empresa ou do estabelecimento em que o empregado trabalhava, *in verbis:*

> "[...] **EXTINÇÃO DO CONTRATO DE EMPREGO. PANDEMIA DE COVID-19. CONTROVÉRSIA ACERCA DA MODALIDADE DE RESCISÃO CONTRATUAL.**

FORÇA MAIOR. TRANSCENDÊNCIA JURÍDICA CARACTERIZADA. 1. Caso em que a controvérsia envolve a natureza da rescisão contratual operada – dispensa sem justa causa ou por motivo de força maior – e os efeitos financeiros decorrentes. Trata-se, à evidência, de questão nova, atual e relevante, relacionada aos efeitos da crise decorrente da Pandemia da COVID-19 e seus impactos nas relações de trabalho. Tratando-se de tema ainda não suficientemente enfrentado por esta Corte Superior, resta caracterizada a transcendência jurídica do debate. 2. Na forma legal, a força maior – evento imprevisível e inevitável, em relação à vontade do empregador, e para a realização do qual não concorreu, direta ou indiretamente (art. 501, 'caput', da CLT) – apenas autorizará redução das indenizações rescisórias pela metade quando demonstrado o impacto substancial sobre a saúde econômica e financeira da empresa (art. 501, § 2º, da CLT), em situação que conduza à sua extinção ou ao fechamento do estabelecimento em que trabalhe o empregado (CLT, art. 502). Os preceitos que disciplinam a força maior e seus impactos nas relações de trabalho exigem, portanto, a comprovação do expressivo impacto da força maior sobre a atividade econômica explorada, com a indesejável situação de extinção ou redução das atividades. No caso, a Corte Regional assentou, de forma concisa, que '*cabe ao empregador provar a extinção da empresa por fatos alheios à sua vontade*', também salientando que '*dificuldades transitórias ou momentâneas não justificam rescisões contratuais por esses motivos, sobretudo tendo-se em vista que cabe ao empregador assumir os riscos das atividades.*' Como se observa, não existem elementos fáticos na decisão regional que indiquem a presença dos requisitos que legitimam a rescisão contratual por força maior. Por conseguinte, a análise das alegadas ofensas aos arts. 8º e 501 da CLT e 5º, LV, da Constituição Federal demandaria o reexame do acervo fático probatório, providência incompatível com o recurso de revista sob exame, a teor da Súmula 126 deste TST. **Recurso de revista não conhecido**." (BRASIL, 2022)

Em síntese, os empregados no momento pandêmico vivenciaram momentos de queda salarial e, pior, o terrífico desemprego. Nesse contexto, vejamos a evolução da taxa de desemprego no trimestre terminado em março de 2021 que é a maior desde 2012 — Foto: Economia/G1 (GI, 2022):

Assim, esses empregados, ora destituídos de renda ou de seus postos de trabalho, passaram, portanto, a aderir aos benefícios governamentais ou realizar atividades com a exposição ao risco de contágio em detrimento de sua subsistência e de suas famílias.

A miséria é, infelizmente, instalada no Brasil. No período da pandemia decorrente da Covid-19 o governo brasileiro estabeleceu o auxílio emergencial de R$ 600, popularmente chamado de "coronavoucher", criado em abril de 2020 para ajudar trabalhadores sem carteira assinada, autônomos, MEIs e desempregados durante a crise gerada pela pandemia do coronavírus. Cada pessoa que tiver direito deve receber cinco parcelas de R$ 600,00. A mulher que sustenta o lar sozinha tem direito a cinco parcelas de R$ 1.200,00. Cada família pode ter, no máximo, duas pessoas beneficiadas, com o total de até R$ 1.800,00 por parcela (UOL, 2022).

Atualmente, com o fim do auxílio emergencial, observamos o aumento das famílias em extrema pobreza no Cadastro Único, conforme o gráfico de famílias que informaram ter vivenciado e/ou ter perdido a renda e, portanto, estarem em situação de extrema pobreza, ou seja, com renda por pessoa de até R$ 105,00 (cento e cinco reais) a R$ 210,00 (duzentos e dez reais) (UOL, 2022):

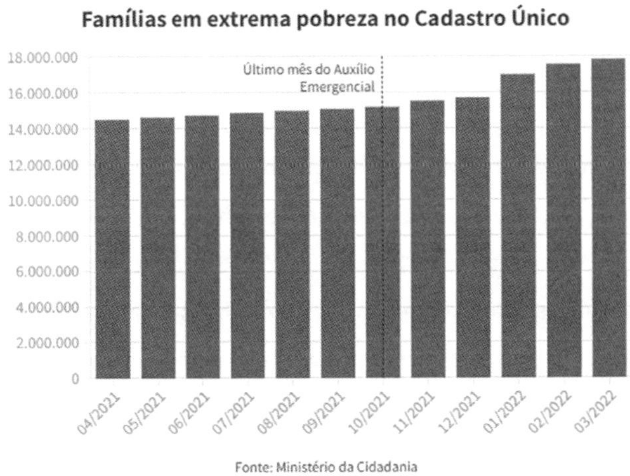

Diante do número de famílias em extrema pobreza acima apresentado, os dilemas e a vulnerabilidade dos empregados são consideráveis no período emergencial.

A crise social e sanitária certamente se estende ao mundo do trabalho, e como adequar o "novo normal" à realidade das famílias e, consequentemente, dos empregados, que vivem em extrema pobreza?

Nessa linha, podemos declinar que a principal mudança causada pela pandemia da Covid-19 no mundo do Direito do Trabalho foi a tentativa de manter o maior número de pessoas em suas residências com o propósito de evitar a disseminação e circulação do vírus da Covid-19, entretanto, pela necessidade alimentar muitos trabalhadores e atividades que não foram interrompidas em momento pandêmico se sujeitaram ao risco de prestar seus serviços em detrimento de sua própria saúde e sobre este aspecto principalmente será analisado o enquadramento da Covid-19 como doença ocupacional.

2. Do enquadramento da COVID-19 como doença ocupacional

A rigor, é imprescindível apresentar o voto do Ministro Edson Fachin do Colendo Superior Tribunal Federal quando considerou a inconstitucionalidade do art. 29 da Medida Provisória nº 927/2020 acima transcrita, *in verbis*:

> "11. Coronavírus e responsabilidade do empregador Nas ADIs 6.342, 6.344, 6.346, 6.352 e 6.354, aponta-se a inconstitucionalidade do disposto no artigo 29 da Medida Provisória n. 927/2020 **vem fundada na dificuldade de os empregados comprovarem o nexo causal da doença causada pelo novo coronavírus, considerando o fato notório e consabido de que a transmissão da doença é comunitária e exponencial. Afirma-se que o regime de responsabilidade estabelecido na norma impugnada exime o empregador de tomar todas as medidas de saúde, higiene e segurança necessárias à proteção dos trabalhadores, afrontando, assim, direito fundamental à redução de riscos inerentes ao trabalho, constantes do artigo 7º, XXII, da CRFB**. Assim está posta a norma impugnada: Art. 29. Os casos de contaminação pelo coronavírus (covid-19) não serão considerados ocupacionais, exceto mediante comprovação do nexo causal. **Exigir-se que o ônus probatório seja do empregado, diante da infecção e adoecimento pelo novo coronavírus, não se revela como medida adequada e necessária à redução dos riscos dos trabalhadores quanto à doença deflagrada pelo novo coronavírus. Se o constituinte de 1988 reconheceu a redução de riscos inerentes ao trabalho como um direito fundamental social do trabalhador brasileiro, obrigando que os empregadores cumpram normas de saúde, higiene e segurança no trabalho, certamente ele previu que o empregador deveria responsabilizar-se por doenças adquiridas no ambiente e/ou em**

virtude da atividade laboral. A previsão de responsabilidade subjetiva parece uma via adequada a justificar a responsabilização no caso das enfermidades decorrentes de infecção pelo novo coronavírus, de forma que se o empregador não cumprir as orientações, recomendações e medidas obrigatórias das autoridades brasileiras para enfrentar a pandemia pelo novo coronavírus, deverá ser responsabilizado. Assim, o ônus de comprovar que a doença não foi adquirida no ambiente de trabalho e/ou por causa do trabalho deve ser do empregador, e, não, do empregado, como estabelece a norma impugnada. O artigo 29 da Medida Provisória n. 927/2020 afronta o que dispõe o art. 7º, XXII, da CRFB: "redução dos riscos inerentes ao trabalho, por meio de normas de saúde, higiene e segurança", invertendo o ônus probatório no caso específico da infecção por coronavírus. Diante do que exposto, divirjo do e. Ministro Relator e julgo procedente o pedido de suspensão, por inconstitucionalidade, do art. 29 da Medida Provisória n. 927/2020." (BRASIL, 2020) [grifos meus]

Diante da decisão do Supremo Tribunal Federal, que determinou, basicamente, que a solução do impasse acerca da Covid-19 como doença ocupacional seja pela análise das disposições legislativas anteriores à edição da Medida Provisória nº 927/2020 é imprescindível a análise da Lei nº 8.213/1991. Os arts. 19 e 20, respectivamente, da Lei nº 8.213/1991 dispõem:

> *Art. 19. Acidente do trabalho é o que ocorre pelo exercício do trabalho a serviço de empresa ou de empregador doméstico ou pelo exercício do trabalho dos segurados referidos no inciso VII do art. 11 desta Lei, provocando lesão corporal ou perturbação funcional que cause a morte ou a perda ou redução, permanente ou temporária, da capacidade para o trabalho.*
> § 1º A empresa é responsável pela adoção e uso das medidas coletivas e individuais de proteção e segurança da saúde do trabalhador.

§ 2º Constitui contravenção penal, punível com multa, deixar a empresa de cumprir as normas de segurança e higiene do trabalho.

§ 3º É dever da empresa prestar informações pormenorizadas sobre os riscos da operação a executar e do produto a manipular.

§ 4º O Ministério do Trabalho e da Previdência Social fiscalizará e os sindicatos e entidades representativas de classe acompanharão o fiel cumprimento do disposto nos parágrafos anteriores, conforme dispuser o Regulamento.

Art. 20. Consideram-se acidente do trabalho, nos termos do artigo anterior, as seguintes entidades mórbidas:

I - doença profissional, assim entendida a produzida ou desencadeada pelo exercício do trabalho peculiar a determinada atividade e constante da respectiva relação elaborada pelo Ministério do Trabalho e da Previdência Social;

II - doença do trabalho, assim entendida a adquirida ou desencadeada em função de condições especiais em que o trabalho é realizado e com ele se relacione diretamente, constante da relação mencionada no inciso I.

§ 1º Não são consideradas como doença do trabalho:

a) a doença degenerativa;

b) a inerente a grupo etário;

c) a que não produza incapacidade laborativa;

d) a doença endêmica adquirida por segurado habitante de região em que ela se desenvolva, salvo comprovação de que é resultante de exposição ou contato direto determinado pela natureza do trabalho.

§ 2º Em caso excepcional, constatando-se que a doença não incluída na relação prevista nos incisos I e II deste artigo resultou das condições especiais em que o trabalho é executado e com ele se relaciona diretamente, a Previdência Social deve considerá-la acidente do trabalho. (BRASIL, 1991)

Nesse ponto é importante mencionar que a denominação "doenças ocupacionais" é gênero, ou seja, uma designação genérica, a qual abrange as doenças profissionais e doenças do trabalho.

Assim, exemplificando a redação do artigo e nomenclatura, a diferenciação da doença profissional decorre do exercício de uma atividade desempenhada em determinado ambiente de trabalho e doença do trabalho desencadeada pelas condições de trabalho:

A doença profissional é aquela peculiar a determinada atividade ou profissão, também chamada de doença profissional típica, tecnopatia ou ergopatia. O exercício de determinada profissão pode produzir ou desencadear certas patologias, sendo que, nessa hipótese, o nexo causal da doença com a atividade é presumido. É o caso, por exemplo, do empregado de uma determinada mineradora que trabalha exposto ao pó de sílica e contrai silicose. Afirma Tupinambá do Nascimento que, nas tecnopatias, a relação do trabalho é presumida *juris et de jure*, inadmitindo prova em sentido contrário. Basta comprovar a prestação do serviço na atividade e o acometimento da doença profissional. Sinteticamente, pode-se afirmar que doença profissional é aquela típica de determinada profissão.

Por outro lado, a doença do trabalho, também chamada mesopatia ou doença profissional atípica, apesar de igualmente ter origem na atividade do trabalhador, não está vinculada necessariamente a esta ou aquela profissão. Seu aparecimento decorre da forma em que o trabalho é prestado ou das condições específicas do ambiente de trabalho. O grupo atual das LER/DORT é um exemplo das doenças do trabalho, já que estas podem ser adquiridas ou desencadeadas em qualquer atividade, sem vinculação direta a determinada profissão. Nas doenças do trabalho, "as condições excepcionais ou especiais do trabalho determinam a quebra da resistência orgânica com a consequente eclosão ou exacerbação do quadro mórbido, e até mesmo o seu agravamento". (OLIVEIRA, p. 53)

Aliás, a Lei nº 8.213/1991 apresenta em seu art. 21-A o nexo técnico epidemiológico:

> Art. 21-A. A perícia médica do Instituto Nacional do Seguro Social (INSS) considerará caracterizada a natureza acidentária da incapacidade quando

> constatar ocorrência de nexo técnico epidemiológico entre o trabalho e o agravo, decorrente da relação entre a atividade da empresa ou do empregado doméstico e a entidade mórbida motivadora da incapacidade elencada na Classificação Internacional de Doenças (CID), em conformidade com o que dispuser o regulamento. (BRASIL, 1991)

O Ministério da Saúde, com a finalidade de facilitar a consulta do nexo técnico epidemiológico, editou a Portaria nº 1.339 de 18 de novembro de 1999 abrangendo em uma lista única as doenças ocupacionais (BRASIL, 1999). Ademais, ressalta-se que a presente lista é meramente exemplificativa, diante da própria redação do § 2º do art. 20 da Lei nº 8.213/1991.

Nesse aspecto, em ambas as doenças é necessária a demonstração do nexo causal entre a patologia e o trabalho desenvolvido, entretanto, a Covid-19 ainda não consta nas listas A e B do Anexo II do Decreto nº 3.048/1999, cabendo uma análise ao § 2º do art. 20 da Lei nº 8.213/1991, ou seja, em caso excepcional, constatando-se que a doença não incluída na relação prevista nos incisos I e II deste artigo resultou das condições especiais em que o trabalho é executado e com ele se relaciona diretamente, deve-se considerá-la acidente do trabalho.

No entanto, também é preciso estar atento à teoria das concausas, como estabelece a redação do art. 21, I, da Lei nº 8.213/1991: *I - o acidente ligado ao trabalho que, embora não tenha sido a causa única, haja contribuído diretamente para a morte do segurado, para redução ou perda da sua capacidade para o trabalho, ou produzido lesão que exija atenção médica para a sua recuperação;* (BRASIL, 1991).

Quanto ao assunto, o doutrinador Sérgio Cavalieri Filho ensina que "*concausa é outra cousa que, juntando-se à principal, concorre para o resultado. Ela não inicia e nem interrompe o processo causal, apenas o reforça, tal como um rio menor que deságua em outro maior, aumentando-lhe o causal*" (CAVALIERI FILHO, 2020, p. 71). Para esclarecer a concausa caracteriza pela causa que contribuiu diretamente para a doença ocupacional ou acidente de trabalho, ou seja, alguma causa de proveniência ocupacional.

Nesse caso, portanto, tanto para a questão previdenciária quanto trabalhista, a caracterização da Covid-19 como doença ocupacional depende, especialmente, da demonstração que a patologia desenvolveu em razão das condições especiais em que o trabalho foi prestado, seja pela prova pericial, conjuntamente com demais provas para auferir do nexo causal.

Nesse ponto, pelo objeto do presente estudo, tendo em vista a Covid-19 se tratar de uma doença pandêmica (art. 20, § 1º, *d* da Lei nº 8.213/1991), é uma exceção à caracterização como doença ocupacional, portanto, a caracterização da Covid-19 nesta insurge na demonstração das situações em que o trabalho e condições exercidas pelo empregado podem influenciar a configuração.

Quanto a possível causa ou concausa da Covid-19 como doença ocupacional, "deve se verificar se o trabalho atuou como fator contributivo do acidente ou da doença ocupacional; se atuou como fator desencadeante ou agravante de doenças preexistentes ou, ainda, se provocou a precocidade de doenças comuns, mesmo aquelas de cunho degenerativo ou inerente ao grupo etário" (TST, 2016).

A finalizar as nuances da determinação do nexo causal, é importante apresentar o conceito de concausa do Manual de Acidentes de Trabalho decorrente da Resolução nº 535/2016 do Instituto Nacional do Seguro Social:

> "Define-se como 'concausa' o conjunto de fatores, preexistentes ou supervenientes, suscetíveis de modificar o curso natural do resultado de uma lesão. Trata-se da associação de alterações anatômicas, fisiológicas ou patológicas que existiam ou possam existir, agravando um determinado processo. O primeiro critério a ser considerado para definição da

> concausalidade é a modificação da história natural da doença, aquilo que o próprio conceito chama de curso natural do resultado de uma lesão ou doença. Assim, quando um determinado agente não levar à modificação da história natural da doença, ou quando forem verificados em seu quadro fatores exclusivamente ligados ao processo natural de envelhecimento, não será considerada a concausalidade." (INSS, 2016)

A redação da exclusão da Covid-19 como doença ocupacional é *pela máxima trabalhista de que a doença ocorreu no trabalho, mas não pelo trabalho*.

É límpido que o presente estudo é meramente exemplificativo, entretanto, notoriamente para a configuração como doença ocupacional é necessário provar que o empregado teve um contato extraordinário com o vírus e, consequentemente, que o empregado foi exposto ou teve um contato direto com o vírus da Covid-19 e concomitantemente que estes sejam pela natureza do trabalho prestado (nexo causal direto) ou se o trabalho contribuiu para o contágio (nexo concausal).

Importante realçar que a Portaria nº 2.309, de 28 de agosto de 2020, do Ministério da Saúde, ao atualizar a Lista de Doenças Relacionadas ao Trabalho (LDRT), fez constar na Lista A: "*Doença causada pelo coronavírus SARS-CoV-2 (COVID-19) - Exposição a coronavírus SARS-CoV-2 em atividades de trabalho*" (BRASIL, 2020).

Com o reconhecimento efetivo pelo governo federal da Covid-19 como doença relacionada ao trabalho pelo agente e/ou fator de risco, na exposição do empregado em atividades de trabalho ao vírus haveria uma maior facilidade de reconhecer que a doença foi decorrente do trabalho, seja pelo nexo causal direto ou pela concausa.

Advém que, em menos de uma semana, a Portaria nº 2.345, de 02 de setembro de 2020, tornou sem efeito a Portaria nº 2.309, de 28 de agosto de 2020, do Ministério da Saúde.

A insegurança é explícita, mas observamos um reconhecimento da possibilidade da Covid-19 ser relacionada ao trabalho. Apesar da

Portaria nº 2.345/2020 tornar sem efeito a Portaria nº 2.309/2020, o Ministério da Saúde reconheceu por um breve período a Covid-19 como podendo ser relacionada ao trabalho.

A importância do enquadramento da Covid-19 como doença ocupacional sob a ótica do empregado tem reflexos previdenciários e trabalhistas, visto que naquela observa-se a desnecessidade de carência para o benefício junto à Previdência Social (art. 26 da Lei nº 8.213/1991), o pagamento de benefícios de valor superior quando o infortúnio tem origem da doença ocupacional/acidente de trabalho, tendo em vista todas as novas regulações da Emenda Constitucional nº 103/2019, quando na esfera trabalhista o empregado continua a ter direito aos depósitos do FGTS em sua conta vinculada (art. 15, § 5º, da Lei nº 8.036/1990), garantia provisória de emprego em afastamento superior a 15 dias e gozo de benefício perante o Instituto Nacional do Seguro Social (art. 118 da Lei nº 8.213/1991) e indenizações em face do empregador por danos morais e materiais pela responsabilidade civil.

Já se vislumbra no Brasil a subnotificação dos acidentes de trabalho/doenças ocupacionais, embora seja obrigação do empregador, nos termos do art. 22 da Lei nº 8.213/1991, ou seja, muitos empregadores deixam de comunicar o acidente de trabalho/doenças ocupacionais à Previdência Social justamente pelas sérias consequências jurídicas.

É claro que, quando existe a emissão da Comunicação do Acidente de Trabalho pelo empregador decorrente da Covid-19 certamente o contágio teve nexo causal com as atividades laborativas exercidas pelo empregado.

A problemática incide quando ausente a emissão da Comunicação do Acidente de Trabalho pelo empregador e a possibilidade do enquadramento da Covid-19 como doença ocupacional. Apesar do teor do art. 22, § 2º, da Lei nº 8.213/1991 de que *[n]a falta de comunicação por parte da empresa, podem formalizá-la o próprio acidentado, seus dependentes, a entidade sindical competente, o médico que o assistiu ou qualquer autoridade pública*, sabemos que a realidade é que na maioria dos casos, ausente a comunicação pelo empregador, as comunicações não irão ocorrer, seja por falta de conhecimento do empregado e sociedade acerca da possibilidade, seja pelo enfraquecimento das entidades sindicais.

Assim, em que pese a inexistência da Comunicação do Acidente de Trabalho pelo empregador, o empregado poderá buscar, judicialmente, o enquadramento da Covid-19 como doença ocupacional e, consequentemente, os efeitos previdenciários e trabalhistas acima destacados.

Assim, reconhecido judicialmente que a Covid-19 teve nexo causal com as atividades laborativas executadas pelo empregado, terá no caso em concreto todos os efeitos, como se a Comunicação do Acidente de Trabalho tivesse ocorrido. A Súmula nº 378 do Colendo Tribunal Superior do Trabalho tem o entendimento:

> **"ESTABILIDADE PROVISÓRIA. ACIDENTE DO TRABALHO. ART. 118 DA LEI Nº 8.213/1991. (inserido item III) - Res. 185/2012, DEJT divulgado em 25, 26 e 27.09.2012**
>
> I - É constitucional o artigo 118 da Lei nº 8.213/1991 que assegura o direito à estabilidade provisória por período de 12 meses após a cessação do auxílio-doença ao empregado acidentado. (ex-OJ nº 105 da SBDI-1 - inserida em 01.10.1997)
>
> II - São pressupostos para a concessão da estabilidade o afastamento superior a 15 dias e a consequente percepção do auxílio-doença acidentário, salvo se constatada, após a despedida, doença profissional que guarde relação de causalidade com a execução do contrato de emprego. (primeira parte - ex-OJ nº 230 da SBDI-1 - inserida em 20.06.2001)
>
> III - O empregado submetido a contrato de trabalho por tempo determinado goza da garantia provisória de emprego decorrente de acidente de trabalho prevista no art. 118 da Lei nº 8.213/91".

Naturalmente que o adoecimento pelo exercício de atividades que expõem ao maior risco de contágio, especialmente daqueles trabalhadores que atuam de alguma forma no diagnóstico, socorro, transporte, tratamento, atividades diversas de apoio e funeral das vítimas da Covid-19, pode ser enquadrado como doença ocupacional pela presunção do nexo causal (OLIVEIRA, p. 656). Assim, existe uma presunção do reconhecimento da doença ocupacional, nos termos do art. 129 do Código Civil, conforme jurisprudência abaixo apresentada.

Convém registrar, a Lista "A" do Decreto nº 3.048/1999 das doenças relacionadas ao trabalho acima citado prevê como fatores etiológico ou fatores de risco a exposição ocupacional no Campo XXXV – biológicos: *MICROORGANISMOS E PARASITAS INFECCIOSOS VIVOS E SEUS PRODUTOS TÓXICOS* e, respectivamente, relaciona as doenças possíveis pela exposição, como:

> "Tuberculose (A15-A19.-); Carbúnculo (A22.-); Brucelose (A23.-); Leptospirose (A27.-); Tétano (A35.-); Psitacose, Ornitose, Doença dos Tratadores de Aves (A70.-); Dengue (A90.-); Febre Amarela (A95.-); Hepatites Virais (B15-B19.-); Doença pelo Vírus da Imunodeficiência Humana (HIV) (B20-B24.-); Dermatofitose (B35.-) e Outras Micoses Superficiais (B36.-); Paracoccidiomicose (Blastomicose Sul Americana, Blastomicose Brasileira, Doença de Lutz) (B41.-); Malária (B50-B54.-); Leishmaniose Cutânea (B55.1) ou Leishmaniose Cutâneo-Mucosa (B55.2); Pneumonite por Hipersensibilidade a Poeira Orgânica (J67.-): Pulmão do Granjeiro (ou Pulmão do Fazendeiro) (J67.0); Bagaçose (J67.1); Pulmão dos Criadores de Pássaros (J67.2); Suberose (J67.3); Pulmão dos Trabalhadores de Malte (J67.4); Pulmão dos que Trabalham com Cogumelos (J67.5); Doença Pulmonar Devida a Sistemas de Ar Condicionado e de Umidificação do Ar (J67.7); Pneumonites de Hipersensibilidade Devidas a Outras Poeiras Orgânicas (J67.8); Pneumonite de Hipersensibilidade Devida a Poeira Orgânica não especificada (Alveolite Alérgica Extrínseca SOE; Pneumonite de Hipersensibilidade SOE (J67.0); 'Dermatoses Pápulo-Pustulosas e suas complicações infecciosas' (L08.9)".

Aliás, o próprio Decreto nº 3.048/1999 prevê em sua nota de nº 1: *as doenças e respectivos agentes etiológicos ou fatores de risco de natureza ocupacional listados são exemplificativos e complementares*, portanto, na avaliação do exposto na Lista "A" do Decreto nº 3.048/1999 e o campo XXXV não há dúvidas de que o contágio pela Covid-19, quando houver indicativo de exposição ao maior risco de contágio do empregado, poderá ser classificado como doença ocupacional, ou profissional (redação do art. 21, III, da Lei nº 8.213/1991).

Para tanto, a classificação de risco proposta pela Occupational Safety and Health Administration (OSHA) denota o grau de exposição da Covid-19 junto às atividades:

> A Occupational Safety and Health - OSHA elaborou classificação de graus de risco à exposição considerando as funções desempenhadas pelos trabalhadores, assim compreendidos: i) Risco muito alto de exposição: aqueles com alto potencial de contato com casos confirmados ou suspeitos de COVID-19 durante procedimentos médicos, laboratoriais ou post-mortem, tais como: médicos, enfermeiras, dentistas, paramédicos, técnicos de enfermagem, profissionais que realizam exames ou coletam amostras e aqueles que realizam autópsias;
>
> (ii) Risco alto de exposição: profissionais que entram em contato com casos confirmados ou suspeitos de COVID-19, tais como: fornecedores de insumos de saúde, e profissionais de apoio que entrem nos quartos ou ambientes onde estejam ou estiveram presentes pacientes confirmados ou suspeitos, profissionais que realizam o transporte de pacientes, como ambulâncias, profissionais que trabalham no preparo dos corpos para cremação ou enterro;
>
> (iii) Risco mediano de exposição: profissionais que demandam o contato próximo (menos de 2 metros) com pessoas que podem estar infectadas com o novo coronavírus (SARS-coV-2), mas que não são considerados casos suspeitos ou confirmados; que tem contato com viajantes que

> podem ter retornado de regiões de transmissão da doença (em áreas sem transmissão comunitária); que tem contato com o público em geral (escolas, ambientes de grande concentração de pessoas, grandes lojas de comércio varejista) (em áreas com transmissão comunitária);
> (iv) risco baixo de exposição: aqueles que não requerem contato com casos suspeitos, reconhecidos ou que poderiam vir a contrair o vírus, que não têm contato (a menos de 2 metros) com o público; profissionais com contato mínimo com o público em geral e outros trabalhadores.

Verifica-se que, de acordo com a atividade do empregador, ou o grau de risco da exposição do trabalhador ao novo coronavírus, é presumível o nexo causal, portanto, caberia ao empregador o ônus da prova de demonstrar que propiciou e manteve um ambiente digno e saudável.

Em caso recentemente julgado pelo Colendo Tribunal Regional do Trabalho da 15ª Região a juíza convocada Laura Bittencort Ferreira Rodrigues reconheceu a Covid-19 como doença, entretanto, no caso concreto havia a Comunicação do Acidente de Trabalho expedida pela empresa em atividades de uma técnica de enfermagem:

> "[...] DOENÇA LABORAL
> De início, é válida uma rápida digressão. Em razão da pandemia ocasionada pelo Covid 19 foi editado o Decreto Legislativo nº 06 (20/03/2020) na qual foi declarado o estado de calamidade pública. A autora foi contratada na função de técnica de enfermagem para trabalhar no ambulatório da tomadora de serviços (Pastifício Selmi S.A.), visando à execução de protocolo de proteção contra os efeitos de proliferação do coronavírus. O pacto foi firmado por prazo determinado em 25/03/2020 (Lei nº 6.019/1974) e foi encerrado em 31/08/2020, no lapso previsto em contrato. A recorrente, **contudo, comprova nos autos que foi infectada pelo coronavírus e, inclusive, junta nos autos comunicado de acidente de trabalho (CAT) emitido pela empresa em 16/07/2020**, na qual foi determinado afastamento por 15 dias. Defende

que é portadora de limitação da sua força de trabalho e postula nos autos o reconhecimento da natureza ocupacional da doença. Nestes termos, postula a condenação da empresa ao pagamento de indenização por danos morais e materiais. Requer, ainda, a declaração de garantia no emprego. A pretensão foi negada na origem e, em suas razões recursais, a reclamante renova sua tese. E, de fato, entende esta 11ª Câmara que razão lhe assiste. Inicialmente registre-se que, em que pese o respeitável comando exarado na origem, o E. STF, ao analisar as Ações Diretas de Inconstitucionalidade em face da Medida Provisória 927/2020, concluiu que é possível a caracterização da COVID-19 como doença do trabalho. Com efeito, o E. STF, ao julgar a ADI 6375 MC/DF, foi expresso ao firmar o entendimento constante no item 2 da respectiva Ementa, *in verbis*: 2. O art. 29 da MP 927/2020, ao excluir, como regra, a contaminação pelo coronavírus da lista de doenças ocupacionais, transferindo o ônus da comprovação ao empregado, prevê hipótese que vai de encontro ao entendimento do Supremo Tribunal Federal em relação à responsabilidade objetiva do empregador em alguns casos. Precedentes. E, com isso, suspendeu-se o art. 29 da MP 927/2020, que estabelecia que a contaminação pelo coronavírus não seria considerada doença ocupacional. É certo que a aludida MP 927 não foi convertida em lei, com o que as ADIs que a discutiam perante o E. STF acabaram por perder o objeto, porém, tal fato não afasta o entendimento já firmado pela Corte Suprema sobre o tema. Tanto que foi expedida a Nota Técnica 56376, em 11/12/2020, pela Secretaria Especial de Previdência e Trabalho, do Ministério da Economia, 'com o objetivo de esclarecer acerca da adequada interpretação jurídica a ser dada aos arts. 19 a 23 da Lei nº. 8.213, de 1991 no que tange à análise e configuração do nexo entre o trabalho e a COVID-19, patologia viral recente, provocada pelo SARS-CoV-2'. [...] Vê-se pois, que, em que pese o encerramento do prazo de vigência da MP 927, o E. STF deixou evidente seu entendimento de que, mesmo diante da inconstitucionalidade do art. 29 da aludida Medida, o direito à indenização e à estabilidade provisória no emprego em razão de moléstia de cunho ocupacional deve ser analisado caso a caso, afastando-se, de plano, o ônus do trabalhador quanto a tal comprovação. Tanto que é nesse sentido a Nota Técnica 56376. Vale o registro do que afirmou o Ministro Edson Fachin em seu voto: 'Assim, o ônus de comprovar que a doença não foi adquirida no ambiente de trabalho e/ou por causa do trabalho deve ser do empregador, e, não, do empregado, como estabelece a norma impugnada. O artigo 29 da Medida Provisória n. 927/2020 afronta o que dispõe o artigo 7º, XXII, da CRFB: 'redução dos riscos inerentes ao trabalho, por meio de normas de saúde, higiene e segurança', invertendo o ônus probatório no caso específico da infecção por coronavírus'. **O que se extrai, portanto, é que, à luz do pronunciamento do Supremo Tribunal Federal, não há exclusão ou inclusão, de plano, da moléstia decorrente do SARS-COV-2 como doença ocupacional, de modo que, de acordo com a atividade do empregador, ou o grau de risco da exposição do trabalhador ao novo coronavírus, é presumível que disse se trate, em favor da vítima, já que é do empregador o ônus de propiciar e manter um ambiente laboral hígido e saudável. Cabe, portanto, ao empregador o ônus de demonstrar que a patologia foi adquirida em situação outra que não a decorrente do vínculo de emprego**. [...] *In casu*, os exames médicos acostados aos autos tornam indene de dúvidas o acometimento da trabalhadora pela COVID 19, sendo que há nos autos, ainda, a respectiva CAT expedida pelo empregador. Se o empregador pretendia questionar o conteúdo de tal prova documental, cabia a ele desincumbir-se desse encargo, requerendo provas pericial e oral. De tal ônus não se desincumbiu. Assim, tal contexto probatório, aliado às atividades de técnica de enfermagem que a reclamante desempenhava em plena pandemia de Coronavírus, é suficiente a atestar que a doença foi contraída no ambiente laboral. Não há nos autos elementos suficientes a demonstrar que a empresa adotou todas as medidas necessárias para a preservação da saúde dos trabalhadores, inclusive disponibilizando transporte alternativo para o deslocamento sem o uso de transporte público, com o que se afasta a tese defensiva de que 'não há como saber como o vírus chegou até o trabalhador'. Era do empregador o ônus de demonstrar que o contágio se deu em circunstâncias outras que não o trabalho desempenhado em seu favor, afinal, no contexto da pandemia e sendo exigido da autora que atuasse na execução de protocolo de proteção contra os efeitos de proliferação do vírus e, dentre outras funções, na aferição de temperatura dos trabalhadores, no atendimento de empregados com suspeita de infecção e no suporte para realização de exames de detecção, a precaução por parte do empregador se faz ainda mais necessária. Pontuo, ademais, que, o Sr. Perito Judicial nomeado para a aferição da insalubridade, concluiu pela presença de agentes biológicos sem que houvessem sido fornecidos equipamentos protetivos suficientes ao afastamento da exposição da autora ao risco. Logo, exsurge o ato ilícito culposo da empresa. Nesse passo, especialmente por se tratar de profissional de saúde que atuou na linha da frente do controle e combate ao vírus, milita a favor da recorrente o fato de estar potencialmente mais exposta à infecção e, por isso, conclui-se que a contaminação se deu no desempenho da atividade laboral. Declara-se a natureza ocupacional da enfermidade que acometeu a reclamante." (TRT15, 2022).

Como se depreende do teor do julgado acima exposto, quando analisar o caso concreto e apreciar o nexo causal, o julgador terá uma análise minuciosa da atividade do empregador, ou o grau de risco da exposição do trabalhador ao novo coronavírus para explorar em um primeiro momento a existência ou não de um nexo causal presumido e, possível inversão do ônus da prova.

Do mesmo modo, caso seja reconhecida a existência ou não de um nexo causal presumido, o julgador explora os argumentos de fato e de direito apresentados pelo empregado para o enquadramento da doença ocupacional, portanto, cabendo a este o ônus probante.

Não se pode descartar que os empregados que não realizam as atividades de maior risco de contágio da Covid-19 como as acima destacadas podem ter a vinculação como doença ocupacional. Ora, pelas condições particulares de labor, seja pela ausência de treinamento, orientação e/ou cuidados fornecidos pelo empregador podem ocasionar o contágio da Covid-19. Essa hipótese seria a previsão do par. 2º do art. 20 da Lei nº 8.213/1991 acima apresentada e aqui tratamos das doenças do trabalho.

Não obstante, salienta ainda a Organização Pan-Americana da Saúde – OPAS:

> "As evidências disponíveis atualmente apontam que o vírus causador da Covid-19 pode se espalhar por meio do contato direto, indireto (através de superfícies ou objetos contaminados) ou próximos (na faixa de um metro) com pessoas infectadas através de secreções como salivas e secreções respiratórias ou de suas gotículas respiratórias, que são expelidas quando uma pessoa tosse, espirra, fala ou canta. As pessoas que estão em contato próximo (a menos de um metro) com a pessoa infectada podem pegar a Covid-19 quando essas gotículas infecciosas entrarem na sua boca, nariz ou olhos". (PAHO, 2020)

No campo da infortunística, a facilidade do contágio do vírus, merece registro a importância do empregador na observância das medidas de prevenção. Uma vez consolidada a responsabilidade do empregador em apresentar um meio ambiente do trabalho saudável, o Ministério da Economia editou a Portaria Conjunta nº 20, de 18 de junho de 2020, estabelecendo as medidas a serem observadas visando à prevenção, controle e mitigação dos riscos de transmissão da Covid-19 nos ambientes de trabalho.

A Portaria Conjunta de nº 20 é composta por um anexo, o qual prevê as medidas para prevenção, controle e mitigação dos riscos de transmissão da Covid-19 em ambientes de trabalho e apresenta medidas gerais; orientações e protocolos; conduta em relação aos casos suspeitos e confirmados da Covid-19 e seus contactantes; higiene das mãos e etiqueta respiratória; distanciamento social; higiene, ventilação, limpeza e desinfecção dos ambientes; trabalhadores em grupo de risco; equipamentos de Proteção Individual - EPI e outros equipamentos de proteção; refeitórios; vestiários; transporte de trabalhadores fornecidos pela organização; serviços Especializados em Engenharia de Segurança e em Medicina do Trabalho - SESMT e Comissão Interna de Prevenção de Acidentes – CIPA e medidas de retomadas das atividades[74].

---

[74] Medidas para prevenção, controle e mitigação dos riscos de transmissão da COVID-19 em ambientes de trabalho. 1. Medidas gerais. 1.1 A organização deve estabelecer e divulgar orientações ou protocolos com a indicação das medidas necessárias para prevenção, controle e mitigação dos riscos de transmissão da COVID-19 nos ambientes de trabalho. 1.1.1 As orientações ou protocolos devem estar disponíveis para os trabalhadores e suas representações, quando solicitados. 1.2 As orientações ou protocolos devem incluir: a) medidas de prevenção nos ambientes de trabalho, nas áreas comuns da organização, a exemplo de refeitórios, banheiros, vestiários, áreas de descanso, e no transporte de trabalhadores, quando fornecido pela organização; b) ações para identificação precoce e afastamento dos trabalhadores com sinais e sintomas compatíveis com a COVID-19; c) procedimentos para que os trabalhadores possam reportar à organização, inclusive de forma remota, sinais ou sintomas compatíveis com a COVID-19 ou contato com caso confirmado da COVID-19; e d) instruções sobre higiene das mãos e etiqueta respiratória. 1.2.1 As orientações ou protocolos podem incluir a promoção de vacinação, buscando evitar outras síndromes gripais que possam ser confundidas com a COVID-19. 1.3 A organização deve informar os trabalhadores sobre a COVID-19, incluindo formas de contágio, sinais e sintomas e cuidados necessários para redução da transmissão no ambiente de trabalho e na comunidade. 1.3.1 A organização deve estender essas informações aos trabalhadores terceirizados e de outras organizações que adentrem o estabelecimento. 1.4 As instruções aos trabalhadores podem ser transmitidas durante treinamentos ou por meio de diálogos de segurança, documento físico ou eletrônico (cartazes, normativos internos, entre outros), evitando o uso de panfletos. 2. Conduta em relação aos casos suspeitos e confirmados da COVID-19 e seus contatantes 2.1 Considera-se caso confirmado o trabalhador com: a) resultado de exame laboratorial, confirmando a COVID-19, de acordo com as orientações do Ministério da Saúde; ou b) síndrome gripal ou Síndrome Respiratória Aguda Grave - SRAG, para o qual não foi possível a investigação laboratorial específica, e que tenha histórico de contato com caso confirmado laboratorialmente para a COVID-19 nos últimos sete dias antes do aparecimento dos sintomas no trabalhador. 2.2 Considera-se caso suspeito o trabalhador que apresente quadro respiratório agudo com um ou mais dos sinais ou sintomas: febre, tosse, dor de garganta, coriza e falta de ar, sendo que outros sintomas também podem estar presentes, tais como dores musculares, cansaço ou fadiga, congestão nasal, perda do olfato ou paladar e diarreia. 2.3 Considera-se contatante de caso confirmado da COVID-19 o trabalhador assintomático que teve contato com o caso confirmado da COVID-19, entre dois dias antes e quatorze dias após o início dos sinais ou sintomas ou da confirmação laboratorial, em uma das situações abaixo: a) ter contato durante mais de quinze minutos a me-

nos de um metro de distância; b) permanecer a menos de um metro de distância durante transporte; c) compartilhar o mesmo ambiente domiciliar; ou d) ser profissional de saúde ou outra pessoa que cuide diretamente de um caso da COVID-19, ou trabalhador de laboratório que manipule amostras de um caso da COVID-19 sem a proteção recomendada. 2.4 Considera-se contatante de caso suspeito da COVID-19 o trabalhador assintomático que teve contato com caso suspeito da COVID-19, entre dois dias antes e quatorze dias após o início dos sintomas do caso, em uma das situações abaixo: a) ter contato durante mais de quinze minutos a menos de um metro de distância; b) permanecer a menos de um metro de distância durante transporte; c) compartilhar o mesmo ambiente domiciliar; ou d) ser profissional de saúde ou outra pessoa que cuide diretamente de um caso da COVID-19, ou trabalhador de laboratório que manipule amostras de um caso da COVID-19 sem a proteção recomendada. 2.5 A organização deve afastar imediatamente os trabalhadores das atividades laborais presenciais, por quatorze dias, nas seguintes situações: a) casos confirmados da COVID-19; b) casos suspeitos da COVID-19; ou c) contatantes de casos confirmados da COVID-19. 2.5.1 O período de afastamento dos contatantes de caso confirmado da COVID-19 deve ser contado a partir do último dia de contato entre os contatantes e o caso confirmado. 2.5.2 Os trabalhadores afastados considerados casos suspeitos poderão retornar às suas atividades laborais presenciais antes do período determinado de afastamento quando: a) exame laboratorial descartar a COVID-19, de acordo com as orientações do Ministério da Saúde; e b) estiverem assintomáticos por mais de 72 horas. 2.5.3 Os contatantes que residem com caso confirmado da COVID-19 devem ser afastados de suas atividades presenciais por quatorze dias, devendo ser apresentado documento comprobatório. 2.6 A organização deve orientar seus empregados afastados do trabalho nos termos do item 2.5 a permanecer em sua residência, assegurando-se a manutenção da remuneração durante o afastamento. 2.7 A organização deve estabelecer procedimentos para identificação de casos suspeitos, incluindo: a) canais para comunicação com os trabalhadores referente ao aparecimento de sinais ou sintomas compatíveis com a COVID-19, bem como sobre contato com caso confirmado ou suspeito da COVID-19, podendo ser realizadas enquetes, por meio físico ou eletrônico, contato telefônico ou canais de atendimento eletrônico; e b) triagem na entrada do estabelecimento em todos os turnos de trabalho, podendo utilizar medição de temperatura corporal por infravermelho ou equivalente, antes que os trabalhadores iniciem suas atividades, inclusive terceirizados. 2.8 A organização deve levantar informações sobre os contatantes, as atividades, o local de trabalho e as áreas comuns frequentadas pelo trabalhador suspeito ou confirmado da COVID-19. 2.9 Os contatantes de caso suspeito da COVID-19 devem ser informados sobre o caso e orientados a relatar imediatamente à organização o surgimento de qualquer sinal ou sintoma relacionado à doença, descritos no item 2.2. 2.10 A organização deve, na ocorrência de casos suspeitos ou confirmados da COVID-19, reavaliar a implementação das medidas de prevenção indicadas. 2.11 A organização deve manter registro atualizado, à disposição dos órgãos de fiscalização, com informações sobre: a) trabalhadores por faixa etária; b) trabalhadores com condições clínicas de risco para desenvolvimento de complicações que podem estar relacionadas a quadros mais graves da COVID-19, de acordo com o subitem 2.11.1, não devendo ser especificada a doença, preservando-se o sigilo; c) casos suspeitos; d) casos confirmados; e) trabalhadores contatantes afastados; e f) medidas tomadas para a adequação dos ambientes de trabalho para a prevenção da COVID-19. 2.11.1 São consideradas condições clínicas de risco para desenvolvimento de complicações da COVID-19: cardiopatias graves ou descompensadas (insuficiência cardíaca, infartados, revascularizados, portadores de arritmias, hipertensão arterial sistêmica descompensada); pneumopatias graves ou descompensadas (dependentes de oxigênio, portadores de asma moderada/grave, Doença Pulmonar Obstrutiva Crônica - DPOC); imunodeprimidos; doentes renais crônicos em estágio avançado (graus 3, 4 e 5); diabéticos, conforme juízo clínico, e gestantes de alto risco. 2.12 A organização deve encaminhar para o ambulatório médico da organização, quando existente, os casos suspeitos para avaliação e acompanhamento adequado. 2.12.1 O atendimento de trabalhadores sintomáticos deve ser separado dos demais trabalhadores, fornecendo-se máscara cirúrgica a todos os trabalhadores a partir da chegada no ambulatório; 2.12.2 Os profissionais do serviço médico devem receber Equipamentos de Proteção Individual - EPI ou outros equipamentos de proteção de acordo com os riscos, em conformidade com as orientações e regulamentações dos Ministérios da Economia e da Saúde. 3. Higiene das mãos e etiqueta respiratória 3.1 Todos trabalhadores devem ser orientados sobre a higienização correta e frequente das mãos com utilização de água e sabonete ou, caso não seja possível a lavagem das mãos, com sanitizante adequado para as mãos, como álcool a 70%. 3.2 Devem ser adotados procedimentos para que, na medida do possível, os trabalhadores evitem tocar superfícies com alta frequência de contato, como botões de elevador, maçanetas, corrimãos etc. 3.3 Devem ser disponibilizados recursos para a higienização das mãos próximos aos locais de trabalho, incluindo água, sabonete líquido, toalha de papel descartável e lixeira, cuja abertura não demande contato manual, ou sanitizante adequado para as mãos, como álcool a 70%. 3.4 Deve haver orientação sobre o não compartilhamento de toalhas e produtos de uso pessoal. 3.5 Os trabalhadores devem ser orientados sobre evitar tocar boca, nariz, olhos e rosto com as mãos e sobre praticar etiqueta respiratória, incluindo utilizar lenço descartável para higiene nasal, cobrir nariz e boca ao espirrar ou tossir e higienizar as mãos após espirrar ou tossir. 3.6 Deve ser dispensada a obrigatoriedade de assinatura individual dos trabalhadores em planilhas, formulários e controles, tais como listas de presença em reunião e diálogos de segurança. 4. Distanciamento social 4.1 A organização deve adotar medidas para aumentar o distanciamento e diminuir o contato pessoal entre trabalhadores e entre esses e o público externo, orientando para que se evitem abraços, beijos, apertos de mão e conversações desnecessárias. 4.2 Deve ser mantida distância mínima de um metro entre os trabalhadores e entre os trabalhadores e o público. 4.2.1 Se o distanciamento físico de ao menos um metro não puder ser implementado para reduzir o risco de transmissão entre trabalhadores, clientes, usuários, contratados e visitantes, além das demais medidas previstas neste Anexo, deve-se: a) para as atividades desenvolvidas em postos fixos de trabalho, manter o uso de máscara cirúrgica ou de tecido, observado o item 7 e seus subitens deste Anexo, e adotar divisórias impermeáveis ou fornecer proteção facial do tipo viseira plástica (face shield) ou fornecer óculos de proteção.b) para as demais atividades, manter o uso de máscara cirúrgica ou de tecido, observado o item 7 e seus subitens deste Anexo. 4.2.2 Medidas alternativas podem ser adotadas com base em análise de risco, realizada pela organização. 4.3 Devem ser adotadas medidas para limitação de ocupação de elevadores, escadas e ambientes restritos, incluindo instalações sanitárias e vestiários. 4.4 A organização deve demarcar e reorganizar os locais e espaços para filas e esperas com, no mínimo, um metro de distância entre as pessoas. 4.5 A organização deve priorizar agendamentos de horários de atendimento para evitar aglomerações e para distribuir o fluxo de pessoas. 4.6 A organização deve priorizar medidas para distribuir a força de trabalho ao longo do dia, evitando concentrações nos ambientes de trabalho. 4.7 A organização deve promover teletrabalho ou trabalho remoto, quando possível. 4.8 Devem ser evitadas reuniões presenciais e, quando indispensáveis, manter o distanciamento previsto neste Anexo. 5. Higiene, ventilação, limpeza e desinfecção dos ambientes 5.1 A organização deve promover a limpeza e desinfecção dos locais de trabalho e áreas comuns no intervalo entre turnos ou sempre que houver a designação de um trabalhador para ocupar o posto de trabalho de outro. 5.2 Deve-se aumentar a frequência dos procedimentos de limpeza e desinfecção de instalações sanitárias e vestiários, além de pontos de grande contato como teclados, corrimãos, maçanetas, terminais de pagamento, botoeiras de elevadores, mesas, cadeiras etc. 5.3 Deve-se privilegiar a ventilação natural nos locais de trabalho ou adotar medidas para aumentar ao máximo o número de trocas de ar dos recintos, trazendo ar limpo do exterior. 5.3.1 Quando em ambiente climatizado, a organização deve evitar a recirculação de ar e verificar a adequação das manutenções preventivas e corretivas. 5.4 Os bebedouros do tipo jato inclinado, quando existentes, devem ser adaptados de modo que somente seja possível o consumo de água com o uso de copo descartável. 6. Trabalhadores do grupo de risco 6.1 Os trabalhadores com 60 anos ou mais ou que apresentem condições clínicas de risco para desenvolvimento de complicações da COVID-19, de acordo com o subitem 2.11.1, devem receber atenção especial, priorizando-se sua permanência na residência em teletrabalho ou trabalho remoto ou, ainda, em

Qualquer que seja a atividade laborativa prestada, a análise do

---

atividade ou local que reduza o contato com outros trabalhadores e o público, quando possível. 6.1.1 Para os trabalhadores do grupo de risco, não sendo possível a permanência na residência ou trabalho remoto, deve ser priorizado trabalho em local arejado e higienizado ao fim de cada turno de trabalho, observadas as demais medidas previstas neste Anexo. 7. Equipamentos de Proteção Individual - EPI e outros equipamentos de proteção 7.1 Devem ser criados ou revisados os procedimentos de uso, higienização, acondicionamento e descarte dos Equipamentos de Proteção Individual - EPI e outros equipamentos de proteção utilizados na organização tendo em vista os riscos gerados pela COVID-19. 7.1.1 A organização deve orientar os trabalhadores sobre o uso, higienização, descarte e substituição das máscaras, higienização das mãos antes e após o seu uso, e, inclusive, limitações de sua proteção contra a COVID-19, seguindo as orientações do fabricante, quando houver, e as recomendações pertinentes dos Ministérios da Economia e da Saúde. 7.1.2 As máscaras cirúrgicas e de tecido não são consideradas EPI nos termos definidos na Norma Regulamentadora nº 6 - Equipamentos de Proteção Individual e não substituem os EPI para proteção respiratória, quando indicado seu uso. 7.2 Máscaras cirúrgicas ou de tecido devem ser fornecidas para todos os trabalhadores e seu uso exigido em ambientes compartilhados ou naqueles em que haja contato com outros trabalhadores ou público. 7.2.1 As máscaras cirúrgicas ou de tecido devem ser substituídas, no mínimo, a cada três horas de uso ou quando estiverem sujas ou úmidas. 7.2.2 As máscaras de tecido devem ser confeccionadas e higienizadas de acordo com as recomendações do Ministério da Saúde. 7.2.3 As máscaras de tecido devem ser higienizadas pela organização, após cada jornada de trabalho, ou pelo trabalhador sob orientação da organização. 7.3 Os EPI e outros equipamentos de proteção não podem ser compartilhados entre trabalhadores durante as atividades. 7.3.1 Os EPI e outros equipamentos de proteção que permitam higienização somente poderão ser reutilizados após a higienização. 7.4 Somente deve ser permitida a entrada de pessoas no estabelecimento com a utilização de máscara de proteção. 7.5 Os profissionais responsáveis pela triagem ou pré-triagem dos trabalhadores, os trabalhadores da lavanderia (área suja) e que realizam atividades de limpeza em sanitários e áreas de vivências devem receber EPI de acordo com os riscos a que estejam expostos, em conformidade com as orientações e regulamentações dos Ministérios da Economia e da Saúde. 8. Refeitórios 8.1 É vedado o compartilhamento de copos, pratos e talheres, sem higienização. 8.2 Deve ser evitado o autosserviço ou, quando este não puder ser evitado, devem ser implementadas medidas de controle, tais como: a) higienização das mãos antes e depois de se servir; b) higienização ou troca frequentes de utensílios de cozinha de uso compartilhado, como conchas, pegadores e colheres; c) instalação de protetor salivar sobre as estruturas de autosserviço; e d) utilização de máscaras e orientações para evitar conversas durante o serviço. 8.3 A organização deve realizar limpeza e desinfecção frequentes das superfícies das mesas, bancadas e cadeiras. 8.4 A organização deve promover nos refeitórios espaçamento mínimo de um metro entre as pessoas na fila e nas mesas, orientando para o cumprimento das recomendações de etiqueta respiratória e que sejam evitadas conversas. 8.4.1 Quando o distanciamento frontal ou transversal não for observado, deve ser utilizada barreira física sobre as mesas que possuam altura de, no mínimo, um metro e cinquenta centrímetros em relação ao solo. 8.5 A organização deve distribuir os trabalhadores em diferentes horários nos locais de refeição. 8.6 Devem ser retirados os recipientes de temperos (azeite, vinagre, molhos), saleiros e farinheiras, bem como os porta-guardanapos, de uso compartilhado, entre outros 8.7 Deve ser entregue jogo de utensílios higienizados (talheres e guardanapo de papel, embalados individualmente). 9. Vestiários 9.1 Deve-se evitar aglomeração de trabalhadores na entrada, na saída e durante a utilização do vestiário. 9.1.1 A organização deve adotar procedimento de monitoramento do fluxo de ingresso nos vestiários e orientar os trabalhadores para manter a distância de um metro entre si durante a sua utilização. 9.2 A organização deve orientar os trabalhadores sobre a ordem de desparamentação de vestimentas e equipamentos, de modo que o último equipamento de proteção a ser retirado seja a máscara. 9.3 Devem ser disponibilizados pia com água e sabonete líquido e toalha descartável ou dispensadores de sanitizante adequado para as mãos, como álcool a 70%, na entrada e na saída dos vestiários. 10. Transporte de trabalhadores fornecido pela organização 10.1 Implan-

cumprimento pelo empregador das medidas destacadas visando à prevenção, controle e mitigação dos riscos de transmissão da Covid-19 nos ambientes e formas de trabalho, conjuntamente com as normas regulamentadoras de segurança e saúde no trabalho, bem como sanitárias, são construtivos para configuração da doença ocupacional.

Além de tudo o que foi exposto, em Nota Técnica do Ministério da Economia, SEI nº 56376/2020/ME acerca do objetivo de esclarecer sobre a adequada interpretação jurídica a ser dada aos arts. 19 a 23 da Lei nº. 8.213, de 1991, no que tange à análise e configuração do nexo entre o trabalho e a Covid-19, patologia viral recente, provocada pelo SARS-CoV-2, concluiu:

---

tar procedimentos para comunicação, identificação e afastamento de trabalhadores com sintomas da COVID-19 antes do embarque no transporte para o trabalho, quando fornecido pelo empregador, de maneira a impedir o embarque de pessoas sintomáticas, incluindo eventuais terceirizados da organização de fretamento. 10.2 O embarque de trabalhadores no veículo deve ser condicionado ao uso de máscara de proteção. 10.3 Os trabalhadores devem ser orientados no sentido de evitar aglomeração no embarque e no desembarque do veículo de transporte, devendo ser implantadas medidas que garantam distanciamento mínimo de um metro entre trabalhadores. 10.4 A organização deve priorizar medidas para manter uma distância segura entre trabalhadores, realizando o espaçamento dos trabalhadores dentro do veículo de transporte. 10.5 Deve-se manter preferencialmente a ventilação natural dentro dos veículos e, quando for necessária a utilização do sistema de ar condicionado, deve-se evitar a recirculação do ar. 10.6 Os assentos e demais superfícies do veículo mais frequentemente tocadas pelos trabalhadores devem ser higienizados regularmente. 10.7 Os motoristas devem higienizar frequentemente as mãos e o seu posto de trabalho, inclusive o volante e superfícies mais frequentemente tocadas. 10.8 A organização deve manter registro dos trabalhadores que utilizam o transporte, listados por veículo e viagem. 11. Serviços Especializados em Engenharia de Segurança e em Medicina do Trabalho - SESMT e Comissão Interna de Prevenção de Acidentes - CIPA 11.1 SESMT e CIPA, quando existentes, devem participar das ações de prevenção implementadas pela organização. 11.2 Os trabalhadores de atendimento de saúde do SESMT, como enfermeiros, auxiliares e médicos, devem receber Equipamentos de Proteção Individual - EPI de acordo com os riscos a que estejam expostos, em conformidade com as orientações e regulamentações dos Ministérios da Economia e da Saúde. 12. Medidas para retomada das atividades 12.1 Quando houver a paralisação das atividades de determinado setor ou do próprio estabelecimento, decorrente da COVID-19 devem ser adotados os seguintes procedimentos antes do retorno das atividades: a) assegurar a adoção das medidas de prevenção previstas neste Anexo; b) higienizar e desinfectar o local de trabalho, as áreas comuns e os veículos utilizados; c) reforçar a comunicação aos trabalhadores; e d) implementar triagem dos trabalhadores, garantindo o afastamento dos casos confirmados, casos suspeitos e contatantes de casos confirmados da COVID-19. 12.1.1 Não deve ser exigida testagem laboratorial para a COVID-19 de todos os trabalhadores como condição para retomada das atividades do setor ou do estabelecimento por não haver, até o momento da edição deste Anexo, recomendação técnica para esse procedimento. 12.1.1.1 Quando adotada a testagem de trabalhadores, esta deve ser realizada de acordo com as recomendações do Ministério da Saúde em relação à indicação, metodologia e interpretação dos resultados.

> "CONCLUSÃO 14. Ante o exposto, resta evidenciado que 'à luz das disposições da Lei nº 8.213, de 24 de julho de 1991, a depender do contexto fático, a covid-19 pode ser reconhecida como doença ocupacional, aplicando-se na espécie o disposto no § 2º do mesmo artigo 20, quando a doença resultar das condições especiais em que o trabalho é executado e com ele se relacionar diretamente; podendo se constituir ainda num acidente de trabalho por doença equiparada, na hipótese em que a doença seja proveniente de contaminação acidental do empregado pelo vírus SARS-CoV-2 no exercício de sua atividade (artigo 21, inciso III, Lei nº 8.213, de 1991); em qualquer dessas hipóteses, entretanto, será a Perícia Médica Federal que deverá caracterizar tecnicamente a identificação do nexo causal entre o trabalho e o agravo, não militando em favor do empregado, a princípio, presunção legal de que a contaminação constitua-se em doença ocupacional'". (BRASIL, 2020)

De forma semelhante, pelo dever do empregador de fornecer um meio ambiente do trabalho saudável, é imperioso seu ônus de comprovar que todas as medidas determinadas pelo Ministério da Economia foram fielmente cumpridas.

Aqui, também oportuno destacar novamente que o art. 20, § 1º, *d* exclui o enquadramento como ocupacional, *a doença endêmica adquirida por segurado habitante de região em que ela se desenvolva, salvo comprovação de que é resultante de exposição ou contato direto determinado pela natureza do trabalho.* Surge novamente a necessidade de enfatizar a exceção expressa na redação, o que novamente nos remete à indagação: o contágio é oriundo da exposição ao risco pela natureza do trabalho? Foram observadas as medidas de prevenção, controle e mitigação dos riscos de transmissão da Covid-19 nos ambientes e formas de trabalho, conjuntamente com as normas regulamentadoras de segurança e saúde no trabalho?

Como pudemos analisar se houve a exposição do empregado ao fator de contágio do vírus e/ou ausência da observância de medidas preventivas, estamos diante da teoria do risco criado pelo próprio empregador e as atividades que expõem ao maior risco de contágio se sobressaem.

Nesse sentido, sem prejuízo de demais provas a serem realizadas em curso de um processo judicial, para vincular o nexo causal da Covid-19 como doença ocupacional e, consequentemente, eventual incapacidade decorrente, seria necessário um estudo dos aspectos biológicos, psicológicos e sociais do empregado em todas as perícias realizadas na seara trabalhista.

Os aspectos sociais são notoriamente importantes para analisar quais atividades o empregado realizava, histórico ocupacional, grau de formação etc.

O social aqui também nos remete à necessidade da perícia no local de trabalho, analisando os aspectos da NR1 dos riscos ocupacionais com a probabilidade e severidade dos agentes (físicos, químicos, biológicos, ergonômicos e de acidentes) e cumprimento das medidas visando à prevenção, controle e mitigação dos riscos de transmissão da Covid-19, inclusive, para declinar uma eventual concausa. A avaliação ambiental é necessária para analisar o *modus operandi.*

O Tribunal Superior do Trabalho, no Programa Nacional de Prevenção de Acidentes de Trabalho, propõe algumas diretrizes sobre a prova pericial em acidentes de trabalho e doenças ocupacionais e sugeriu diretrizes para a avaliação e a elaboração da prova pericial em questões referentes ao meio ambiente, segurança e saúde do trabalho (Seção II - investigação pericial):

> "Art. 7º A perícia judicial realizada nas ações indenizatórias ajuizadas perante a Justiça do Trabalho contemplará, para a avaliação do nexo causal entre os agravos à saúde e as condições de trabalho, além do exame clínico físico e mental e dos exames complementares, quando necessários:
>
> I - a história clínica e ocupacional, decisiva em qualquer diagnóstico e/ou investigação de nexo causal;
>
> II - o estudo do local de trabalho;

III - o estudo da organização do trabalho;

IV - os dados epidemiológicos;

V - a literatura técnica específica atualizada;

VI - a ocorrência de quadro clínico ou subclínico em trabalhador exposto a condições agressivas à saúde;

VII - a identificação dos riscos existentes no meio ambiente do trabalho;

VIII - o depoimento e a experiência dos trabalhadores;

IX - os conhecimentos e as práticas de outras disciplinas e de seus profissionais, sejam ou não da área da saúde;

X - a capacitação dos trabalhadores ou outros aspectos de gestão de segurança e saúde do trabalho que influenciaram a ocorrência do evento;

XI - relatar se havia medidas de prevenção que poderiam ter evitado a agressão e/ou lesão ao trabalhador, bem como as medidas de proteção que poderiam ter reduzido as suas consequências;

Parágrafo único. Havendo necessidade de realização de exames complementares, o perito poderá solicitá-los, nos termos do artigo 429 do Código de Processo Civil." (TST, 2014)

Sabemos que o nexo causal pode ser direto ou indireto, portanto, cabe à parte uma prova específica e eficaz e por que não uma perícia mais completa? A prova pericial constitui uma atividade essencial do Poder Judiciário e, portanto, deve analisar todos os aspectos relacionados ao objeto da perícia e a investigação nos moldes declinados apresentados pelo Tribunal Superior do Trabalho no Programa Nacional de Prevenção de Acidentes de Trabalho nos parece salutar.

Há necessidade ainda da perícia apresentar, além da CID (Classificação Internacional de Doenças), a CIF (Classificação Internacional da Funcionalidade, Incapacidade e Saúde), vejamos:

"A **CID** classifica e registra a enfermidade e a **CIF** a complementa com as informações de funcionalidade, nesta última podemos conhecer os impactos de um quadro na saúde e no cotidiano de uma pessoa e, portanto, definir a funcionalidade como uma característica a ser considerada nas avaliações de saúde. Nas classificações internacionais da OMS, as condições de saúde (doenças, perturbações, lesões, etc.) são classificadas principalmente na CID-10 (abreviação da Classificação Internacional de Doenças, Décima Revisão), que fornece uma estrutura de base etiológica. A funcionalidade e a incapacidade, associadas às condições de saúde, são classificadas na CIF. Portanto, a CID-10 e a CIF são complementares e os **utilizadores são estimulados a usar em conjunto esses dois membros da família de classificações internacionais da OMS**. A CID-10 proporciona um 'diagnóstico' de doenças, perturbações ou outras condições de saúde, que é complementado pelas informações adicionais fornecidas pela CIF sobre funcionalidade. Juntas, as informações sobre o diagnóstico e sobre a funcionalidade, dão uma imagem mais ampla e mais significativa da saúde das pessoas ou da população, que pode ser utilizada em tomadas de decisão. [...] A CIF transformou-se, de uma classificação de 'consequência da doença' (versão de 1980) numa classificação de 'componentes da saúde'. Os 'componentes' da saúde identificam o que constitui a saúde, enquanto que as 'consequências' se referem ao impacto das doenças na condição de saúde da pessoa. Deste modo a CIF assume uma posição neutra em relação à etiologia de modo que os investigadores podem desenvolver inferências causais utilizando métodos científicos adequados. De maneira similar, esta abordagem também é diferente de uma abordagem do tipo 'determinantes da saúde' ou 'factores de risco'. Para facilitar o estudo dos determinantes ou dos factores de risco, a CIF inclui uma lista de factores ambientais que descrevem o contexto em que o indivíduo vive." (OMS)

Ora, uma perícia meramente biológica que não leva em consideração os demais aspectos citados não pode ser considerada e ainda em homenagem ao princípio da reparação integral em eventual constatação da incapacidade.

Uma análise pericial mais completa é primordial para efetividade dos direitos sociais, dentre eles o direito à saúde e segurança do trabalho, prestigiando a redação do art. 6º da Constituição Federal e ainda no direito ao meio ambiente do trabalho saudável, previsto nos arts. 7º, inc. XXII e 225, no qual apresenta que o Estado tem o dever de utilizar os mecanismos que lhe são próprios para coibir a nocividade à saúde e, garantir um acesso à justiça com dignidade e prestigiando a Convenção Internacional da Organização Internacional do Trabalho de nº 155 (preservando os aspectos físicos e psicológicos do trabalhador).

Ora, a Constituição Federal Brasileira prevê no art. 5º e incisos:

> *XXXV - a lei não excluirá da apreciação do Poder Judiciário lesão ou ameaça a direito;*
> *LV - aos litigantes, em processo judicial ou administrativo, e aos acusados em geral são assegurados o contraditório e ampla defesa, com os meios e recursos a ela inerentes;.*

Diante do exposto, a Covid-19 pode ser caracterizada como doença ocupacional aos empregados que pela natureza do trabalho prestado estejam em contato direto, como exemplificação os profissionais da área da saúde com efetivo convívio com pacientes diagnosticados com reagentes ao vírus.

O ponto de debate, pelo dever da empresa em fornecer um ambiente sadio de labor, é adotar protocolos para controle e/ou redução do risco de contágio e transmissão da Covid-19.

Diante do estudo, não é absoluto garantir a inexistência do nexo causal da Covid-19 como doença ocupacional, inclusive, pelas expectativas das concausas, o que exige uma prudência na anamnese ocupacional, exames complementares, perícia no local de trabalho e documentos acerca de que a empresa tomou medidas de prevenção, controle e mitigação dos riscos de transmissão da Covid-19 nos ambientes de trabalho.

Assim, mesmo que a Covid-19 seja uma exceção para configuração da doença ocupacional, se o contágio resultou da interação de causas laborais e extralaborais, qual seria a consequência jurídica quando as provas do caso comprovarem as diferentes intensidades de contribuição, entretanto, mesmo comprovando os aspectos laborais para o possível contágio?

Acredito que não podemos afastar a caracterização da responsabilidade do empregador pelo contágio da Covid-19 quando os fatores laborais, ainda que de forma restrita ou discreta, contribuíram para o contágio provocando a patologia.

No aspecto previdenciário, mesmo havendo a concausa e os benefícios pagos pela Autarquia Previdenciária, nos termos da Lei nº 8.213/1991, qual seria a justificativa de afastar a Covid-19 de possíveis indenizações perante a Justiça do Trabalho com o enquadramento dos requisitos acima expostos? A resposta ao questionamento é a análise sistemática de vários institutos e dos fatores de riscos no ambiente laboral e/ou da omissão do empregador a medidas preventivas contra a Covid-19, possibilitando o nexo causal entre doença e o trabalho.

Considerações finais

O ministro do Colendo Tribunal Superior do Trabalho, Vantuil Abdala, no Seminário Internacional dos 80 anos da Justiça do Trabalho afirmou: "*A Justiça do Trabalho é indispensável para manter esse país minimamente civilizado*" (TST, 2022).

Nessa linha, a ministra do Supremo Tribunal Federal, Cármen Lúcia, no mesmo evento, colocou a Justiça do Trabalho no mais alto pedestal das instituições republicanas que buscam alcançar os objetivos constitucionais: "*A Justiça do Trabalho foi capaz de enxergar o trabalhador como titular do direito fundamental ao valor que faz o ser humano se distinguir de todas as outras criaturas*" e "*Cabe à Justiça do Trabalho frear esse capitalismo selvagem do mundo do trabalho com a garantia mínima dos direitos do trabalhador*", sendo que o valor social do trabalho transforma o significado de uma ocupação profissional para os membros da sociedade "*Convivemos com a escravidão, que fez com que o trabalho não fosse um direito, mas um castigo para o escravizado*", lembrou. "*Quando o trabalho passa a dar a possibilidade de o ser humano realizar a sua vocação, ele passa a ser algo inerente à vida*", disse, ao citar um pensamento do papa João Paulo II. (TST, 2022)

Não há mais dúvidas, portanto, que a Justiça do Trabalho tem o papel importante de dignificação do empregado prestigiando a justiça social e prestigiando o trabalho digno.

O filósofo espanhol José Ortega y Gasset (1883-1995) afirmou que "*o homem é o homem e a sua circunstância*". Em nossa realidade de constante transição o ser humano somente poderá ser entendido quando analisamos concomitantemente todos os aspectos, ou seja, físico-motor, intelectual, afetivo-emocional, social e, não menos importante, ambiente de trabalho. E aqui, um ambiente de trabalho digno, visando à prevenção, controle e mitigação dos riscos de transmissão da Covid-19 nos ambientes de trabalho.

O ser humano é indissociável do seu meio e, em um segundo momento da frase do filósofo, "*se não salvo a ela, não me salvo a mim*", nos apresenta uma ideologia de que se quiser "se salvar" é necessária e precisa mudar a circunstância em sua volta.

Pois bem, analisando o raciocínio para um ambiente de trabalho digno, a análise de todos os aspectos e amparar o empregado vítima da Covid-19, quando provado que os fatores laborais contribuíram para o contágio, é prestigiar os princípios constitucionais, como o da dignidade da pessoa humana.

Referências

BRASIL. **Lei 8.213 de 24 de julho de 1991**. Brasília. DF: Presidência da República. Disponível em: <http://www.planalto.gov.br/ccivil_03 /leis/ l8213cons.htm>. Acesso em: 02 abr. 2022.

BRASIL. **Constituição Federativa da República do Brasil de 05 de outubro de 1988**. Brasília. DF: Presidência da República. Disponível em: <http://www.planalto.gov.br/ccivil_03/constituicao/constituicao.htm>. Acesso em: 02 abr. 2022.

BRASIL. Decreto-Lei 5.452 de 1º de maio de 1943. **Consolidação das Leis do Trabalho**. Brasília, DF. Disponível em: <http://www.planalto.gov.br/ccivil _03/decreto-lei/del5452.htm>. Acesso em: 25 out. 2021.

BRASIL. **Código Civil**. Brasília. DF: Presidência da República. Disponível em: <http://www.planalto.gov.br/ccivil_03/leis/2002/l10406compilada.htm>. Acesso em: 02 abr. 2022.

BRASIL. Supremo Tribunal Federal. **Ações de Declaração de Inconstitucionalidade 6342, 6344, 6346, 6348, 6349, 6352 e 6354**. Disponível em: <https://redir.stf.jus.br/paginadorpub/paginador.jsp?docTP=TP&docID=754346856>. Acesso em: 17 jun. 2022.

BRASIL. Tribunal Regional do Trabalho da 15ª Região. 11ª Câmara. **Recurso Ordinário nº 0012053-95.2020.5.15.0122**. LAURA BITTENCOURT FERREIRA RODRIGUES. DJE 15/03/2022

BRASIL. **Medida Provisória nº 927**. Decreto nº 6 de 20 de março de 2020. Brasília. DF: Presidência da República. Disponível em: <http://www.planalto.gov.br/ccivil_03/_ato2019-2022/2020/mpv/mpv927.htm>. Acesso em: 17 jun. 2022.

BRASIL. **Medida Provisória nº 936**. Complemento do Decreto nº 6 de 01 de abril de 2020. Brasília. DF: Presidência da República. Disponível em: <http://www.planalto.gov.br/ccivil_03/_ato2019-2022/2020/mpv/mpv936.htm>. Acesso em: 17 jun. 2022.

BRASIL. Tribunal Superior do Trabalho. **Recurso de Revista nº 464-18.2020.5.12.0049**. Relator Ministro Douglas Alencar Rodrigues. 5ª Turma. DJE 01/04/2022.

BRASIL. Tribunal Superior do Trabalho. **Diretrizes sobre prova pericial em acidentes e doenças ocupacionais**. 2014. Disponível em: <https://www.tst.jus.br/documents/1199940/0/DIRETRIZES+SOBRE+PROVA+PERICIAL+EM+ACIDENTES+E+DOEN%C3%87AS+OCUPACIONAIS.pdf>. Acesso em: 17 jun. 2022.

BRASIL. Tribunal Superior do Trabalho. **Súmula 378**. Disponível em: <https://www3.tst.jus.br/jurisprudencia/Sumulas_com_indice/Sumulas_Ind_351_400.html#SUM-378>. Acesso em: 17 jun. 2022.

BRASIL. Tribunal Superior do Trabalho. **Agravo de Instrumento em Recurso de Revista nº 20267-13.2013.5.04.0030**. Relatora Dora Maria da Costa. 8ª Turma. DJE 02/12/2016.

BRASIL. Resolução nº 535-16. **Manual de acidente de Trabalho**. Disponível em: <https://www.saudeocupacional.org/v2/wp-content/uploads/2016/05/Manual-de-Acidente-de-Trabalho-INSS-2016.pdf>. Acesso em: 17 jun. 2022.

BRASIL. Ministério da Saúde. **Portaria nº 1339, de 18 de novembro de 1999**. Disponível em: <https://bvsms.saude.gov.br/bvs/s audelegis/gm/1999/prt1339_18_11_1999.html>. Acesso em: 17 jun. 2022.

BRASIL. Ministério da Saúde. **Portaria nº 2.309 de 28 de agosto de 2020**. Disponível em: <https://www.in.gov.br/en/web/dou/-/portaria-n-2.309-de-28-de-agosto-de-2020-275240601>. Acesso em: 17 jun. 2022.

BRASIL. Ministério da Saúde. **Portaria nº 2.345 de 02 de setembro de 2020**. Disponível em: <https://www.in.gov.br/en/web/dou/-/portaria-n-2.345-de-2-de-setembro-de-2020-275488423>. Acesso em: 17 jun. 2022.

BRASIL. Ministério da Economia. **Portaria nº 20 de 18 de junho de 2020**. Disponível em: <https://www.in.gov.br/en/web/dou/-/portaria-conjunta-n-20-de-18-de-junho-de-2020-262408085>. Acesso em: 17 jun. 2022.

BRASIL. Ministério da Economia. **Nota Técnica SEI nº 56376/2020/ME**. Disponível em: <https://www.gov.br/economia/pt-br/centrais-de-conteudo/publicacoes/notas-tecnicas/2020/sei_me-12415081-nota-tecnica-covid-ocupacional.pdf>. Acesso em: 17 jun. 2022.

BRASIL. Tribunal Superior do Trabalho. **Justiça do Trabalho é indispensável para manter o Brasil minimamente civilizado**, afirma ministro Vantuil Abdala. Disponível em: <https://www.tst.jus.br/web/guest/-/justi%C3%A7a-do-trabalho-%C3%A9-indispens%C3%A1vel-para-manter-o-brasil-minimamente-civilizado-afirma-ministro-vantuil-abdala>. Acesso em: 17 jun. 2022.

CAVALIERI FILHO, Sérgio. **Programa de responsabilidade civil**. 14. ed. São Paulo: Atlas, 2020. p. 71.

G1. **Desemprego sobe para 14,7% no 1º trimestre e atinge recorde de 14,8 milhões de brasileiros**. Disponível em: <https://g1.globo.com/economia/noticia/2021/05/27/desemprego-atinge-147percent-no-1o-trimestre-diz-ibge.ghtml>. Acesso em: 17 jun. 2022.

OCCUPATIONAL SAFETY AND HEALTH ADMINISTRATION. **Guidance on Preparing Workplaces for COVID-19** [Internet].

Washington; 2020. Disponível em: <https://www.osha.gov/Publications/OSHA3990.pdf> e tradução <https://mpt.mp.br/pgt/noticias/nota-tecnica-no-4-coronavirus-1.pdf>. Acesso em: 17 jun. 2022.

OLIVEIRA, Sebastião Geraldo de. REPERCUSSÕES DO ENQUADRAMENTO DA COVID-19 COMO DOENÇA OCUPACIONAL. 12. ed. Salvador: JusPodivm, p. 53.

ORGANIZAÇÃO INTERNACIONAL DO TRABALHO. **Convenção Internacional nº 155.–Segurança e Saúde dos Trabalhadores**. Disponível em: <https://www.ilo.org/brasilia/convencoes/WCMS_236163/lang--pt/index.htm>. Acesso em: 17 jun. 2022.

ORGANIZAÇÃO MUNDIAL DA SAÚDE. CIF. **Classificação Internacional da Funcionalidade, Incapacidade e Saúde**. Disponível em: <http://www.periciamedicadf.com.br/cif2/cif_portugues.pdf>. Acesso em: 05 jun. 2022.

ORGANIZAÇÃO PANAMERICANA DA SAÚDE. **Coronavírus**. Disponível em: <https://www.paho.org/pt/topicos/coronavirus>. Acesso em: 05 jun. 2022.

ORGANIZAÇÃO PANAMERICANA DA SAÚDE. Paho. 2020. Disponível em: <https://www.paho.org/pt/brasil>. Acesso em: 05 jun. 2022.

UOL. **Auxílio Emergencial**. Disponível em: <https://economia.uol.com.br/auxilio-emergencial/>. Acesso em: 17 jun. 2022.

UOL. **Sem auxílio Emergencial, 2,6 milhões de famílias na miséria buscam Cadúnico**. Disponível em: <https://noticias.uol.com.br/colunas/carlos-madeiro/2022/05/08/cadastro-unico-recebe-mais-26-milhoes-de-familias-na-miseria-com-fim-do-ae.htm>. Acesso em: 17 jun. 2022.

A PANDEMIA DA COVID-19 E AS RELAÇÕES DE TRABALHO: SÍNDROME DE BURNOUT E SUAS TEMEROSAS REPERCUSSÕES

Leticia da Silva Dias

Introdução

No Brasil, há pouco mais de dois anos, os trabalhadores foram obrigados a mudar toda sua rotina de labor, vez que era necessário o absoluto isolamento da população, ante o elevado índice de infectados pela COVID-19 e milhares de mortes decorrentes de um vírus desconhecido por todos. Por esse motivo, a sobrecarga psicológica, física e a migração para o trabalho 100% home office/trabalho remoto, ocasionou inúmeras consequências para os profissionais, como a Síndrome de Burnout ou Síndrome do Esgotamento Profissional.

Vale frisar que a grande maioria das empresas não tinham preparo adequado, muito menos estrutura para atuar nessa situação de trabalho remoto forçado, ante o isolamento social nesse período.

O isolamento social forçado obrigou o trabalhador a laborar dentro de sua residência, juntamente com todos os membros de sua família e tendo que administrar questões particulares e profissionais simultaneamente, misturando seu tempo de descanso com seu tempo de labor, em especial, pela insegurança de perder o emprego, ante a quebradeira de diversas empresas e baixa produtividade.

Assim, diante do desrespeito aos direitos dos trabalhadores, as extensas jornadas de trabalho, a cobrança excessiva por uma produtividade no trabalho, as incertezas e inseguranças decorrentes da pandemia, os profissionais foram acometidos por tal doença, caracterizada também como Síndrome do Esgotamento Profissional.

Desse modo, é de suma importância verificar o expressivo aumento no índice de trabalhadores diagnosticados com a Síndrome de Burnout corresponde a 30% dos mais de 100 milhões de profissionais que sofrem com a doença, conforme estimativa da International Stress Management Association (Isma) (CARLOTTO; GOBBI, 2000, p. 103).

Logo, em meio à pandemia, os trabalhadores passaram por uma acelerada e devastadora mudança nas relações de trabalho, ocasião em que enfrentaram situações desafiadoras que já perduram há mais de dois anos, atingindo, em especial, a vida dos trabalhadores e o avanço do adoecimento decorrente da Síndrome de Burnout ou Síndrome do Esgotamento Profissional.

1. Síndrome de Burnout: definição e breve contexto

Quando falamos de doenças relacionadas ao trabalho, existe um destaque para aquelas advindas do estresse gerado no ambiente laboral.

Os trabalhadores, diariamente, enfrentam o desgaste originado da excessiva cobrança e ambiente não saudável nas relações interpessoais, o que impacta significativamente na saúde mental do trabalhador.

Por isso, durante o período pandêmico falou-se tanto em esgotamento profissional, chamado também de Síndrome de Burnout.

Com intuito de entender melhor o termo Burnout, trata-se da junção de *Burn*, que significa (queimar) e *Out*, que significa (fora/

exterior), ou seja, o esgotamento profissional e a perda de motivação do trabalhador, resultando no estresse e desencadeando graves problemas emocionais, bem como alterando a conduta daquela pessoa, se tornando mais deprimida, agressiva e severa.

Por essa razão, o trabalhador acometido pela Síndrome de Burnout, apresenta uma conduta mais enérgica e fria com as pessoas no seu ambiente de trabalho, familiares e até em relação aos seus clientes.

Nota-se, também, que as relações de convívio habitual são totalmente suprimidas e descartáveis, ocasião em que o trabalhador trata como objetos os seres humanos, resultando em expressiva perda sentimental e afetiva com os demais.

Do mesmo modo, verifica-se a repulsa do trabalhador em face de todo o ambiente profissional.

Não obstante, diversos outros aspectos estão atrelados ao acometimento da Síndrome do Esgotamento Profissional, tais como, baixos salários, precarização, insegurança no trabalho, cobrança excessiva no trabalho, metas inalcançáveis, assédio moral, falta de incentivo, falta de apoio de seus líderes e colegas de empresa.

Assim, a ausência de crescimento e reconhecimento profissional também acarreta inúmeros distúrbios emocionais naquele trabalhador, como sentimento de frustração, questionamento do seu conhecimento e inúmeras crises de ansiedade vinculadas ao seu ambiente de trabalho.

Por todas essas questões narradas acima, o trabalhador acometido pelo Esgotamento, predominantemente apresenta sentimentos como medo e pensamentos derrotistas vinculado a toda sua jornada laboral.

Dessa forma, para entendermos ainda mais o conceito da Síndrome de Burnout ou Esgotamento Profissional, nada mais é que o desfecho de todo o esforço, dedicação, empenho e comprometimento que o trabalhador enfrenta para atingir os seus objetivos e alcançar os seus sonhos.

Nessa esteira, a doutrinadora Maria José Giannella Cataldi (2021) em sua obra "O Stress no meio ambiente de trabalho", informa que:

> (...) Os psicólogos americanos na década de 80 colocaram o burn-out como fruto de situações de trabalho, em situações de estresse crônico entre profissionais que apresentam grandes expectativas em relação ao seu desenvolvimento profissional e dedicação à profissão (...). (CATALDI, 2021, p. 99)

Portanto, entende-se que a Síndrome é caracterizada por três principais fatores, tais como: o correspondente à exaustão psicológica, quando o trabalhador apresenta sintomas de prostração, pouca produtividade, nível exacerbado de irritabilidade, resultando em uma pessoa pouco tolerante; a despersonalização do profissional, quando o empregado adota uma postura insensível e; por fim, a redução das conquistas, fator que está ligado com a queda perceptível da autoestima daquele profissional, podendo apresentar outras doenças psicológicas.

Observa-se que a Síndrome em questão, não manifesta-se de maneira imediata e apenas como um fato isolado, sendo claro que, existe uma grande diferença entre Burnout e outras questões que desencadeiam, por exemplo, a crise de estresse decorrente de abalos traumáticos e perturbações imediatas.

Conforme esclarece Souza:

> O Burnout parece acometer pessoas altamente motivadas e dedicadas, observando-se nos profissionais acometidos uma queda na performance que influi na qualidade dos serviços prestados. A síndrome se correlaciona

com insônia, aumento do uso de álcool e drogas, problemas no casamento e na família (SOUZA, 2002, p. 38)

De modo geral, a Síndrome de Burnout depende de todas as circunstâncias e aspectos individuais da pessoa acometida pela doença, conforme narrado acima.

Logo, entende-se que a postura adotada pelos líderes de modo desmotivado, despreparado e sem qualquer reconhecimento profissional para com o trabalhador, reflete diretamente no âmago desses profissionais afetados pela doença, o que torna, sem sombra de dúvidas, o ambiente de trabalho insalubre e insustentável para aquele trabalhador.

Para concluir, vale destacar as principais categorias de profissionais acometidos pela Síndrome em questão, tais como: advogados, médicos, bancários, enfermeiros, policiais, professores e executivos de modo geral.

É imprescindível entender a relevância do ambiente de trabalho saudável em relação aos seus colaboradores.

Por esse motivo, ressalta-se o entendimento de Celso Antonio Pacheco Fiorillo (2013) sobre o meio ambiente de trabalho na vida do trabalhador:

> Constitui meio ambiente do trabalho o local onde as pessoas desempenham suas atividades laborais relacionadas à sua saúde, sejam remuneradas ou não, cujo equilíbrio está baseado na salubridade do meio e na ausência de agentes que comprometam a incolumidade físico-psíquica dos trabalhadores, independente da condição que ostentem (homens ou mulheres, maiores ou menores de idade, celetistas, servidores públicos, autônomos etc.).[75]

[75] FIORILLO, Celso Antonio Pacheco. **Curso de direito ambiental brasileiro**. 14. ed. rev., ampl. e atual. em face da Rio +20 e do novo "Código" Florestal. São Paulo: Saraiva, 2013, p. 315-/316.

Diante disso, a Síndrome de Burnout ou Síndrome do Esgotamento Profissional é a evidente definição de uma alma deteriorada, cansada e consumida, devido às diversas incertezas nas relações de trabalho e emprego que, por sua vez, expõe os trabalhadores à precarização e ambiente de trabalho insalubre.

2. Os desdobramentos da pandemia da COVID-19: ilações perante a saúde do trabalhador, teletrabalho, home office e esgotamento profissional

O presente capítulo versa sobre os desdobramentos gerados pela Pandemia da COVID-19 nas relações de trabalho e as ilações perante a saúde do trabalhador nesse período, em especial.

Diante disso, o avanço sem qualquer estratégia e preservação da saúde do trabalhador, ocasionou uma alteração descuidada tanto na sociedade, nos empresários, na própria legislação e na vida de toda a família do trabalhador.

Nesse sentido, ensina Maria José Giannella Cataldi (2021):

> A pandemia também trouxe muitas consequências na saúde mental das pessoas, em especial daqueles profissionais que perderam o emprego, ou que ainda têm emprego ou trabalho e precisam mantê-los para subsistência familiar. Nesse sentido, é importante lembrar que a vida cotidiana foi completamente alterada, a relação trabalho e a convivência familiar passou a ter nova estrutura, eis que a maioria dos profissionais passou a exercer suas atividades de forma remota, enfrentando alguns novos dilemas, como a divisão de espaço e tempo com os filhos, marido, pais e demais membros da casa. (CATALDI, 2021, p. 250/251)

Dessa forma, os empregadores, durante o momento pandêmico, buscaram alternativas para não impactar financeiramente suas empresas, bem como continuar com o total funcionamento de suas atividades, levando em consideração o isolamento social.

Por esse motivo, essa modalidade de trabalho, também conhecido como teletrabalho, em um pouco mais de dois anos, tornou-se a principal forma do profissional desempenhar suas atividades, sendo considerado a geração do *login* e *logoff*.

Há de se constatar que o teletrabalho não ocorre necessariamente na casa do trabalhador, conforme menciona o jurista Carlos Henrique Bezerra Leite (2018):

> O teletrabalho é uma espécie de trabalho a distância, e não de trabalho em domicílio. A razão é simples: o teletrabalho não se limita ao domicílio, podendo ser prestado em qualquer lugar. Na verdade, o teletrabalho ocorre em ambiente virtual e, como tal, é situado no espaço, não se alterando, portanto, a definição de localidade que, no Direito do Trabalho, é estabelecida segundo a eficácia da lei trabalhista no espaço. (BEZERRA LEITE, 2018, p. 198)

A título de entendimento, essa modalidade de trabalho a distância está regulamentada na Consolidação das Leis Trabalhistas (CLT), na Reforma Trabalhista - Lei nº 13.467/2017, todavia, com as restrições de circulação da população no período pandêmico, a precarização das relações laborais se tornaram ainda mais evidentes, uma vez que o cenário devastador se revelou mais contundente e prejudicial à saúde mental e física do trabalhador.

Ressalta-se que, na exclusão do capítulo II da CLT, o trabalhador que labora na modalidade de teletrabalho, perdeu diversos direitos advindos dos institutos como horas suplementares, jornada de trabalho, horas extraordinárias e intervalos.

Nesse laço, os juristas Maurício Godinho Delgado e Gabriela Neves Delgado (2017) afirmam que:

> A segunda observação a ser feita no sentido de lembrar que a Lei n. 13.467/2017 inseriu os empregados em regime de teletrabalho dentro da excludente do art. 62 da CLT, que se refere à não aplicação, aos trabalhadores ali referidos (incisos I, II e III do art. 62), das regras concernentes à duração do trabalho. Tais empregados, portanto, laborando em contexto que torna difícil ou até mesmo inviável o controle de jornada, não recebem a incidência de regras sobre duração do trabalho, horas extras/suplementares, intervalos trabalhistas, etc. (DELGADO, DELGADO, 2017, p. 138)

Por sua vez, as faltas decorrentes da quarentena seguem os mesmos procedimentos já existentes na legislação trabalhista, sendo imprescindível a apresentação do teste positivo e atestado médico para a empresa, não sendo descontado do trabalhador esses dias.

Assim como, os profissionais que apresentaram quaisquer sintomas da COVID-19, foram obrigados a se isolar, a fim de conter a disseminação do vírus no ambiente de trabalho. Nesse caso, esse trabalhador tinha que apresentar atestado médico, sendo imprescindível a indicação dos sintomas para justificar a sua falta.

No entanto, se os sintomas apresentados fossem considerados leves, ou seja, sem redução da capacidade do trabalhador, o empregador pode optar por colocar aquele trabalhador na modalidade *home office*, vez que permaneceria exercendo suas atividades laborais, de modo remoto em sua casa e cumprindo com sua jornada de trabalho, obedecendo as orientações da Organização Mundial da Saúde (OMS).

Além do mais, nota-se que a contaminação da COVID-19 poderia ocorrer em qualquer ambiente, sendo laboral ou não, mesmo levando em consideração os estabelecimentos tidos como essenciais nesse período pandêmico.

No contexto jurídico, nesse mesmo período, surgiu a Medida Provisória nº 927 que abordou alguns temas, como por exemplo: a antecipação das férias, o labor na modalidade de teletrabalho, banco de horas, dentre outros.

Ocasião em que, o teletrabalho se tornou o tema mais relevante abordado na Medida Provisória nº 927, tendo em vista que durante o momento pandêmico, a partir de março de 2020, diversos trabalhadores foram transferidos para essa modalidade de trabalho a distância, tais como: professores, advogados, contadores e diversos outros prestadores de serviços, com a finalidade de evitar a disseminação do coronavírus e respeitando as orientações estabelecidas pela Organização Mundial da Saúde (OMS).

Assim como, a supracitada Medida Provisória também abordou algumas regras sobre o fornecimento de equipamentos para os trabalhadores, estabeleceu as condições adequadas para o labor a distância, bem como determinou a regra de que, se a empresa não fornecer todos os meios para o desenvolvimento das atividades laborais pelo trabalhador, a jornada de trabalho dele ficará computado como tempo à disposição, sendo claro que é responsabilidade do empregador o fornecimento de todos os equipamentos e condições necessárias para o trabalhador desempenhar suas atividades.

Entretanto, a realidade vivenciada pelos trabalhadores foi bem distante do estabelecido pela maioria das Medidas Provisórias surgidas durantes a pandemia, considerando que o excesso de trabalho, bem como a desatenção de propiciar condições básicas para o trabalhador cumprir suas atividades na modalidade de teletrabalho, sem qualquer estratégia eficaz e preservação, resultou o adoecimento acelerado dos trabalhadores em pouco mais de dois anos.

Desse modo, recorre-se ao entendimento da doutrinadora Gabriela Neves Delgado e Helder Amorim (2020), em estudo sobre "A legislação pandêmica e o perigoso regime de exceção aos direitos fundamentais trabalhistas":

> Esse primeiro diploma normativo ofereceu duas ordens de medidas para permitir o isolamento social do trabalhador:

> 1) facilitou a continuidade das atividades de trabalho no período da pandemia, por meio do teletrabalho em domicílio sem controle de jornada e, portanto, sem limite de tempo de disponibilidade do trabalhador, salvo acordo individual (art. 4º, § 5º); e
> 2) viabilizou a suspensão das atividades de trabalho, para o que autorizou: a) a antecipação de pausas legais que constituem direitos dos trabalhadores, como a concessão de férias coletivas, a antecipação de férias e feriados (arts. 6º a 13); b) a constituição de um banco de horas, por acordo individual, a ser compensado após a pandemia (art. 14); e c) a suspensão do contrato de trabalho sem remuneração e sem garantia de renda mínima para o trabalhador (art. 18). (DELGADO, AMORIM, 2020, p. 4)

Não obstante, é pertinente informar que a Medida Provisória nº 927, inicialmente, teve 60 (sessenta) dias de vigência, sendo o prazo prorrogado por mais 60 (sessenta) dias, findando-se em 19/07/2020, operou-se a caducidade, sem ter sido convertida em Lei.

Por essa razão, para a regulamentação do labor em *home office*, durante esse período utilizou a negociação coletiva com intuito de regular as questões inerentes ao labor a distância, conforme estampado no art. 7º, inc. XXVI, da Constituição Federal de 1988, vejamos:

> Art. 7º São direitos dos trabalhadores urbanos e rurais, além de outros que visem à melhoria de sua condição social:
> XXVI - reconhecimento das convenções e acordos coletivos de trabalho [76].

Se não bastasse, outro retrocesso foi a Medida Provisória nº 936, de 1º de abril de 2020, que foi convertida na Lei nº 14.020/2020 permitindo a

---

[76] BRASIL. Planalto. ***Constituição Federal da República Federativa do Brasil, de 5 de outubro de 1988***. Disponível em: <https://www.planalto.gov.br/ccivil_03/Constituicao/Constituicao.htm>. Acesso em: 11 jun. 2022.

redução da jornada do trabalhador e a redução de salários, ferindo inúmeros direitos constitucionais como a irredutibilidade salarial, estampado no art. 7º, inc. VI, da CF, colaborando com o avanço da precarização do trabalho, sendo todos assolados pela insegurança jurídica.

Apesar disso, mesmo com as possibilidades levantadas pelas doutrinas e jurisprudências, contornando algumas limitações advindas com tantas alterações na legislação trabalhista, o teletrabalho apresenta nefastas desvantagens para o profissional, ante as cobranças exacerbadas, o excessivo agendamento de reuniões por videoconferência, o rigor nocivo e demasiado por meio do uso do celular, que passou a ser uma das principais ferramentas de trabalho, bem como a questão física pela falta de qualquer ergonomia adequada na residência dos trabalhadores.

Desse modo, a doutrinadora Maria José Giannella Cataldi (2021) alerta também, sobre os impactos advindos das relações de trabalho no contexto pandêmico, vejamos:

> (...) As consequências desses impactos serão objeto de estudo dos mais diversos campos, nos próximos anos. Uma das possíveis conclusões futuras poderá ser o incremento do estresse causado pelo abuso de novas tecnologias, como já indica alguns estudos que constataram a fadiga do Zoom. (CATALDI, 2021, p. 254)

Dessa forma, conclui-se que o isolamento social encorajou o avanço e a expansão dessa modalidade de trabalho em outros ramos e setores, sendo a principal consequência para a precarização do trabalho, sobretudo, na saúde mental de todos os trabalhadores.

Considerações finais

O presente tema propiciou uma análise sucinta sobre as mudanças geradas pela pandemia da COVID-19 na vida dos trabalhadores brasileiros, em especial, na saúde mental do trabalhador e a precarização do trabalho.

Dessa forma, foram colhidas inúmeras informações sobre o tema que trouxe como abordagem específica a saúde mentaldo trabalhador na pandemia da COVID-19, seus desdobramentos, as mudanças ocorridas e condições de trabalho nesse período.

É notório, que presenciamos inúmeras mudanças na Legislação, com com foco no Direito do Trabalho, com o propósito de precarizar de maneira devastadora as relações de trabalho e emprego.

Em relação ao teletrabalho, o trabalhador perdeu alguns direitos como o pagamento de horas extraordinárias, sendo utilizado como justificativa o isolamento social e a dificuldade de fiscalizar as atividades desempenhadas pelo trabalhador, bem como teve seu ambiente de lazer e moradia invadido pelos afazeres profissionais, sem qualquer respaldo do empregador.

Portanto, restou evidente as consequências negativas suportadas pelo trabalhador, tendo o seu espaço de lazer e moradia tomado pelos compromissos do trabalho a distância. Isto posto, resultou, em pouco mais de dois anos, no adoecimento dos trabalhadores que não foram preparados para o labor em *home office*, dominados pela incerteza da manutenção dos seus contratos de trabalho, na falta de fornecimento de equipamentos básicos para desempenhar suas atividades, bem como o previsível fato de misturar o tempo de labor e lazer.

A ausência de estrutura e preparo dos trabalhadores, bem como a cobrança desrazoável das empresas afetaram de maneira lesiva à saúde mental dos empregados, provocando a Síndrome de Burnout devido ao esgotamento profissional.

Salienta-se, ainda, que no contexto jurídico trabalhista, restou comprovado inúmeras violações às leis trabalhistas, resultado do despreparo e a desesperada adesão do teletrabalho pelas empresas, fato que colaborou negativamente para o adoecimento dos trabalhadores, em especial, acometidos pela Síndrome de Burnout.

Posto isto, é valioso priorizar a qualidade de vida no ambiente de trabalho, respeitando e promovendo melhores condições de trabalho, sendo imprescindível a garantia da saúde do trabalhador, seja mental e física.

Por fim, percebe-se que a pandemia da COVID-19 deixou sequelas à saúde dos trabalhadores e propiciou diversos ensinamentos, a fim de não permitir o retrocesso social e a violação dos direitos dos trabalhadores, sendo certo que, não há evolução na sociedade, sem a devida preservação da saúde do trabalhador e efetiva implementação de ações capazes de propiciar um ambiente de trabalho respeitável, digno e saudável.

Referências

ALLES, Matheus Soletti. **A Dialógica e o valor social do trabalho: a Síndrome de Burnout e o Labor do professor durante a pandemia pelo sars-cov-2**. 2021. Disponível em: <http://periodicos.urca.br/ojs/index.php/DirDialog/article/view/2661>. Acesso em: 08 jun. 2022.

ANAMATRA. **Definição de "burnout" como estresse crônico pela OMS colabora nas políticas públicas de trabalho**. 2019. Disponível em: <https://www.anamatra.org.br/imprensa/anamatra-na-midia/28218-definicao-de--burnout-como-estresse-cronico-pela-oms-colabora-nas-politicas-publicas--de-trabalho?highlight= WyJzaW5kcm9tZSIsImRlIiwiJ2RlIiwiZGUnY2hhb-nRhZ2VtJywiLCJidXJub3V0Iiwic2luZHJvbWUgZGUiLCJzaW5kcm9tZS-BkZSBidXJub3V0IiwiZGUgYnVybm91dCJd>. Acesso em: 04 jun. 2022.

BASTOS, Alexandre. **A Síndrome de Burnout e os direitos trabalhistas**. 2021. Disponível em:<https://xande.jusbrasil.com.br/artigos/751873924/a-sindrome-de-burnout-e-os-direitos-trabalhistas>. Acesso em: 11 jun. 2022.

BEZERRA LEITE, Carlos Henrique. **Curso de direito do trabalho**. 9. ed. São Paulo: Saraiva, 2018.

BRASIL. Planalto. **Consolidação das Leis do Trabalho**. Disponível em: <http://www.planalto.gov.br/ccivil_03/decreto-lei/del5452.htm>. Acesso em: 11 jun. 2022.

BRASIL. Planalto. **Constituição Federal da República Federativa do Brasil, de 5 de outubro de 1988**. Disponível em: <https://www.planalto.gov.br/ccivil_03/Constituicao/Constituicao.htm>. Acesso em: 11 jun. 2022.

BRASIL. Planalto. **Lei nº 14.020 de 6 de julho de 2020**. Disponível em: <https://www.planalto.gov.br/ccivil_03/_Ato2019-2022/2020/Lei/L14020.htm>. Acesso em: 04 jun. 2022.

BRASIL. Planalto. **Medida Provisória n° 927, de 22 de março de 2020**. Disponível em: <https://www.planalto.gov.br/ccivil_03/_Ato2019-2022/2020/Mpv/mpv927.htm>. Acesso em: 11 jun. 2022.

BYUNG, Chul Han. **Sociedade do Cansaço**. Editora Vozes: 2019. Disponível em: <http://www.pensaracademico.facig.edu.br/index.php/noiteacademica/article/view/2684/2011>. Acesso em: 10 jun. 2022.

CALCINI, R., ANDRADE, D. A. **Home office e os riscos trabalhistas**. 2020. Disponível em: <https://www.conjur.com.br/2020-set-10/pratica-trabalhista-home-office-riscos-trabalhistas>. Acesso em: 10 jun. 2022.

CARLOTTO, M. S., & GOBBI, M. D. (2000). **Síndrome de Burnout: um problema do indivíduo ou de seu contexto de trabalho?** Aletheia, 10, 103/114.

CATALDI, Maria José Giannella. **O Stress no meio ambiente de trabalho**. 4. ed. São Paulo: Revista dos Tribunais, 2021.

DELGADO, Gabriela Neves; AMORIM, Helder Santos. **A legislação pandêmica e o perigoso regime de exceção aos direitos fundamentais trabalhistas**. Revista Jurídica Trabalho e Desenvolvimento Humano, Campinas, EDIÇÃO ESPECIAL – DOSSIÊ COVID-19, 2020, p. 4. Disponível em: <http://revistatdh.org/index.php/Revista-TDH/article/view/80/48>. Acesso em: 04 jun. 2022.

DELGADO, Mauricio Godinho; DELGADO, Gabriela Neves. **A Reforma Trabalhista no Brasil**: com os comentários à Lei nº 13.467/2017. São Paulo: LTr, 2017.

FERRAZ DE OLIVEIRA, L. P.; DE OLIVEIRA SOUZA TOURINHO, L. **Síndrome de Burnout, teletrabalho e revolução tecnológica**: um estudo do adoecimento profissional em tempos de Covid-19. Revista Jurídica Trabalho e Desenvolvimento Humano, v. 3, 17 dez. 2020.

FIORILLO, Celso Antonio Pacheco. **Curso de direito ambiental brasileiro**. 14. ed. rev., ampl. e atual. em face da Rio+20 e do novo “Código” Florestal. São Paulo: Saraiva, 2013.

JESUS, Graziela Bianca Ultramari de; MARUCO, Fábia de Oliveira Rodrigues. **A Síndrome de Burnout e os impactos nas relações de trabalho em tempos de pandemia de COVID-19**. 2021. Disponível em: <https://revista.unisal.br/lo/index.php/revdir/article/view/1533>. Acesso em: 11 jun. 2022.

JORGE NETO, Francisco Ferreira; CAVALCANTE, Jouberto de Quadros Pessoa. **Direito do trabalho**. 9. ed. São Paulo: Atlas, 2019.

JORNAL DA USP. **Modelos organizacionais afetam saúde mental de trabalhadores: 10º Colóquio Internacional de Psicodinâmica e Psicopatologia do Trabalho**. 2019. Disponível em: <https://jornal.usp.br/atualidades/modelos-organizacionais-afetam-saude-mental-de-trabalhadores>. Acesso em: 04 jun. 2022.

MIRANDA, Paulo. **A Síndrome de Burnout em decorrência das relações de trabalho pós Reforma Trabalhista**. 2018. Disponível em: <https://jus.com.br/artigos/67408/a-sindrome-de-burnout-em-decorrencia-das-relacoes-de-trabalho-pos-reforma-trabalhista/2>. Acesso em: 09 jun. 2022.

RANDOW, Giselle Leite Franklin Von; TULER, Luiza Carla Martins da; OLIVEIRA, Rayani Tamila de Souza Amorim. **Os Desdobramentos do Home Office durante a pandemia: o novo ambiente de trabalho e suas consequências**. 2021. Disponível em: <http://pensaracademico.unifacig.edu.br/index.php/noiteacademica/article/view/2688>. Acesso em: 09 jun. 2022.

W.C. SOUZA. **Preditores do Burnout em profissionais de saúde**. Rev. Estudos de Psicologia, PUC-Campinas, v. 19, n. 1, p. 38, janeiro/abril 2002

ASSÉDIO MORAL NO TRABALHO

Lívia Vendramin

"Combater a violência é uma longa luta. Mas aprendemos que a única luta que se perde é aquela que se abandona"
(Margarida Barreto)

Introdução

Um dos direitos sociais fundamentais do cidadão brasileiro e talvez um dos mais importantes garantido pela Constituição Federal é o direito ao trabalho, expressamente garantido no art. 6º da Constituição Federal[77].

O trabalho traz dignidade ao indivíduo, além de garantir o exercício dos demais direitos sociais garantidos constitucionalmente, como condições mínimas de vida, moradia, saúde, alimentação e lazer. O trabalho também é um fator fundamental na construção da autoestima e da identidade do ser humano.

Para Zanelli, Silva e Soares (2010, p. 22), o trabalho "*insere-se entre as atividades mais importantes, constituindo fonte relevante de*

[77] Constituição da República Federativa do Brasil de 1988, disponível em <www. (planalto.gov.br)/ccivil_03/Constituicao/Constituicao.htm>.

significados na constituição da vida humana associada", tendo papel vital na construção da identidade e autoestima.

Para a psicóloga e psicanalista Marie Grenier-Pezé (2017, p. 92), "*se o trabalho permite, apesar das limitações do real e da organização, um exercício inventivo dos corpos, ele o torna fonte de prazer e sublimação*".

No entanto, a que tipo de situação deve o trabalhador se sujeitar para que possa desfrutar do direito que lhe é assegurado constitucionalmente e o que há de digno e prazeroso em um ambiente de trabalho onde há humilhação, abuso de poder, pressão psicológica e situações vexatórias a ponto de adoecer o trabalhador e fazê-lo querer tirar a própria vida?

Segundo dados da Secretaria Especial de Previdência e Trabalho[78], no ano de 2020 foram mais de 285 mil casos de concessão de auxílio-doença previdenciário em razão de transtornos mentais e comportamentais, um aumento de 33% em relação ao ano de 2019 que registrou cerca de 212.256 casos, o que sugere que após a pandemia ocasionada pela Covid-19 a sociedade no geral já vem desenvolvendo mais problemas mentais e comportamentais decorrentes, dentre outras coisas, do isolamento, medo e insegurança financeira.

Se não bastasse o aumento dos transtornos mentais ocasionados pela pandemia, temos ainda os problemas enfrentados no trabalho como fator contribuinte ao desenvolvimento de doenças psicológicas e transtornos comportamentais.

Segundo ainda a Secretaria Especial de Previdência e Trabalho, foram mais de 4.456 casos em 2020, 11.241 em 2019 e 10.537 casos em 2018 de auxílios-doença concedidos devido a problemas relacionados diretamente ao trabalho, sendo os transtornos de depressão (F32),

---

[78] Disponível em: <https://www.gov.br/trabalho-e-previdencia/pt-br>.

ansiedade (F41) e reações ao stress grave e transtornos de adaptação (F43) as principais doenças indicadas para o pedido do benefício.

Na França, desde 2002 há uma lei que proíbe o assédio moral e sexual no trabalho, trazendo medidas para combatê-lo - trata-se da Lei 2002-73[79], no entanto, entre 2008 e 2009, 35 funcionários de uma mesma empresa cometeram suicídio devido ao assédio sofrido, conforme publicado pela revista "Exame", em maio de 2014[80].

Em 2017, no Brasil, um engenheiro de 28 anos cometeu suicídio devido a problemas psicológicos decorrentes de assédio sofrido de seu superior direto, o que levou a fabricante empregadora a pedir desculpas para a família, após decisão do Ministério do Trabalho de 2019, segundo divulgou a revista "Isto é" em 2021[81].

Segundo dados do Tribunal Superior do Trabalho (TST), somente no ano de 2021 foram ajuizadas na Justiça do Trabalho mais de 53 mil ações envolvendo casos relacionados a assédio moral. O assunto ficou na 30ª posição entre os assuntos mais recorrentes nas Varas do Trabalho de todo o país.

O Assédio Moral, embora não seja uma prática recente, devido aos altos índices de problemas causados à saúde do trabalhador, que vem apresentando transtornos mentais e comportamentais, como depressão, fobias sociais, síndrome do pânico, síndrome de burnout, transtornos bipolares decorrentes de situações enfrentadas no trabalho, além de casos de suicídio, ganhou notoriedade no meio acadêmico nos últimos anos e mais ainda após a pandemia.

---

[79] Disponível em: <https://eur-lex.europa.eu/legal-content/PT/TXT/PDF/?uri=CELEX:32002L0073&from=PT>.

[80] Disponível em: <https://exame.com/carreira/sofrimento-no-trabalho-pode-levar-ao-suicidio-na-franca/:>.

[81] Disponível em: <https://istoe.com.br/toyota-pede-desculpas-por-suicidio-de-funcionario-vitima-de-assedio-moral-em-2017/>.

Alguns órgãos como o Ministério Público Federal e Ministério Público do Trabalho, além de algumas prefeituras municipais e iniciativas privadas, lançaram leis e campanhas próprias de combate e repúdio ao assédio moral no ambiente de trabalho, além de cartilhas educativas como medida de reconhecimento da prática e formas de combatê-la, uma vez que até o momento não existe no país uma lei específica de combate e punição ao Assédio Moral, no entanto, apesar das iniciativas particulares de determinados setores, ainda há muito o que se fazer para que possamos conquistar um ambiente seguro e saudável para o trabalhador.

1. Conceito de Assédio Moral no Trabalho

Recentemente a Câmara Federal aprovou o Projeto de Lei nº 4.742/2001[82] que tipifica o assédio moral no Trabalho como crime.

De acordo com o Projeto de Lei aprovado, assédio moral é definido como "ofender reiteradamente a dignidade de alguém causando-lhe dano ou sofrimento físico ou mental, no exercício de emprego, cargo ou função"[83].

A matéria está tramitando pela Comissão de Constituição e Justiça do Senado desde março de 2019. Em suas justificativas, o autor do Projeto de Lei, Sr. Marcos de Jesus, à época Deputado Federal, pretendia tipificar o comportamento abusivo que afeta o psicológico e o emocional do trabalhador no ambiente de trabalho como crime, acrescentando ao Código Penal Brasileiro o artigo 146-A, o qual previa pena de detenção e multa ao infrator.

Depois de várias alterações, o texto aprovado pela Câmara Federal, fixou pena de detenção, de 1 (um) a 2 (dois) anos e multa, além da pena

---

[82] Disponível em: <http://imagem.camara.gov.br/Imagem/d/pdf/DCD26MAI2001.pdf#page=74>.

[83] Disponível em: <https://www.camara.leg.br/proposicoesWeb/fichadetramitacao?idProposicao=28692>.

correspondente à violência, podendo ser aumentada em até 1/3 (um terço) se a vítima for menor de 18 (dezoito) anos[84].

As justificativas para a alteração da lei e tipificação do assédio moral como crime levou em consideração estudos científicos realizados pela Dra. Margarida Barreto que apontavam problemas de saúde generalizados, decorrentes de comportamentos abusivos no ambiente de trabalho.

A professora e médica Margarida Barreto foi uma das pioneiras no estudo sobre assédio sexual e moral no Brasil. Falecida em março de 2022, dedicou parte de sua carreira aos estudos sobre assédio moral e sexual. No livro *Assédio Moral*: gestão por humilhação, escrito em coautoria com Roberto Heloani, conceitua assédio moral como

> uma conduta abusiva, intencional, frequente e repetida, que ocorre no meio ambiente laboral, cuja causalidade se relaciona com as formas de organizar o trabalho e a cultura organizacional, que visa humilhar e desqualificar um indivíduo ou um grupo, degradando as suas condições de trabalho, atingindo a sua dignidade e colocando em risco sua integridade pessoal e profissional. (HELOANI, BARRETO, 2018, p. 53)

Em junho de 2019, a Organização Internacional do Trabalho editou a Convenção nº 190[85] sobre a eliminação da violência e do assédio no mundo do trabalho, a convenção reconhece a possibilidade de ocorrência do assédio de forma isolada, sem exigir a repetição como requisito para se configurar o fenômeno. Segundo a convenção:

---

[84] Disponível em: <https://www.camara.leg.br/proposicoesWeb/prop_mostrarintegra?codteor=1718190&filename=RDF+1+%3D%3E+PL+4742/2001>.

[85] Disponível em: <https://www.ilo.org/dyn/normlex/en/f?p=NORMLEXPUB:12100:0::NO:12100:P12100_INSTRUMENT_ID:3999810:NO>.

> "o termo 'violência e assédio' no mundo do trabalho refere-se a um conjunto de comportamentos e práticas inaceitáveis, ou de suas ameaças, de ocorrência única ou repetida, que visem, causem, ou sejam susceptíveis de causar dano físico, psicológico, sexual ou económico, e inclui a violência e o assédio com base no género".

De acordo com o conteúdo da convenção, seu objetivo é proteger todos os trabalhadores e outras pessoas, tais como estudantes, incluindo estagiários e aprendizes, ex-trabalhadores, voluntários, pessoas a procura de empregos e candidatos, além de *indivíduos que exercem autoridade, deveres e responsabilidades de um empregador*.

No Brasil, contudo, embora vários movimentos em prol da ratificação da convenção, até maio de 2022 ela ainda não havia sido ratificada.

Marie-France Hirigoyen (2021) em "*Assédio Moral, a violência perversa no cotidiano*", define assédio no trabalho como

> toda e qualquer conduta abusiva manifestando-se sobretudo por comportamentos, palavras, atos, gestos, escritos que possam trazer dano à personalidade, à dignidade ou à integridade física ou psíquica de uma pessoa, pôr em perigo seu emprego ou degradar o ambiente de trabalho. (HIRIGOYEN, 2021, p. 65)

Ainda segundo Hirigoyen (2021), o assédio no ambiente do trabalho pode nascer de um ato inofensivo, inicialmente tido como uma brincadeira e, em seguida, as atitudes contra a pessoa vão se multiplicando, tornando a vítima acuada, recebendo tratamento hostil na maior parte do tempo, surgindo em decorrência a ansiedade que às vezes o coloca na posição defensiva, gerando então, novas agressões por parte do agressor. Depois de algum tempo vítima desse cenário,

> surgem fenômenos de fobia recíproca: ao ver a pessoa que ele detesta, surge no perseguidor uma raiva fria, desencadeia-se na vítima uma reação de medo. É um reflexo condicionado agressivo ou defensivo. O medo provoca na vítima comportamentos patológicos, que servirão de álibis para justificar retroativamente a agressão. Ela reage, na maior parte das vezes, de maneira veemente e confusa. Qualquer iniciativa que tome, qualquer coisa que faça, é voltada contra ela pelo perseguidor. O objetivo de tal manobra é transtorná-la, levá-la a uma total confusão que a faça cometer erros. (HIRIGOYEN, 2021, p. 67)

Na França, a definição legal de assédio eliminou a intencionalidade do agressor e considera assédio moral, como *condutas inadequadas repetidas tendo como finalidade ou efeito degradar a saúde física e mental, ferir os direitos, a dignidade e o futuro profissional de um trabalhador* (GRENIER-PEZÉ, 2017, p. 91).

Segundo a Organização Mundial da Saúde (OMS), o assédio moral no ambiente de trabalho é um comportamento irracional, repetido, em relação a um determinado empregado, ou a um grupo de empregados, criando um risco para a saúde e para a segurança. Pode-se entender por "comportamento" as ações de um indivíduo ou um grupo. Um sistema de trabalho pode ser utilizado como meio para humilhar, debilitar ou ameaçar. O assédio costuma ser um mau uso ou abuso de autoridade, situação na qual as vítimas podem ter dificuldades para se defender (OMS, 2004, p. 12).

Importante observar que o termo "assédio moral", assim como o "assédio sexual", estão intrinsicamente relacionados ao ambiente de trabalho, o que significa dizer que, fora do ambiente de trabalho, qualquer prática semelhante aos comportamentos e agressões sofridos por um trabalhador ou grupo de trabalhadores, não pode ser chamado de assédio moral. Fora do ambiente do trabalho, agressões semelhantes poderiam configurar outros crimes legalmente tipificados, como por exemplo, injúria e difamação.

Ainda, não se configura assédio moral o ato isolado. Para Margarida Barreto e Roberto Heloani (2018, p. 61), "*assédio laboral não é qualquer ato isolado, tal como um destempero de um chefe, uma reação raivosa ou vingativa*", o processo de assédio é muito mais complexo.

Portanto, atos isolados em momentos de pressão, como um comentário ruim no momento de irritação, especialmente quando acompanhado de um pedido de desculpas é normal que se manifestem no ambiente do trabalho, sem que isso seja caracterizado assédio.

Para Marie Grenier-Pezé (2017, p. 94),

> No processo de assédio, a repetição, consciente ou inconsciente, das críticas, das humilhações, das culpabilizações e das prescrições paradoxais cria rapidamente um impasse no trabalho de elaboração mental e adquire um poder de efração psíquica. Por outro lado, a impossibilidade de pedir demissão, sob pena de perder seus direitos sociais, é uma barreira à fuga. A subordinação própria à definição jurídica do contrato de trabalho confina o trabalhador em uma toxicidade contextual quase experimental. A obstrução das vias de escoamento das excitações traumáticas leva ao colapso depressivo e à via somática mais ou menos a longo prazo.

Assim, o assédio moral, trata-se de uma prática reiterada, intencional ou não, direcionada a um empregado ou a um grupo de empregados que visa, em muitas ocasiões, fazer com que o trabalhador se sinta tão esgotado que acaba se desligando ou pelo menos, tendo vontade de se desligar e quando isso não ocorre, acaba na demissão do empregado devido à sua baixa produtividade, resultado de um cenário de humilhações, ofensas geradas pelo agressor, que realmente fazem com que o trabalhador perca o ânimo e vontade de trabalhar.

Conforme Margarida Barreto, no Brasil não há muita discordância quanto ao conceito de assédio moral, portanto, segundo a professora,

> entendemos o assédio laboral como um risco não visível em que todos os trabalhadores estão expostos durante a jornada de trabalho, a determinados atos, comportamentos, atitudes e situações constrangedoras que, de forma repetitiva e prolongada durante a jornada de trabalho, no exercício de suas funções, caracterizam-se como assédio moral[86].

De acordo com o Ministério Público do Trabalho, "o assédio moral interfere na liberdade, na dignidade e nos direitos de personalidade de trabalhadoras e trabalhadores por meio de atitudes abusivas voltadas à degradação do relacionamento digno no ambiente de trabalho". Para o Ministério Público do Trabalho:

> "O assédio moral no trabalho é um tipo de violência psicológica que se configura por meio de conduta abusiva, quando, de forma reiterada e sistemática, expõem-se trabalhadoras e trabalhadores a situações constrangedoras e humilhantes, interferindo na liberdade, na dignidade e nos seus direitos de personalidade"[87].

Também para o Ministério Público do Trabalho a prática reiterada é condição essencial para configurar o assédio moral no trabalho, contudo, sempre há exceções.

Segundo a juíza do trabalho Erotilde Minharro, "*a depender da gravidade da humilhação perpetrada, uma única vez já basta para seu reconhecimento judicial*"[88].

---

[86] Seminário Compreendendo o Assédio Moral no Ambiente de Trabalho [manuscrito]: [anais] / coordenação técnica, Cristiane Queiroz Barbeiro Lima, Juliana Andrade Oliveira, Maria Maeno. – São Paulo: Fundacentro, 2013, p. 18.

[87] ASSÉDIO MORAL NO TRABALHO: PERGUNTAS E RESPOSTAS. p. 8, disponível em: <https://mpt.mp.br/pgt/publicacoes/cartilhas/assedio-moral-no-trabalho-perguntas-e-respostas/@@display-file/arquivo_pdf>.

[88] Disponível em: <https://g1.globo.com/sp/sao-paulo/noticia/2022/05/01/em-um-ano-justica-do-trabalho-em-sp-registra-16-mil-acoes-por-assedio-moral-e-tem-alta-de-82percent-em-acoes-por-doencas-ocupacionais.ghtml>, acessado em 19 jun. 2022.

Esse também o entendimento de Lima, Oliveira e Maeno (2013) que em seminário compreendendo o assédio moral relatam que "é possível que, através de uma única exposição, dependendo da intensidade do ato, da acumulação e dos efeitos no tempo, tenhamos variados danos à saúde e violação aos direitos fundamentais de todo trabalhador"[89].

Ainda, o assédio moral pode ser vertical ou horizontal, sendo que, em linha vertical, o assédio pode partir do chefe contra seus subordinados, caracterizando o assédio vertical descendente, mas o inverso também pode acontecer, ou seja, dos subordinados contra o chefe, caracterizando o assédio vertical ascendente.

Para Marie-France (2021), embora mais raro, o assédio por parte dos subordinados pode acontecer quando um chefe, por exemplo, vindo de fora, não é aprovado por seus subordinados, que não se esforçam para adaptar-se ou impor-se a ele ou ainda, quando um colega é promovido a chefe sem que os demais colegas sejam consultados e aprovem a promoção, tornando muito difícil o dia a dia do colega.

Na linha horizontal, ocorre quando o assédio parte dos próprios pares, ou seja, um colega agredindo outro, ou mesmo um grupo de colegas contra determinado empregado.

Em uma cartilha elaborada pelo Ministério Público do Trabalho com perguntas e respostas sobre o Assédio Moral no Trabalho[90], são identificados dois tipos de assédio moral, o interpessoal e o organizacional ou coletivo ou institucional.

O Interpessoal é o assédio direcionado a uma pessoa específica, seja pelo agressor ou por um grupo de agressores, com o intuito de

---

[89] Seminário Compreendendo o Assédio Moral no Ambiente de Trabalho [manuscrito]: [anais] / coordenação técnica, Cristiane Queiroz Barbeiro Lima, Juliana Andrade Oliveira, Maria Maeno. – São Paulo: Fundacentro, 2013, p. 22/23.

[90] Procuradoria Regional do Trabalho da 12ª Região. Cartilha: assédio moral no local de trabalho (impressa) Disponível em: <https://mpt.mp.br/pgt/publicacoes/livros/copy_of_assedio-moral-no-trabalho-perguntas-e-respostas/@@display-file/arquivo_pdf>.

prejudicá-la, fazê-la pedir demissão ou mesmo para estimular pedidos de transferência ou mudanças nas condições de trabalho.

Já no assédio moral organizacional, coletivo ou institucional, o comportamento do assediador acaba sendo legitimado pelas normas e valores da organização, assumindo ares de normalidade.

De acordo com o Ministério Público do Trabalho, as políticas internas e normas estabelecidas pela empresa, podem favorecer o assédio moral devido a

> "práticas sistemáticas e reiteradas de variadas condutas abusivas e humilhantes, que podem ser sutis ou explícitas, direcionadas para todos os funcionários ou para alvos determinados, a partir de um objetivo, que visa manipular trabalhadores e trabalhadoras por meio de uma política organizacional ou gerencial estabelecida pela empresa".

Por isso, em regra, o assédio moral é caracterizado pela prática reiterada de ações que visam humilhar, ameaçar um empregado ou um grupo de empregados, causando males para a saúde física e mental do trabalhador.

2. Consequências do Assédio Moral para o Trabalhador e para o Empregador

Como já mencionado, o assédio moral pode trazer sérias consequências à saúde do trabalhador, especialmente consequências psicológicas, podendo acarretar, inclusive, em morte por suicídio.

Para Marie-France Hirigoyen (2021, p. 66), "*a repetição dos vexames e das humilhações sem qualquer esforço para abrandá-las*", sem um pedido de desculpas, é o que torna o fenômeno destruidor no ser humano, pois o retorno para casa com o sentimento de exaustão e humilhação, deprimido, é difícil de recuperar.

Margarida Barreto assevera que

> não sendo uma doença, o assédio moral pode ocasionar e desencadear enfermidades, agravar males preexistentes ou desencadear novas patologias, causando dano físico, dor moral e transtornos à saúde mental de trabalhadores e trabalhadoras. Igualmente, pode levar à morte por suicídio, quando os ataques e constrangimentos são constantes e culminam com a demissão[91]. (2013, p. 16)

Ainda de acordo com Margarida Barreto (2013, p. 22/23), "*quanto maior o tempo de exposição, de sofrimento, de humilhações, maior é a destruição, o aniquilamento, o estrago, a sensação de vazio e pensamentos repetitivos*".

O assédio moral pode desencadear no empregado um estado de ansiedade e pode levar à depressão, síndrome de Burnout, síndrome do pânico, podendo levar a morte por suicídio.

A Síndrome de Burnout trata-se de uma doença relativamente nova e atualmente muito presente no ambiente de trabalho, sendo considerada um distúrbio emocional caracterizado pelo esgotamento físico e mental, sentimento de exaustão extrema e estresse resultante de situações de trabalho desgastantes, com muita competitividade e excesso de responsabilidade.

Embora a síndrome de Burnout não seja exclusivamente decorrente do assédio moral, para muitos especialistas, as lideranças abusivas, longas horas de trabalho, metas impossíveis de alcançar, isolamento, falta de comunicação, desequilíbrio entre a vida pessoal e profissional são alguns dos motivos que levam à síndrome de Burnout.

---

[91] Seminário Compreendendo o Assédio Moral no Ambiente de Trabalho [manuscrito]: [anais] / coordenação técnica, Cristiane Queiroz Barbeiro Lima, Juliana Andrade Oliveira, Maria Maeno. – São Paulo: Fundacentro, 2013, p. 16.

De acordo com os dados levantados pelo ISMA Brasil-*International Stress Management Association*, 32% dos trabalhadores brasileiros sofrem da síndrome de Burnout[92], sendo o Brasil apontado como o segundo país com maior número de casos no mundo.

A doença, em fevereiro de 2022, foi enquadrada na CID 11, com a seguinte definição: "Burnout é uma síndrome conceituada como resultante do estresse crônico no local de trabalho que não foi gerenciado com sucesso".

A classificação própria da Síndrome de Burnout como doença, segundo Rachel Cardoso,

> traz ganhos para a sociedade pois exige notificação compulsória e ajuda a contabilizar de forma precisa o número de profissionais afetados, contribuindo ainda com as organizações públicas e privadas para o reconhecimento de que todos os profissionais estão suscetíveis. Isso abre a oportunidade para a construção de novas atividades de promoção da saúde e de prevenção do adoecimento nas organizações[93].

O trabalhador vítima de assédio moral, ao longo do tempo, perde a confiança, perde a motivação no trabalho, se sente inseguro e sem identidade, deixa de ter vontade de trabalhar, se sente cansado ao acordar, seu rendimento obviamente é afetado e no entanto, não consegue se desligar da empresa, por medo de não conseguir uma recolocação pois sua autoestima e confiança foram extremamente abaladas, em contrapartida as contas continuam a chegar, ele depende do salário para sobreviver, o que torna a situação desesperadora para o indivíduo.

---

[92] Revista RI • Nº 261 • MAI 22 • SÍNDROME DE BURNOUT: O MUNDO CORPORATIVO PRECISA FALAR SOBRE ISSO, disponível em: <http://www.revistari.com.br/261/1892>.

[93] Revista RI • Nº 261 • MAI 22 • SÍNDROME DE BURNOUT: O MUNDO CORPORATIVO PRECISA FALAR SOBRE ISSO, disponível em: <http://www.revistari.com.br/261/1892>, acessado em 18 jun. 2022.

Na medida em que o assédio moral não afeta somente o trabalhador que sofre o abuso diretamente, mas também todo o ambiente de trabalho e demais trabalhadores que presenciam as agressões, a produtividade pode ser afetada, atingindo diretamente os resultados da empresa de maneira geral.

Ademais, as empresas são responsáveis pelos atos dos seus prepostos, não podendo alegar em sua defesa o desconhecimento da situação que causou o assédio e danos à saúde dos trabalhadores, o que importa dizer que uma vez comprovado que determinado trabalhador sofreu assédio dentro do ambiente de trabalho, a empresa será diretamente responsabilizada e condenada a pagar eventual indenização pelos danos causados.

Segundo Margarida Barreto, "*na medida em que a empresa nada faz, não altera os modos de produzir, não toma qualquer medida por mais simples que seja, ela está tolerando e, ao tolerar, está sendo cúmplice daquilo que não deveria estar acontecendo dentro do seu ambiente de trabalho*" (2013, p. 23).

Embora não haja uma lei federal específica com consequências à empresa onde for comprovada a prática de assédio moral, a Consolidação das Leis Trabalhistas traz em seu art. 483 a possibilidade de o empregado requerer a rescisão indireta do contrato de trabalho e respectivas indenizações quando forem exigidos serviços superiores às suas forças ou contrários aos bons costumes, ou ainda, quando o empregado for tratado com rigor excessivo pelo empregador ou pelos superiores hierárquicos.

Da mesma forma, a Constituição Federal no art. 5º, inc. X, dispõe que *são invioláveis a intimidade, a vida privada, a honra e a imagem das pessoas, assegurado o direito a indenização pelo dano material ou moral decorrente de sua violação*.

Assim, o trabalhador que se ver vítima de assédio moral, poderá pedir judicialmente a reparação dos prejuízos, pleiteando indenizações por danos morais e materiais.

Além dos prejuízos financeiros advindos de eventuais ações indenizatórias, a produtividade da empresa fica comprometida, na medida em que o assédio moral pode desmotivar os empregados refletindo nos seus resultados, na qualidade do seu trabalho e consequentemente nos resultados da empresa.

Ainda, um empregado vítima de assédio moral, tendo sua saúde comprometida, pode ser afastado do trabalho por questões médicas, afetando diretamente as atividades por ele desenvolvidas.

Segundo o Anuário Estatístico de Acidente do Trabalho - AEAT 2020, divulgado pelo Ministério do Trabalho e Previdência no Brasil e grandes regiões, em 2020 foram 30.599 afastamentos relacionados a doença do trabalho, sendo que cerca de 1.088, ou seja, cerca de 3,5% dos casos diretamente ligados a problemas psicológicos, como reações ao stress; transtornos de ansiedade; episódios depressivos; transtorno bipolar afetivo e outros sintomas relativos ao estado emocional de acordo com a classificação internacional das doenças (CID).

As empresas podem ainda ter sua marca abalada na medida em que o mercado está totalmente atento às questões e não querem ter seu nome associado a empresas maculadas por denúncias de assédio moral ou que tenham seu nome ligado a práticas hostis dentro da sua atividade empresarial. Atualmente com a facilidade de acesso às informações, ninguém quer adquirir produtos ou se associar a empresas que não tenham políticas de *compliance* e boas práticas regularmente instituídas.

A Lei nº 11.948/2009 por exemplo, impõe vedação de empréstimos ou financiamento pelo BNDES a empresas que sejam condenadas pela prática de assédio moral ou sexual, além de racismo, trabalho infantil, trabalho escravo ou crime contra o meio ambiente.

As empresas ainda dependem da mão de obra do trabalhador para atingir seus objetivos e metas e um ambiente organizacional doente, não prospera por muito tempo.

Assim, seja devido aos prejuízos financeiros que possam sofrer em decorrência de ações movidas pelos empregados, seja em decorrência dos prejuízos à sua marca, seja em razão das sanções administrativas, cabe às empresas combater energicamente qualquer suspeita de assédio moral dentro da sua organização.

Considerações finais

Importante destacar que o presente estudo baseou-se em um apanhado bibliográfico junto à literatura nacional e internacional, não se tratando de uma revisão sistemática sobre o tema.

O assédio moral é uma realidade nas relações de trabalho tanto privadas quanto públicas, podendo trazer sérias consequências à saúde mental e comportamental dos trabalhadores e também às empresas e organizações onde ele é praticado.

Não é à toa que, no dia 2 de maio é comemorado o Dia Nacional de Combate ao Assédio Moral no Trabalho, com diversas campanhas por todo o território nacional, especialmente nos órgãos públicos e em todo o judiciário brasileiro.

O assédio moral trata-se de uma prática reiterada e abusiva, expressa ou velada, praticada contra um trabalhador ou a um grupo de trabalhadores, visando atingir sua integridade, confiança, identidade e principalmente sua dignidade por meio de um ambiente de trabalho hostil onde se evidenciam metas inatingíveis, discriminação, humilhação, práticas constrangedoras, ofensas, isolamento, difamação, além de abalo psicológico.

Os males à saúde do trabalhador são inúmeros, indo do estresse ao transtorno de ansiedade, esgotamento físico e mental, síndrome do pânico, baixa autoestima, problemas de convívio social, alterações no sono, podendo levar a vícios de droga e álcool, depressão e em casos extremos, a ideias suicidas.

Cabe aos operadores do direito combater firmemente o problema, com especial cuidado para não banalizar o assunto junto ao judiciário, por isso, a importância de distinguir o que é de fato assédio moral no trabalho, de situações corriqueiras que podem ou não caracterizar um dano moral, uma agressão verbal, mas que se tratou de uma situação única e não de uma prática reiterada e direcionada a um ou a um grupo de empregados.

Cabe ainda às empresas identificar e combater internamente tais situações, não permitindo em hipótese alguma que, após denunciado e identificado que dentro do ambiente de trabalho estejam acontecendo situações que configurem assédio moral, a situação permaneça.

O agressor que tenha perfil de assediador deve ser advertido e dependendo da situação demitido, ou seja, as empresas não podem em hipótese alguma legitimar o agressor, tolerar, o que significa dizer que precisam rever suas políticas e procedimentos internos, estabelecendo condições e ambientes de trabalho seguros e principalmente saudáveis.

Cabe especialmente ao trabalhador que esteja sofrendo assédio moral ou ainda, presenciando situações que configurem a prática do assédio, denunciar, seja para a própria empresa, seja para os órgãos fiscalizadores do trabalho, com o intuito de identificar, prevenir e combater essa prática tão devastadora para a saúde mental do empregado.

Todos merecemos respeito.

Referências

BARRETO, Margarida Maria Silveira. **Assédio Moral**: a violência sutil. Análise epidemiológica e psicossocial no trabalho no Brasil – Doutorado em psicologia social. Pontifícia Universidade Católica de São Paulo, 2005.

BRASIL. **Constituição Federal do Brasil de 1988**, disponível em: Constituição (<planalto.gov.br>).

FREITAS, Maria Ester de; HELOANI, Roberto; BARRETO, Margarida: **Assédio Moral no Trabalho**. (Coleção Debates em Administração/

coordenadores Isabella F. Gouveia de Vasconcelos, Flavio Carvalho de Vasconcelos, André Ofenhejm Mascarenhas). São Paulo: Cengage Learning, 2017.

CAPELLANO, Tathiana e CARRAMENHA, Bruno. **Trabalho e Sofrimento psíquico**: Histórias que contam essa História. São Paulo: Atarukas Produção Editorial, 2019.

CARDOSO, Rachel. SÍNDROME DE BURNOUT: O MUNDO CORPORATIVO PRECISA FALAR SOBRE ISSO. disponível em Revista RI • Nº 261 • MAI 22 • acessado em 18 jun. 2022.

DEJOURS, Christophe; BENSAÏD, Annie; GUIHO-BAILLW, Marie-Pierre; LAFOND, Patrick; GRENIER-PEZÉ, Marie. **Psicodinâmica do Trabalho: Casos Clínicos**. (Trad. Vanise Dresch). Porto Alegre – São Paulo: Dublinense, 2017

HELOANI, Roberto; BARRETO, Margarida. **Assédio Moral**: gestão por humilhação. Curitiba: Juruá, 2018. 200p.

HIRIGOYEN, Marie-France. **Assédio Moral**: A violência perversa no cotidiano. Tradução de Maria Helena Külner. 19. ed. Rio de Janeiro: Bertrand Brasil, 2021. 224p.

OMS. Organización Mundial de la Salud. *Sensibilizando sobre el acoso psicológico en el trabajo* Serie Protección de la Salud de los Trabajadores, n. 4. Genebra, 2004.

ZANELLI, J. C., SILVA, N. & SOARES, D. H. (2010). Orientação para aposentadoria nas organizações de trabalho: Construção de projetos para o pós-carreira. Porto Alegre: Artmed.

ANÁLISE DO REGIME DE TELETRABALHO NO CONTEXTO PANDÊMICO: PROBLEMÁTICAS E SOLUÇÕES

Marcela Costa Paro

Introdução

Em março de 2020 o mundo foi acometido por uma pandemia causada pelo vírus COVID-19, a qual, dentre outras consequências, trouxe inúmeras mudanças para as relações humanas. Com as relações de trabalho não foi diferente, e repentinamente, empregadores e empregados se ajustaram a uma nova realidade. Neste contexto houve o aumento exponencial do teletrabalho, ou trabalho remoto, que desde 2020 vem sendo adotado por inúmeras empresas, as quais tiveram que se adequar às pressas à nova realidade que vinha sendo vivenciada.

O teletrabalho (ou trabalho remoto) encontra previsão legal no art. 75-B da CLT, que assim dispõe:

> Art. 75-B. Considera-se teletrabalho ou trabalho remoto a prestação de serviços fora das dependências do empregador, de maneira preponderante

ou não, com a utilização de tecnologias de informação e de comunicação, que, por sua natureza, não se configure como trabalho externo.

A título de curiosidade, acerca da expressão 'teletrabalho', não havia nenhuma referência em nossa legislação de que o teletrabalho seria o trabalho unicamente eletrônico. Ocorre que com o passar do tempo o legislador passou a associar a palavra '*tele*' a meios eletrônicos. Entretanto, a palavra '*tele*' vem do grego, utilizada para designar "*longe*", "*distância*", podendo, portanto, a expressão 'teletrabalho' ser utilizada tanto para designar o trabalho em meios eletrônicos quanto o trabalho realizado a distância.

Voltando ao contexto da pandemia e do aumento exponencial deste regime de trabalho, com o decorrer do tempo muitos empregadores passaram a notar as vantagens que esta modalidade de prestação de serviços apresenta, não somente financeiras, mas também em relação ao aumento da produtividade.

Desta feita, temos inúmeras empresas que adotaram de forma definitiva o regime de trabalho remoto em relação a seus empregados. O teletrabalho veio atender a uma realidade candente, e que verdadeiramente ressignificou o sistema de trabalho. Naturalmente que, com as mudanças surgem inúmeros questionamentos, os quais vêm sendo paulatinamente respondidos pela jurisprudência, doutrina e também pela legislação. Fato é que, diante deste cenário, se faz necessária a regulação do teletrabalho a fim de trazer segurança jurídica para estas relações, observando-se a responsabilidade social das empresas e os direitos dos trabalhadores.

A adoção massiva do teletrabalho por parte das empresas trouxe diversos questionamentos e problemáticas, tais como, a duração e controle de jornada (inclusive quanto à exigência de câmera ligada durante a jornada), o custeio de equipamentos e despesas do trabalhador em razão do teletrabalho, enquadramento sindical, além de questões afetas à ergonomia e saúde do trabalhador, adentrando na seara das doenças ocupacionais, que em nosso ordenamento são equiparadas ao acidente de trabalho.

Uma das adequações iniciais trazidas para o amoldamento ao novo contexto foi a Medida Provisória nº 927, de 22 de março de 2020, que trouxe em seu artigo 4º a possibilidade de se alterar o regime de trabalho presencial para o teletrabalho ou trabalho remoto durante a pandemia, independentemente da existência de acordos individuais ou coletivos, sendo dispensado o registro prévio da alteração no contrato individual de trabalho[94].

Recentemente, em março de 2022, foram publicadas as Medidas Provisórias nº 1.108 e nº 1.109, ambas do dia 25 do mesmo mês, que alteraram e acrescentaram alguns dispositivos da Consolidação das Leis Trabalhistas e dispuseram, dentre outras matérias, acerca do teletrabalho.

A Medida Provisória nº 1.108/2022 aborda o teletrabalho e o pagamento do auxílio-alimentação ao trabalhador, dois temas de bastante relevância no atual ordenamento trabalhista. Em especial o teletrabalho, em razão da adoção maciça deste instituto durante a pandemia, estendendo-se ao período pós-pandêmico. A exposição de motivos da referida Medida reconhece, inclusive, que a ampla adoção dessa forma de trabalho evidenciou a necessidade de se aprimorar a estrutura normativa do teletrabalho em alguns pontos, tendo como objetivo, portanto, modernizar e oferecer maior clareza conceitual e segurança jurídica às relações de trabalho regidas pela modalidade[95].

A MP nº 1.108/2022 alterou o *caput* do art. 75-B da Consolidação das Leis Trabalhistas, e acrescentou ao referido dispositivo nove parágrafos que dispõem acerca desta modalidade de labor:

---

[94] Medida Provisória nº 927, de 22 de março de 2020. Disponível em: <https://www.in.gov.br/en/web/dou/-/medida-provisoria-n-927-de-22-de-marco-de-2020-249098775>. Acesso em: 28 maio 2022.

[95] Exposição de Motivos MP nº 1.108, de 25 de março de 2022. Disponível em: <http://www.planalto.gov.br/ccivil_03/_Ato2019-2022/2022/Exm/Exm-Mpv-1108-22.pdf>.

Art. 75-B. Considera-se teletrabalho ou trabalho remoto a prestação de serviços fora das dependências do empregador, de maneira preponderante ou não, com a utilização de tecnologias de informação e de comunicação, que, por sua natureza, não se configure como trabalho externo.

§ 1º O comparecimento, ainda que de modo habitual, às dependências do empregador para a realização de atividades específicas, que exijam a presença do empregado no estabelecimento, não descaracteriza o regime de teletrabalho ou trabalho remoto.

§ 2º O empregado submetido ao regime de teletrabalho ou trabalho remoto poderá prestar serviços por jornada ou por produção ou tarefa.

§ 3º Na hipótese da prestação de serviços em regime de teletrabalho ou trabalho remoto por produção ou tarefa, não se aplicará o disposto no Capítulo II do Título II desta Consolidação.

§ 4º O regime de teletrabalho ou trabalho remoto não se confunde e nem se equipara à ocupação de operador de telemarketing ou de teleatendimento.

§ 5º O tempo de uso de equipamentos tecnológicos e de infraestrutura necessária, e de softwares, de ferramentas digitais ou de aplicações de internet utilizados para o teletrabalho, fora da jornada de trabalho normal do empregado não constitui tempo à disposição, regime de prontidão ou de sobreaviso, exceto se houver previsão em acordo individual ou em acordo ou convenção coletiva de trabalho.

§ 6º Fica permitida a adoção do regime de teletrabalho ou trabalho remoto para estagiários e aprendizes.

§ 7º Aos empregados em regime de teletrabalho aplicam-se as disposições previstas na legislação local e nas convenções e acordos coletivos de trabalho relativas à base territorial do estabelecimento de lotação do empregado.

§ 8º Ao contrato de trabalho do empregado admitido no Brasil que optar pela realização de teletrabalho fora do território nacional, aplica-se a legislação brasileira, excetuadas as disposições constantes na Lei nº 7.064, de 6 de dezembro 1982, salvo disposição em contrário estipulada entre as partes.

> § 9º Acordo individual poderá dispor sobre os horários e os meios de comunicação entre empregado e empregador, desde que assegurados os repousos legais.

A MP nº 1.108/2022 também alterou o *caput* do art. 75-C, e acrescentou-lhe o parágrafo 3º, que dispõe sobre as despesas resultantes do retorno ao trabalho presencial. Por fim, acrescentou o art. 75-F à CLT, que dispõe sobre a alocação de vagas para teletrabalho, as quais deverão ser conferidas com prioridade aos empregados com deficiência, e empregados e empregadas com filhos ou criança de até quatro anos de idade sob sua guarda:

> Art. 75-C. A prestação de serviços na modalidade de teletrabalho ou trabalho remoto deverá constar expressamente do contrato individual de trabalho.
>
> (...)
>
> § 3º O empregador não será responsável pelas despesas resultantes do retorno ao trabalho presencial, na hipótese do empregado optar pela realização do teletrabalho ou trabalho remoto fora da localidade prevista no contrato, salvo disposição em contrário estipulada entre as partes.
>
> Art. 75-F. Os empregadores deverão conferir prioridade aos empregados com deficiência e aos empregados e empregadas com filhos ou criança sob guarda judicial até quatro anos de idade na alocação em vagas para atividades que possam ser efetuadas por meio do teletrabalho ou trabalho remoto.

Por sua vez, a Medida Provisória nº 1.109/2022 trouxe algumas das medidas trabalhistas e alternativas que podem ser adotadas para o enfrentamento das consequências sociais e econômicas decorrentes do estado de calamidade pública que acometeu todo o país, em razão da pandemia causada pelo vírus Covid-19. Dentre as adequações tratadas na Medida estão a antecipação de férias individuais, a concessão de férias coletivas, aproveitamento e antecipação de feriados, e a adoção do regime de teletrabalho, tudo visando a preservação do emprego e renda dos trabalhadores, bem como a sustentabilidade do mercado de trabalho[96].

Referidas Medidas trouxeram, por exemplo, a possibilidade de adoção do teletrabalho ou trabalho remoto para estagiários e aprendizes, bem como dão providências acerca do controle de jornada e tempo à disposição do empregador. As Medidas em comento respondem a alguns questionamentos e problemáticas que sobrevieram à adoção quase que massiva do teletrabalho por parte dos empregadores. Outras questões, entretanto, ficaram a cargo da jurisprudência, que vem sendo provocada a atendê-las, conforme se verá a seguir[97].

1. Formalização do Regime de Teletrabalho e Instrumentos de Trabalho

Sabe-se que com a chegada da pandemia muitas empresas foram compelidas a adotar às pressas o regime do teletrabalho, ou trabalho remoto. Sendo assim, em muitas empresas o trabalho remoto não foi devidamente formalizado através de aditamento contratual, sendo, em alguns casos, formalizado via e-mail aos trabalhadores, por exemplo, a fim de ajustar detalhes de rotinas e entregas.

A própria MP nº 927, publicada em 22 de março de 2020, conferiu essa prerrogativa aos empregadores, conforme se depreende da redação de seu artigo 4º:

> "Art. 4º Durante o estado de calamidade pública a que se refere o art. 1º, o empregador poderá, a seu critério, alterar o regime de trabalho presencial

[96] Exposição de Motivos MP nº 1.109, de 25 de março de 2022. Disponível em: < http://www.planalto.gov.br/ccivil_03/_Ato2019-2022/2022/Exm/Exm-Mpv-1109-22.pdf>.

[97] Até a data do presente artigo, tais Medidas Provisórias não haviam sido apreciadas pelo Congresso.

> para o teletrabalho, o trabalho remoto ou outro tipo de trabalho a distância e determinar o retorno ao regime de trabalho presencial, independentemente da existência de acordos individuais ou coletivos, dispensado o registro prévio da alteração no contrato individual de trabalho."[98]

Referida medida cuidou de definir o conceito de teletrabalho/trabalho remoto, dispondo ainda sobre a alteração trazida pelo *caput* acerca da mudança de regime, a qual deveria ser comunicada aos trabalhadores com antecedência mínima de quarenta e oito horas, por escrito ou por meio eletrônico.

Com o passar dos meses, houve a percepção por parte de inúmeras empresas acerca das vantagens do regime de teletrabalho, razão pela qual vem sendo adotado até os dias atuais. Sendo assim, evidente que se fazia necessário o registro no contrato individual de trabalho, até mesmo em razão do abrandamento da pandemia e a inexistência de razões aptas a justificarem a ausência da formalização.

Seguindo este entendimento, a Medida Provisória nº 1.108/2022 alterou o *caput* do art. 75-C da Consolidação das Leis Trabalhistas, a fim de obrigar que a prestação de serviços na modalidade de teletrabalho ou trabalho remoto conste expressamente no contrato individual de trabalho. Portanto, atualmente se faz obrigatório o registro no contrato individual, o qual poderá ser formalizado através de aditamento, a fim de formalizar a adoção do regime de teletrabalho junto aos trabalhadores.

A adoção emergencial do teletrabalho também implicou outra questão primordial para o exercício do trabalho remoto pelos trabalhadores: os instrumentos de trabalho por eles utilizados. Evidente que é do empregador a obrigação de providenciar os meios para que o trabalho seja realizado, em razão do princípio da alteridade, insculpido

---

[98] Artigo 4º da Medida Provisória 927, de 23 de março de 2020. Disponível em: < https://www.in.gov.br/en/web/dou/-/medida-provisoria-n-927-de-22-de-marco-de-2020-249098775>.

no art. 2º da Consolidação das Leis do Trabalho, que dispõe que os riscos e todos os ônus da atividade econômica devem ser suportados pelo empregador.

Neste sentido, a MP nº 927 deixou clara a titularidade da obrigação ao dispor que, caso o empregado não possua os equipamentos e infraestrutura necessária à prestação do serviço em regime de teletrabalho, o empregador poderá fornecê-los em comodato e pagar por serviços de infraestrutura, ressalvando que tais pagamentos não caracterizam verba de natureza salarial. Na impossibilidade de fornecê-los, dispôs a MP 927 que o período da jornada normal de trabalho seria computado como tempo de trabalho à disposição do empregador[99].

Dispôs também a MP nº 927 que a responsabilidade pela aquisição, manutenção ou fornecimento de equipamentos tecnológicos e da infraestrutura necessária à prestação de serviços, bem como o reembolso de despesas arcadas pelo empregado serão previstas em contrato escrito pelas partes.

Tais disposições foram reforçadas pela MP nº 1.109, de 25 de março de 2022, que manteve as orientações supra. Sendo assim, as empresas que aderiram a este modelo de trabalho deverão seguir tais disposições e providenciar os instrumentos, equipamentos, manutenções e infraestrutura necessária ao desempenho do trabalho remoto por parte de seus trabalhadores.

2. Controle de Jornada e Horas Extras

Em relação à jornada de trabalho e horas extras, a Consolidação das Leis Trabalhistas trata do tema em seu Capítulo II, Seções I e II. Destacamos que a reforma trabalhista incluiu o inciso III ao art. 62, que passou a ter a seguinte redação:

---

[99] Artigo 4º, § 4º da Medida Provisória nº 927 de 22 de março de 2020. Disponível em: <https://www.in.gov.br/en/web/dou/-/medida-provisoria-n-927-de-22-de-marco-de-2020-249098775>.

> Artigo 62 – Não são abrangidos pelo regime previsto neste capítulo:
>
> I – os empregados que exercem atividade externa incompatível com a fixação de horário de trabalho, devendo tal condição ser anotada na Carteira de Trabalho e Previdência Social e no registro de empregados;
>
> II – os gerentes, assim considerados os exercentes de cargos de gestão, aos quais se equiparam, para efeito do disposto neste artigo, os diretores e chefes de departamento ou filial.
>
> III – os empregados em regime de teletrabalho. (Incluído pela Lei nº 13.467, de 2017)

Tal dispositivo excluía os trabalhadores sob o regime do teletrabalho do controle de jornada sob a ideia de que não era possível realizar referido controle, o que não se afigurava adequado à realidade destes trabalhadores. Isso porque atualmente as empresas dispõem de meios para realizar o controle de jornada de seus funcionários, como por exemplo, os sistemas que acusam o *login* e *logoff* dos empregados, softwares que conseguem fazer um verdadeiro controle digital do tempo à disposição do empregador, ações e movimentos realizados pelos usuários online, tais como "Time Doctor", "Inspector", dentre outros programas similares[100].

Sendo assim, evidente que há possibilidade de fiscalização e controle de jornada para os trabalhadores em regime de teletrabalho. É de se destacar, inclusive, que até mesmo em relação a empregados que exercem trabalho externo se afigura possível a comprovação da jornada em determinados casos. Este tem sido o entendimento da jurisprudência para estes casos, estendido também à jornada no teletrabalho. Sendo assim, quando a jornada é passível de controle, e sendo comprovada a

---

[100] Time Doctor" e "Inspector" são ferramentas de monitoramento online que contam com recursos tais como registro de pressionamento de teclas, capturas de tela, e recursos de rastreamento de uso de internet. O download destes programas pode ser feito online, através do próprio site das plataformas.

realização de horas extras pelo empregador, é devido o pagamento de horas extras no regime de teletrabalho.

Neste sentido:

> "ADVOGADA EMPREGADA. DESCARACTERIZAÇÃO DA PRESTAÇÃO DE SERVIÇOS NA CONDIÇÃO DE ASSOCIADA. VÍNCULO DE EMPREGO RECONHECIDO. A reclamante sempre trabalhou para a reclamada de forma não eventual, pessoal e exclusiva, uma vez que não há nos autos nenhuma prova de que, em algum momento da prestação laboral, ela tenha atuado também em favor de outra empresa, sido substituída por qualquer outra pessoa ou se valido de prepostos para realizar suas tarefas. O que se pode extrair do conjunto probatório é que a reclamante sempre laborou de forma subordinada. Não havia qualquer distinção entre o trabalho desenvolvido pelos advogados associados e pelos advogados empregados, nem no que toca aos cumprimentos de horário. O trabalho era mecanicista, ou seja, sem criatividade jurídica, com pouca autonomia para a reclamante criar, limitando-se a preencher formulários previamente definidos. Ademais, sequer elementos extrínsecos de validade do contrato de advogado associado foram preenchidos (Registro na Seccional da OAB). NORMAS COLETIVAS APLICÁVEIS. CONVENÇÃO E ACORDOS COLETIVOS. APLICAÇÃO DO ARTIGO 620 DA CLT, COM ANTERIOR REDAÇÃO. Ao cotejar os dois instrumentos, resta claro que a Convenção Coletiva, pela teoria do conglobamento, é mais benéfica do que o Acordo Coletivo, uma vez que prevê piso salarial, vale-refeição e reembolso creche em patamar superior, e o acordo coletivo apenas reduz direitos dos envolvidos, sem adicionar nenhuma vantagem significativa. Ademais, em tempos de processo judicial eletrônico e da intensificação da tecnologia no direito, bem próximos da inteligência artificial, parece cada vez mais sem sentido falar em pisos regionais diferenciados para a categoria dos advogados, que praticam trabalho intelectual e podem fazê-lo de qualquer lugar, inclusive de seus smartfones e, sob essa ótica, nítido o prejuízo ao profissional. HORAS

EXTRAS MAJORADAS COM ADICIONAIS DE 100%. Aplicação do artigo 20, § 2º, da Lei 8.906/94. JORNADA PASSÍVEL DE CONTROLE. A reclamante tinha o horário controlado, quando executou trabalho interno, mas a reclamada não apresentou os controles e, considerando contava com mais de 10 empregados, era ônus seu o registro da jornada de trabalho, nos termos da súmula 338 do C. TST. Quando a reclamante laborou no sistema de home office restou claro a possibilidade da aferição da jornada, uma vez que quase todo o trabalho, dava-se através de sistema informatizado, o qual permitia saber o horário de logon e logoff do usuário. irreparável a sentença no que toca à fixação da jornada, com base no princípio da razoabilidade, inclusive aos feriados, que também está em harmonia com as atividades atribuídas à autora. O intervalo não era regularmente usufruído, justificando a condenação, na forma do § 4º do artigo 71 da CLT. Sobre os adicionais extraordinários, procede o apelo da autora, na forma do artigo 20, § 2º, da Lei 8.906/94, conforme recente precedente do TST".

(TRT-15 - RO 00104458420155150042 0010445-84.2015.5.15.0042, Rela. Ana Claudia Torres Vianna, 6ª Câmara, publ. 21/05/2019)[101]

Corroborando com o entendimento acima, temos o posicionamento do TST acerca do tema, que em 2019 entendeu que sendo constatada a possibilidade de comprovação da jornada, é devido o pagamento de horas extras:

"RECURSO DE REVISTA REGIDO PELA LEI 13.015/2014 1 - PRELIMINAR DE NULIDADE POR CERCEAMENTO DE DEFESA. Decidido o mérito a favor da parte a quem aproveita a declaração de nulidade, deixa-se de apreciar a

[101] SÃO PAULO. Tribunal Regional do Trabalho da 15ª Região.RT-15 - RO: 00104458420155150042. Ementa. J. BUENO E MANDALITI SOCIEDADE DE ADVOGADOS e HELEN ELIZABETTE MACHADO ALVES. Relator: Ana Claudia Torres Vianna, 6ª Câmara, Data de Publicação: 21/05/2019. Disponível em: <https://trt-15.jusbrasil.com.br/jurisprudencia/711852634/recurso-ordinario-trabalhista--ro-104458420155150042-0010445-8420155150042/inteiro-teor-711852641>.

alegação de negativa de prestação jurisdicional, com fundamento no art. 282, § 2.º CPC/2015 (249, § 2.º, do CPC/73). 2 - TRABALHO EXTERNO. CONTROLE DE JORNADA. POSSIBILIDADE. HORAS EXTRAS DEVIDAS. O mero exercício de atividade externa não induz, por si só, o enquadramento da hipótese na regra do art. 62, I, da CLT. Aliás, o entendimento uniformizado por esta Corte é de que, além de ser admissível o controle indireto da jornada de trabalho, basta a mera possibilidade de que tal controle seja exercido, para que se exclua a hipótese do dispositivo legal em questão. Logo, não é a ausência de fiscalização direta que caracteriza a exceção do art. 62, I, da CLT, e sim a impossibilidade de controle, hipótese não configurada no caso em análise, tendo em vista que a leitura do acórdão recorrido revela que a jornada de trabalho autoral era passível de fiscalização indireta, por meio dos Relatórios Semanais de Promotores de Vendas. Assim, constatada a possibilidade de controle, são devidas as horas extras pleiteadas. Recurso de revista conhecido e provido".
(TST - RR 8872120145120038, Rela. Delaíde Miranda Arantes, 2ª Turma, j. 26/06/2019, publ. DEJT de 28/06/2019)[102]

Seguindo este entendimento, a MP nº 1.108 de 2022 alterou o inciso III do art. 62 da CLT, que passou a vigorar com a seguinte redação:

Art. 62 - Não são abrangidos pelo regime previsto neste capítulo:
I - os empregados que exercem atividade externa incompatível com a fixação de horário de trabalho, devendo tal condição ser anotada na Carteira de Trabalho e Previdência Social e no registro de empregados;

---

[102] BRASIL. Tribunal Superior do Trabalho. Recurso de Revista RR 887-21.2014.5.12.0038. Ementa. ROGÉRIO ANTUNES DA SILVA e M. DIAS BRANCO S.A. - INDÚSTRIA E COMÉRCIO DE ALIMENTOS. Relator: Delaíde Miranda Arantes. Brasília, DF. Data de Julgamento: 26/06/2019, 2ª Turma, Data de Publicação: DEJT 28/06/2019). Disponível em: <https://tst.jusbrasil.com.br/jurisprudencia/729426962/recurso-de-revista-rr-8872120145120038>.

II - os gerentes, assim considerados os exercentes de cargos de gestão, aos quais se equiparam, para efeito do disposto neste artigo, os diretores e chefes de departamento ou filial.

III - os empregados em regime de teletrabalho que prestam serviço por produção ou tarefa. (Redação dada pela Medida Provisória nº 1.108, de 2022) (grifo nosso)

Com a mudança legislativa, entende-se que os empregados em regime de teletrabalho que prestam serviços por produção ou tarefa estão excluídos do controle de jornada, bem como aqueles em que não há possibilidade de controle. Sendo assim, entende-se que para os demais trabalhadores em que há possibilidade de controle de jornada este deverá ser realizado, em razão da possibilidade de fiscalização por parte do empregador, entendimento que já vinha sendo seguido pela jurisprudência.

Evidente que ainda assim, na prática, se a empresa mantém um controle mínimo acerca do tempo de produção de peças/tarefas seria possível realizar o controle de jornada desses trabalhadores, por unidade de produção, por exemplo. Entretanto, ainda não há provocações significativas acerca deste tema no Judiciário, sendo necessário auferir, a princípio, se a natureza da atividade inspira o controle de jornada.

Portanto, com a nova redação do art. 62, as empresas deverão realizar o controle de jornada dos trabalhadores em regime de teletrabalho/trabalho remoto, visto tratar-se de uma jornada passível de controle, conforme entendimento jurisprudencial que já vinha sendo construído, bem como, em razão dos amplos meios de controle hoje disponíveis. Sendo assim, é importante que as empresas adotem práticas de controle de jornada, a fim de evitar futuras demandas versando sobre pagamento de horas extras no regime de teletrabalho.

3. Exigência de Câmera Ligada

O aumento crescente da adoção do regime de teletrabalho deu lugar a outra discussão. Poderia o empregador exigir o uso de câmera ligada, a fim de auferir a execução do trabalho por parte do trabalhador?

Sabe-se que o empregado, ao desempenhar o labor fora das dependências da empresa, está amparado pela proteção constitucional à sua intimidade e privacidade, que não podem ser violadas. Contudo, se este mesmo empregado se encontra em horário de trabalho, e, portanto, à disposição do empregador, justo que este possua meios de auferir que o trabalho está sendo realizado por ele próprio – o empregado.

Importante ressaltar aqui o princípio da pessoalidade no Direito do Trabalho, que estabelece que o trabalho tem que ser prestado pessoalmente, não podendo ele se fazer substituir por outro. Tal princípio se mostra tão importante em nosso ordenamento que, na falta da pessoa do empregado, com o seu falecimento por exemplo, o contrato de trabalho é extinto. Diferente do que ocorre com a falta do empregador ou seu falecimento, que salvo exceções bastante específicas, o contrato de trabalho é mantido.

Necessário, portanto, encontrar um equilíbrio entre os dois pontos, tanto o do empregado quanto o do empregador. Não se mostra abusiva ou ilícita a exigência de câmera ligada em reuniões, por exemplo, nas quais a figura do trabalhador é imperiosa. Contudo, não cabe a exigência da câmera ligada durante toda a jornada de trabalho a fim de apurar a produtividade até porque a empresa dispõe de outros meios mais eficazes, inclusive, para auferir se o empregado está desempenhando suas funções e realizando suas entregas.

O uso de câmeras em ambientes corporativos é uma prática que vem sendo regulada a fim de evitar a exposição da intimidade do trabalhador, não podendo ser utilizada, por exemplo, em banheiros e vestiários. Da mesma forma, há uma expectativa de privacidade em relação ao trabalho realizado remotamente, em especial quando feito dentro da residência do trabalhador, gozando assim da proteção constitucional do art. 5º, inc. X, da Constituição Federal, que assim dispõe:

> Art. 5º Todos são iguais perante a lei, sem distinção de qualquer natureza, garantindo-se aos brasileiros e aos estrangeiros residentes no País a inviolabilidade do direito à vida, à liberdade, à igualdade, à segurança e à propriedade, nos termos seguintes:
> X - são invioláveis a intimidade, a vida privada, a honra e a imagem das pessoas, assegurado o direito a indenização pelo dano material ou moral decorrente de sua violação;

Portanto, é necessário que o empregador crie mecanismos de controle e aferição de produtividade que não invadam a proteção constitucional conferida ao trabalhador. Muitas empresas orientam o uso, por exemplo, de planos de fundo que impedem a visão do ambiente ao redor, orientando o uso pelos empregados em reuniões ou quando o uso da câmera é imprescindível.

4. Custeio de Despesas

O aumento exponencial da adoção do teletrabalho de fato elevou certos custos por parte dos trabalhadores que aderiram a esta modalidade, tais como aumento na conta de energia elétrica e até mesmo necessidade de investir em melhores equipamentos e internet a fim de desempenhar o trabalho. Sendo assim, esta questão foi levantada tendo em vista que enquanto o empregado está a desempenhar suas atribuições e sob os comandos da empresa, os custos da operação pertencem a esta, em razão do princípio da alteridade, previsto no art. 2º da CLT que assim dispõe:

> Art. 2º - Considera-se empregador a empresa, individual ou coletiva, que, assumindo os riscos da atividade econômica, admite, assalaria e dirige a prestação pessoal de serviço.

Portanto, a legislação trabalhista, também norteada pelo princípio da proteção ao trabalhador, determina que o empregador assuma os riscos do empreendimento, ou seja, da sua atividade econômica, uma vez que os lucros resultantes dessa atividade a ele pertencem. Não é possível a transferência dos ônus derivados do contrato de trabalho a parte hipossuficiente da relação. Evidente que sendo o empregado realocado para exercer em sua residência o trabalho que antes exercia na sede da empresa, este terá um aumento nos custos necessários para desenvolver esta atividade – custos que antes pertenciam à empresa.

Sob este tópico, dispõe o art. 75-D na Consolidação das Leis Trabalhistas:

> Art. 75-D. As disposições relativas à responsabilidade pela aquisição, manutenção ou fornecimento dos equipamentos tecnológicos e da infraestrutura necessária e adequada à prestação do trabalho remoto, bem como ao reembolso de despesas arcadas pelo empregado, serão previstas em contrato escrito.

Sendo assim, não há previsão expressa acerca do custeio das despesas, sendo a previsão legal de que este, se houver, deverá constar em contrato escrito entre as partes, não dispondo a lei claramente acerca da obrigatoriedade do reembolso de despesas. Muito se discute acerca da quantificação e comprovação de tais despesas. Em que pese a alegação por parte de alguns de que esta quantificação seria difícil de ser realizada na prática, existem meios aptos a quantificar e justificar tais gastos. Relatórios de despesas, por exemplo, e até mesmo o pagamento de 'ajudas de custo' a fim de custear, ainda que em parte, o aumento de gastos que o empregado obteve em razão do regime de teletrabalho.

Pode ser feita uma estimativa para reembolsar o empregado, mas a preocupação por parte das empresas neste quesito é em torno do risco de incorporação ao salário. Neste quesito, a jurisprudência é dividida, existindo julgados que reconhecem a obrigação do empregador de indenizar o empregado pelas despesas, bem como julgados que entendem que não há esta obrigação, visto que o trabalho remoto implica em determinadas economias ao trabalhador – as quais seriam compensadas com o aumento de determinados gastos. O mais seguro, entretanto, caso se entenda pelo reembolso de despesas, seria fazê-lo através de negociação coletiva entre as partes.

O regime de teletrabalho não pode configurar desvantagem ao trabalhador, em atenção ao princípio da proteção que visa resguardar a parte mais fraca da relação. Na adoção deste regime devem ser mantidas as mesmas disposições atinentes ao regime de trabalho presencial, inclusive com as mesmas garantias e proteções. Sendo assim, é razoável uma ajuda de custo por parte das empresas, ainda que módica, a fim de custear eventuais aumentos de despesas em decorrência do trabalho remoto.

5. Acidente de Trabalho

Conforme já afirmado anteriormente, o regime de teletrabalho conta com as mesmas proteções conferidas aos empregados que trabalham em regime presencial, estando a empresa igualmente submetida às mesmas obrigações para com estes.

Neste sentido, a Constituição Federal confere aos empregados em seu art. 7º, inciso XXII, o direito à redução dos riscos inerentes ao trabalho, por meio de normas de saúde, higiene e segurança. A preocupação com a saúde do trabalhador e o ambiente em que se realiza o trabalho é inerente às relações de trabalho, independentemente da modalidade escolhida.

O empregador deve tomar medidas a fim de dirimir eventuais riscos à saúde do empregado, sejam eles em relação a acidentes de trabalho, bem como em relação às doenças ocupacionais, que em nosso ordenamento jurídico equiparam-se à proteção conferida ao acidente de trabalho.

Dispõe o art. 75-E da CLT, incluído pela Lei nº 13.467/2017:

> Art. 75-E. O empregador deverá instruir os empregados, de maneira expressa e ostensiva, quanto às precauções a tomar a fim de evitar doenças e acidentes de trabalho.
> Parágrafo único. O empregado deverá assinar termo de responsabilidade comprometendo-se a seguir as instruções fornecidas pelo empregador.

O trabalho exercido em um contexto domiciliar apresenta algumas particularidades. Grande parte dos trabalhadores que laboram neste regime relatam uma intensificação da jornada, o que pode levar a questões como exaustão, síndrome de Burnout, ansiedade, dentre outras. Tais condições de fato têm se tornado cada vez mais comuns, tendo sido notado inclusive um aumento no número de concessões de benefícios previdenciários por invalidez e auxílio-doença desde 2020, tendo como principal causa os transtornos psíquicos.

Além disso, existem os problemas de ordem ergonômica que podem afetar a saúde dos trabalhadores que laboram em regime de trabalho remoto/teletrabalho. A fim de tentar solucionar tais questões, a Organização Internacional do Trabalho (OIT) elaborou um Guia Prático do Teletrabalho antes e após a pandemia da COVID-19, que reúne algumas orientações e boas práticas para serem aplicadas nesta modalidade de trabalho.

O Guia dispõe de um capítulo inteiro dedicado à Segurança e Saúde do Trabalhador, visando orientar as organizações a zelar pela saúde e bem-estar do trabalhador. Também conta com disposições acerca da produtividade durante o teletrabalho, organização do tempo, gestão de desempenho, comunicação, dentre outras orientações. É recomendado inclusive que as organizações mantenham apólices de seguro de vida adequadas para seus trabalhadores, caso aconteça algum acidente de trabalho durante o teletrabalho.

Sendo o trabalho exercido dentro da residência do empregado, fica o empregador obrigado a instruir seus trabalhadores acerca dos cuidados a serem tomados para se evitar doenças ocupacionais e acidentes de trabalho. Ocorre que muitas vezes a dificuldade do empregador será justamente a de se definir o local de trabalho, eis que o teletrabalho pode ser exercido diretamente da casa do trabalhador, ou qualquer outro local que permita a ele desempenhar suas tarefas, inclusive locais públicos.

Desta feita, o empregador fica impossibilitado de exercer este controle. Fato é que o trabalho exercido dentro da sede do empregador lhe confere esta vantagem, ou seja, de fiscalizar e tomar medidas a fim de evitar possível acidente ou doença ocupacional. Contudo, conforme já explanado anteriormente, o teletrabalho deve conferir ao empregado as mesmas garantias e direitos que o trabalho exercido nas dependências do empregador.

Neste sentido, citamos uma entrevista constante no site da ANAMATRA – Associação Nacional dos Magistrados da Justiça do Trabalho, em que se orienta que adotando-se o regime de trabalho remoto ou teletrabalho, os locais de prestação de serviço deverão ser informados ao empregador, o qual deverá fiscalizar o ambiente e instruir o empregado tal como prevê o art. 75-E da CLT:

> "Em suma, no teletrabalho nômade/móvel os locais de prestação de labor deverão ser previamente informados ao empregador que, por sua vez, deve fiscalizar o ambiente telelaboral a fim de certificar as condições de saúde e segurança do trabalho.
> Caso haja o estabelecimento dos locais de trabalho e o empregado desrespeite o acordado, eventual infortúnio sofrido não será imputado ao empregador, por presente culpa exclusiva da vítima.
> De outro lado, caso não sejam estipulados pontos de ativação telelaboral entre empregado e empregador, este assume o risco de engendrar aquele em qualquer local de trabalho que potencialmente possa gerar

dano ao trabalhador (praças, shopping centers, hotéis), descurando por completo a imposição de redução de riscos inerentes ao trabalho, prevista constitucionalmente, a atrair a aplicação da responsabilidade objetiva pela degradação do ambiente telelaboral (artigo 14, parágrafo 1º, da Lei nº 6.938/81).

Enfim, nesta última hipótese, sobrevindo reclamação trabalhista em que se postule indenização por dano extrapatrimonial, em face de acidente de trabalho atípico (doença ocupacional), a realização da perícia para a constatação do nexo de causalidade dar-se-á de modo qualitativo, sujeita a prova em contrário quanto às condições qualitativamente previstas ou declaradas pelo autor na petição inicial."[103]

Tal orientação evidentemente leva em consideração o princípio da proteção ao trabalhador, no sentido de proteger a parte mais frágil da relação jurídica, mas também leva em conta a dificuldade da empresa em fiscalizar a atividade exercida fora de suas dependências.

Entende-se que, mesmo o trabalho sendo exercido fora da empresa, na residência do empregado, o empregador ainda assim disporia de meios aptos a evitar eventual acidente de trabalho no âmbito do teletrabalho, ou ainda a ocorrência de doenças ocupacionais, uma vez que é definido pelas partes o local da prestação de serviços.

No tocante à prevenção de doenças ocupacionais, as quais são equiparadas ao acidente de trabalho, o empregador deverá tomar os mesmos cuidados que tomaria dentro de sua empresa, seja no tocante à realização de exames periódicos, seja em fornecer instrumentos adequados aos seus empregados para que estes possam exercer suas funções. Ou seja, além de fornecer os computadores e assistência técnica, fornecer

---

[103] CAPUZZI, Antonio. É possível ocorrer acidente do trabalho em caso de teletrabalho nômade? ANAMATRA. Fevereiro, 2021. Disponível em: <https://www.anamatra.org.br/imprensa/anamatra-na-midia/30760-e-possivel-ocorrer-acidente-do-trabalho-em-caso-de-teletrabalho-nomade>.

também cadeiras adequadas, mesas, e todos os instrumentos cabíveis ao caso e que sejam aptos a evitar possível doença ocupacional.

Muitas empresas adotam rotinas de ginástica laboral com seu quadro de empregados, disponibilizando, inclusive, essas práticas de forma remota, na mesma frequência em que aconteciam quando o trabalho era predominantemente realizado dentro da empresa. Tal prática é um exemplo de condutas que podem ser adotadas a fim de prevenir a ocorrência de doenças ocupacionais em funcionários que ficam muito tempo trabalhando no computador.

Ciente de que o empregado está fora do estabelecimento do empregador, e que este fato por si só dificulta a produção de provas, ele deverá redobrar os cuidados. Fato é que o empregado tem a seu favor os princípios que regem a relação trabalhista, tais como o princípio da proteção ao empregado, da alteridade (por isso a obrigação do empregador de fornecer os instrumentos e contribuir para o meio em que o empregado exerce suas funções), bem como a proteção constitucional à saúde e à redução dos riscos inerentes ao trabalho.

Uma vez que o empregado defina o local de trabalho junto ao empregador, é possível que este o instrua frequentemente e fiscalize tal local podendo inclusive realizar treinamentos, estabelecer determinadas rotinas entre o corpo de funcionários, e realizar exames periódicos, os quais serão meios de prova hábeis a se delimitar o nexo de causalidade em casos de alegação de doença ocupacional.

Ou seja, ainda que o empregado não esteja nas dependências da empresa, o empregador deverá fazer o possível para minimizar os riscos de um possível acidente de trabalho ou doenças ocupacionais. E para tanto, a definição do local de trabalho pelas partes é de fundamental importância, segundo a orientação já exposta, para que a empresa possa de fato exercer essa fiscalização e controle.

Contudo, há de se levar em consideração que o fato de estar o empregado fora das dependências da empresa torna a prova do empregador muito mais difícil, mesmo seguindo ele todas as condutas adotadas em tópico deste artigo. Sendo assim, de maneira a equilibrar a equação, é justo sendo definido o local de trabalho e tomados todos os cuidados por parte da empresa, a responsabilidade do empregador seja tida como subjetiva. Deste modo, em eventual reclamação trabalhista, o empregado disporá de melhores meios de prova, tendo mais facilidade em comprovar o nexo de causalidade existente entre a conduta da empresa e o acidente/doença ocupacional.

Tal providência é pensada a fim de se evitar a proliferação de demandas versando sobre esta matéria, especialmente no atual momento de instabilidade, considerando que as indenizações neste tipo de ação podem colocar em risco a saúde financeira da empresa.

Considerações finais

É evidente que a pandemia causada pelo COVID-19 trouxe inúmeras mudanças para a sociedade, para as relações humanas e também para as relações trabalhistas. O aumento exponencial do teletrabalho/trabalho remoto é uma delas, e naturalmente com isso surgiram inúmeras questões e problemáticas envolvendo referido regime.

Como é inerente ao Direito, podemos concluir que as mudanças legislativas vêm acompanhando as mudanças ocorridas nestas relações. Além das mudanças legislativas, a jurisprudência também vem sendo provocada a fim de responder a certos questionamentos.

De um modo geral, o teletrabalho ou trabalho remoto propicia mais flexibilidade no trabalho, vantagem esta apreciada pela nova geração. De outro lado, temos as empresas que, ao se valerem desse regime, esperam um aumento na produtividade e mais facilidades. Evidente que existem certas peculiaridades no referido regime, para as quais deverá ser conferido um olhar humano e atento.

Neste momento de mudança e de ressignificação dos sistemas de trabalho, é importante zelar pelos direitos dos trabalhadores, bem como pela segurança jurídica. Isto é, os trabalhadores submetidos ao regime do teletrabalho deverão ter as mesmas garantias e direitos que os trabalhadores que laboram nas dependências da empresa.

Tanto a legislação quanto a jurisprudência têm caminhado neste sentido, a fim de responder às problemáticas que vêm surgindo em decorrência destas mudanças. É necessário que o ordenamento jurídico confira segurança a estas relações, tanto para o empregado quanto para o empregador, tendo sempre em vista a responsabilidade social das empresas e os direitos e garantias dos trabalhadores.

Referências

BRASIL. Constituição (1988). **Constituição da República Federativa do Brasil de 1988**. Brasília, DF. Disponível em: <http://www.planalto.gov.br/ccivil_03/constituicao/constituicao.htm>.

BRASIL. **Decreto-Lei nº 5.542, de 1º de maio de 1943**. Consolidação das Leis Trabalhistas. Diário Oficial da União. Brasília, DF. Disponível em: <http://www.planalto.gov.br/ccivil_03/decreto-lei/del5452.htm>.

BRASIL. **Lei nº 13.467, de 13 de julho de 2017**. Diário Oficial da União. Brasília, DF. Disponível em: <http://www.planalto.gov.br/ccivil_03/_ato2015-2018/2017/lei/l13467.htm>.

BRASIL. **Medida Provisória nº 927, de 22 de março de 2020**. Diário Oficial da União. Brasília, DF. Disponível em: <https://www.in.gov.br/en/web/dou/-/medida-provisoria-n-927-de-22-de-marco-de-2020-249098775>.

BRASIL. **Medida Provisória nº 1.108, de 25 de março de 2022**. Diário Oficial da União. Brasília, DF. Disponível em: <http://www.planalto.gov.br/ccivil_03/_Ato2019-2022/2022/Mpv/mpv1108.htm>.

BRASIL. **Medida Provisória nº 1.109, de 25 de março de 2022**. Diário Oficial da União. Brasília, DF. Disponível em: <http://www.planalto.gov.br/ccivil_03/_ato2019-2022/2022/Mpv/mpv1109.htm>.

BRASIL. Tribunal Superior do Trabalho. Recurso de Revista RR 887-21.2014.5.12.0038. Ementa. ROGÉRIO ANTUNES DA SILVA e M. DIAS BRANCO S.A.-INDÚSTRIA E COMÉRCIO DE ALIMENTOS. Relator: Delaíde Miranda Arantes. Brasília, DF. Data de Julgamento: 26/06/2019, 2ª Turma, Data de Publicação: DEJT 28/06/2019). Disponível em: <https://tst.jusbrasil.com.br/jurisprudencia/729426962/recurso-de-revista-rr-8872120145120038>.

CAPUZZI, Antonio. É possível ocorrer acidente do trabalho em caso de teletrabalho nômade? ANAMATRA. Fevereiro, 2021. Disponível em: <https://www.anamatra.org.br/imprensa/anamatra-na-midia/30760-e-possivel-ocorrer-acidente-do-trabalho-em-caso-de-teletrabalho-nomade>.

DECLATRA. Especial Trabalho Híbrido – **Adoecimento e home office: O preço da produtividade**. Julho, 2020. Disponível em: <https://www.declatra.adv.br/adoecimento-home-office/>.

Exposição de Motivos MP nº 1.108, de 25 de março de 2022. Disponível em: <http://www.planalto.gov.br/ccivil_03/_Ato2019-2022/2022/Exm/Exm-Mpv-1108-22.pdf>.

Exposição de Motivos MP nº 1.109, de 25 de março de 2022. Disponível em: <http://www.planalto.gov.br/ccivil_03/_ato2019-2022/2022/Exm/Exm-Mpv-1109-22.pdf>.

ORGANIZAÇÃO INTERNACIONAL DO TRABALHO. **Teletrabalho Durante e Após a Pandemia COVID-19: Guia Prático**. Bureau Internacional do Trabalho-Genebra, jul. 2020. Disponível em: <https://www.ilo.org/wcmsp5/groups/public/—europe/—ro-geneva/—ilo-lisbon/documents/publication/wcms_771262.pdf>.

RIBEIRO, Daniel Ybarra de Oliveira. **Publicadas em 28/3/22 duas MP's em matéria trabalhista: MP 1.108/22 e a MP 1.109/22**. Migalhas, 2022. Disponível em: <https://www.migalhas.com.br/depeso/362619/mp-em-materia-trabalhista-mp-1-108-22-e-a-mp-1-109-22>.

SÃO PAULO. Tribunal Regional do Trabalho da 15ª Região. TRT-15 - RO: 00104458420155150042. Ementa. J. BUENO E MANDALITI SOCIEDADE DE ADVOGADOS e HELEN ELIZABETTE MACHADO ALVES. Relator: Ana Claudia Torres Vianna, 6ª Câmara, Data de Publicação: 21/05/2019. Disponível em: <https://trt-15.jusbrasil.com.br/jurisprudencia/711852634/recurso-ordinario-trabalhista-ro-104458420155150042-0010445-8420155150042/inteiro-teor-711852641>.

A SÚMULA 297 DO TST E O RECURSO DE REVISTA: ASPECTOS RELEVANTES E POLÊMICOS

Marcelo Petta Gonzaga Franco

Introdução

O presente artigo pretende aprofundar o estudo dos aspectos relevantes e polêmicos da Súmula nº 297 do TST, bem como os seus reflexos no Recurso de Revista.

É sabido que o Recurso de Revista constitui instrumento processual que se caracteriza por alta complexidade técnica e exige, para sua adequação, o cumprimento de diversos requisitos de admissibilidade, sendo um dos mais importantes, o prequestionamento da matéria que se pretende levar ao crivo da Corte Superior Trabalhista.

Aliás, é muito comum que os Recursos de Revista não sejam conhecidos e processados pelo TST em virtude da ausência do referido prévio questionamento, sendo certo que a Súmula nº 297 do TST não só define este pressuposto recursal, como também oferece as ferramentas necessárias para o seu regular cumprimento.

Com efeito, o presente artigo examinará os aspectos relevantes e específicos do Recurso de Revista e Embargos de Declaração para fins de prequestionamento, estudando, por fim, ponto a ponto, os elementos da referida Súmula 297.

1. Recurso de revista

1.1 Conceito e finalidade

Mauro Schiavi (2017) conceitua o recurso de Revista da seguinte maneira:

> Trata-se o recurso de revista de medida recursal de natureza extraordinária, cabível em face de acórdãos proferidos pelos Tribunais Regionais do Trabalho em dissídios individuais, tendo por objetivo uniformizar a interpretação das legislações estadual, federal e constitucional (tanto de direito material como processual) no âmbito da competência da Justiça do Trabalho, bem como resguardar a aplicabilidade de tais instrumentos normativos. (SCHIAVI, 2017, p. 107)

Conforme se depreende dos arts. 896 e 896-A da CLT, o Recurso de Revista se trata de modalidade recursal extremamente técnica, repleta de requisitos de admissibilidade e que não se destina a apreciar fatos e provas, tendo por finalidade o reexame de matérias estritamente de direito com o objetivo de salvaguardar a legislação trabalhista (constitucional e infraconstitucional) e uniformizar a jurisprudência.

1.2 Pressupostos de admissibilidade

Além dos pressupostos gerais de admissibilidade atinentes a qualquer recurso, tais quais, a legitimidade, o interesse e a capacidade (pressupostos intrínsecos), bem como a recorribilidade do ato, a adequação, a regularidade de representação, a tempestividade e o preparo (pressupostos extrínsecos), Carlos Augusto Marcondes de Oliveira Monteiro (2016) elenca como sendo pressupostos específicos do Recurso de Revista, na fase de conhecimento, o prequestionamento, a impossibilidade de reexame de fatos e provas, a transcendência, o ônus processual do recorrente e o processamento do recurso.

Segundo o autor acima citado, "*Prequestionamento [...] significa dizer que a matéria ventilada no recurso deve, obrigatoriamente, ter sido discutida na instância ordinária*" (Ibid., p. 115). A esse respeito, registra-se que o mencionado pressuposto será estudado mais cuidadosamente no item 3 do presente artigo.

No que toca à impossibilidade de reexame de fatos e provas, Monteiro (2016) discorre da seguinte maneira:

> A impossibilidade de reexame de fatos e provas é considerado um pressuposto negativo de processamento do Recurso de natureza extraordinária, de forma que, se necessária a análise do conjunto probatório e dos fatos controvertidos, inviável o conhecimento do Recurso, pois o que se discute em recursos de natureza extraordinária é o direito objetivo e não o direito subjetivo das partes. (MONTEIRO, 2016, p. 123)

Já a transcendência, que foi inserida no ordenamento jurídico trabalhista pela Medida Provisória nº 2.226/2001 (art. 896-A da CLT), ganhou nova redação com o advento da Lei nº 13.467/2017, estando, no presente momento, insculpida no art. 896-A da CLT.

Monteiro, antes mesmo da entrada em vigor da Lei nº 13.467/2017, afirmava que "*a transcendência é inerente a todo e qualquer recurso de natureza extraordinária. Se equipara ao pressuposto do Recurso Extraordinário denominado 'repercussão geral*". (Ibid., p. 130)

Este mesmo estudioso do Direito prossegue argumentando que "*o que se discute no Recurso de Revista são questões ultra-partes ou, que estão acima do direito individual dos litigantes, o que pode ser denominado de transcendência".* (loc. cit.)

Por fim, quanto ao ônus processual do recorrente e o processamento do recurso é certo que, para conhecimento do Recurso de Revista, o recorrente deve observar as formalidades inseridas pelas Leis nºs 13.015/2014 e 13.467/2017 no § 1º-A do art. 896 da CLT.

2. Embargos de declaração

2.1 Conceito, finalidade e hipóteses de cabimento

Conforme ensina Sergio Pinto Martins (2007, p. 469), "*Embargar provém do latim* imbaricare, *de barra. A palavra embargos é derivada de* embargar. *No aspecto processual, é opor obstáculo, podendo ser declaração, do devedor, de terceiros, etc.*".

Com efeito, verifica-se que os Embargos de Declaração, nos termos do art. 1.022 do CPC, cumulado com o art. 897-A da CLT se trata de instrumento processual oferecido pela legislação às partes do processo que se deparam com decisão judicial omissa, contraditória ou obscura, ou, ainda, que tenha cometido erro inequívoco ao examinar os pressupostos extrínsecos de determinado recurso e incidido em erro material.

Conforme se depreende, o objetivo desse instrumento é de esclarecimento e aperfeiçoamento da decisão, a fim de se evitar problemas futuros de interpretação do conteúdo decisório, especialmente na fase de liquidação e execução.

Considera-se omissa a decisão que deixa de apreciar os pedidos constantes na petição inicial e/ou defesa ou de se pronunciar explicitamente acerca de argumento deduzido pelas partes que possam infirmar a conclusão adotada pelo julgador.

Já a contradição ocorre quando a conclusão do julgador contradiz a sua própria fundamentação.

Por obscura entende-se a decisão confusa, ambígua e que não deixa clara a compreensão do que foi decidido.

Já o manifesto equívoco no exame dos pressupostos extrínsecos do recurso se caracteriza, por exemplo, quando o Juízo de admissibilidade não dá seguimento a determinado recurso por julgá-lo intempestivo, muito embora o prazo legal tenha sido rigorosamente observado pelo recorrente.

Por fim, entende-se por erro material o lapso de escrita, o erro de digitação, isto é, quando o julgador escreve algo que não queria escrever por simples equívoco de escrita.

Dentro desse contexto, sempre que uma decisão judicial trabalhista contenha os vícios acima mencionados, poderão ser esclarecidas/complementadas, a requerimento de qualquer das partes, por meio dos Embargos de Declaração.

No entanto, além das hipóteses supramencionadas, é possível se acrescentar mais uma finalidade aos Embargos de Declaração, qual seja: prequestionamento de matéria para fins de interposição de Recurso de Revista, nos termos da Súmula nº 297 do TST. Aliás, este é o tema a ser debatido no próximo capítulo.

3. Súmula nº 297 do TST e suas peculiaridades

3.1 Aspectos gerais

A Súmula nº 297 do TST, atualizada no dia 21 de novembro de 2003, prescreve o seguinte:

> "PREQUESTIONAMENTO. OPORTUNIDADE. CONFIGURAÇÃO (nova redação) - Res. 121/2003, DJ 19, 20 e 21.11.2003
>
> I. Diz-se prequestionada a matéria ou questão quando na decisão impugnada haja sido adotada, explicitamente, tese a respeito.

II. Incumbe à parte interessada, desde que a matéria haja sido invocada no recurso principal, opor embargos declaratórios objetivando o pronunciamento sobre o tema, sob pena de preclusão.

III. Considera-se prequestionada a questão jurídica invocada no recurso principal sobre a qual se omite o Tribunal de pronunciar tese, não obstante opostos embargos de declaração."[104]

Nessa esteira, analisando a Súmula supratranscrita, verifica-se que ela traz consigo os seguintes aspectos gerais:

a) no inciso I, a definição de prequestionamento de matéria e/ou questão;

b) no inciso II, qual é o procedimento a ser adotado pela parte no caso de não haver pronunciamento explícito sobre o tema que se pretende abordar no recurso principal, e;

c) no inciso III, qual é a solução jurídica para o caso de o Tribunal Regional insistir em não se pronunciar sobre determinado tema, ainda que provocado pela parte em fazê-lo mediante o instrumento processual adequado.

Com efeito, nos próximos itens tratar-se-á destes aspectos de forma aprofundada.

3.2 Prequestionamento: conceito e finalidade

Conforme exposto no item 1 do presente artigo, o prequestionamento se trata de pressuposto de admissibilidade indispensável a ser atendido para o regular seguimento do Recurso de Revista no TST.

O aludido requisito foi acrescentado ao ordenamento jurídico trabalhista por meio da Lei nº 13.015/2014 e se encontra previsto, hoje, no art. 896, § 1º-A, inciso I, da CLT.

---

[104] TRIBUNAL SUPERIOR DO TRABALHO. Disponível em: <http://www3.tst.jus.br/jurisprudencia/Sumulas_com_indice/Sumulas_Ind_251_300.html#SUM-297>. Acesso em: 02 jan. 2020.

Todavia, é certo que esse pressuposto de admissibilidade recursal já era exigido pelo TST antes mesmo da supracitada lei entrar em vigor.

Dessa forma, pode-se dizer que o prequestionamento, no âmbito da Justiça do Trabalho, se tratou de criação jurisprudencial que fora posteriormente positivada no ordenamento jurídico.

Na verdade, no Brasil, o prequestionamento surgiu sob influência do direito norte-americano, baseado no *Judiciary Act*, de 24 de setembro de 1789. Manoel Antonio Teixeira Filho (2014) ensina o seguinte acerca do tema:

> A cláusula do *prequestionamento* surgiu no direito norte-americano, por meio do *Judiciary Act*, de 24 de julho de 1789. Esse Act, adaptando o *writ of error* do direito inglês às singularidades da organização da Colônia, permitiu *recurso* para a Suprema Corte. (p. 279)

Ainda de acordo com o autor acima citado, "*No Brasil, a primeira alusão ao prévio questionamento foi feita pelo Decreto n. 510, de 22 de junho de 1890, do Governo Provisório, cujo art. 59 inspirou-se no mencionado Judiciary Act*". (Ibid.)

Carlos Augusto Marcondes de Oliveira Monteiro (2016, p. 116) acrescenta o seguinte:

> No Brasil, a exigência prevista no Decreto n. 510 de 1890 foi mantida na Constituição Federal de 1891, em seu art. 59, § 1º, o que permaneceu até a Constituição de 1937. Na Constituição Federal de 1946 tal exigência desapareceu, iniciando-se uma série de decisões que dispensavam a necessidade do prequestionamento. Com o passar do tempo, em razão dos inúmeros processos pendentes no STF, este cuidou de estabelecer por meio de súmula a necessidade do prequestionamento.

Ademais, na esfera do Direito Processual do Trabalho, a 1ª Subseção Especializada em Dissídios Individuais (SBDI I) editou diversas

Orientações Jurisprudenciais (OJ's) que já previam a necessidade do prequestionamento nos recursos submetidos ao TST, tais quais as de nºs 62, 118, 119, 151 e 256.

Dentro desse contexto, verifica-se que o prequestionamento já era adotado como requisito indispensável para o conhecimento dos recursos de natureza extraordinária (como é o caso do Recurso de Revista) muito tempo antes da legislação o prever como tal.

Nessa linha, partindo da premissa de imprescindibilidade da figura em comento (prequestionamento) para fins de conhecimento do Recurso de Revista, a doutrina de Manoel Antonio Teixeira Filho (2014) a conceitua da seguinte maneira:

> Conquanto o vocábulo prequestionamento não se encontre dicionarizado, esse neologismo significa, na terminologia processual, o ato de discutir-se, de ventilar-se, de questionar-se, de maneira prévia, perante o órgão a quo, determinada matéria ou tema, a fim de que o tribunal possa reexaminá-lo, em grau de recurso de natureza extraordinária (usada a expressão, aqui, em contraposição ao recurso ordinário). (TEIXEIRA FILHO, 2014, p. 279)

Teixeira Filho, por sua vez, reafirma que "*para que determinada matéria possa ser apreciada mediante recurso de revista, é necessário que ela tenha sido examinada pela decisão impugnada*" (Ibid. p. 280). Declara, também, que a finalidade do prequestionamento "*decorre, em tese, da necessidade do órgão* ad quem *poder, em face disso, subsumir o tema à moldura legal e, em consequência, formular sobre o mesmo um juízo de valor*" (Ibid., p. 279).

Nesse mesmo sentido, o Ministro Marco Aurélio de Farias Mello, em voto proferido no uso de suas atribuições de Ministro do Supremo Tribunal Federal (STF), justificou a importância do prequestionamento da seguinte maneira:

> A exigência do prequestionamento não decorre de simples apego a determinada forma. A razão de ser do instituto está na necessidade de proceder-se ao cotejo para, somente então, assentar-se o enquadramento do recurso no permissivo próprio.[105]

Já o TST, como visto no item precedente, definiu o prequestionamento por meio do inciso I da Súmula nº 297, dispositivo este que se transcreve abaixo, mais uma vez, para melhor compreensão:

> **"Súmula nº 297 do TST: PREQUESTIONAMENTO. OPORTUNIDADE. CONFIGURAÇÃO (nova redação) - Res. 121/2003, DJ 19, 20 e 21.11.2003**
> I. Diz-se prequestionada a matéria ou questão quando na decisão impugnada haja sido adotada, explicitamente, tese a respeito".

Com efeito, segundo o Tribunal Superior Trabalhista, o prequestionamento se encontrará caracterizado quando o órgão julgador adotar tese explícita acerca de determinada matéria ou questão, isto é, quando o Tribunal abordar e discorrer expressamente em sua decisão a respeito de determinado tema.

Isso significa que não basta que a matéria tenha sido abordada de forma indireta no acórdão que se pretende combater, como ocorre nos casos em que o Tribunal adota os fundamentos da sentença como razões de decidir.

Nesse sentido, inclusive, é o entendimento de Manoel Antonio Teixeira Filho (2014):

> Não são raros os casos em que o acórdão regional, por certo comodismo intelectual, adota como razões de decidir aquelas que constam na

---

[105] Trecho da decisão proferida pelo Ministro do STF, Marco de Farias Mello, no Agravo Regimental em Agravo nº 178.745-7-DF, publicada no Diário de Justiça da União no dia 30/05/1997, p. 23.181.

decisão impugnada. Em tal situação, entende-se não ter havido prévio questionamento, para efeito de interposição e de admissibilidade de recurso de revista. (p. 281)

Diante disso, é possível concluir que o prequestionamento da matéria tem relevância processual para que não ocorra a famigerada supressão de instância, sendo esta considerada como sendo irregularidade processual passível de nulidade.

Logo, diante de todo o exposto, verifica-se que o prequestionamento se trata de pressuposto indispensável para a interposição de Recurso de Revista em face de decisões proferidas pelos Tribunais Regionais do Trabalho, sendo certo que só se caracteriza quando o acórdão combatido adota tese própria e explícita acerca da matéria que se pretende levar ao crivo do Tribunal Superior do Trabalho.

De outro turno, não se admite como tese própria e explícita as abordagens indiretas, como, por exemplo, nos casos de transcrição de fundamentos utilizados nas decisões de 1º grau como razões de decidir do acórdão.

Dentro desse contexto, o que a parte deve fazer no caso de o acórdão que se pretende recorrer não adotar a tese explícita citada neste tópico? É o que será estudado no próximo item.

3.3 Os Embargos de Declaração como instrumento para o exercício do prequestionamento

De acordo com o estudo realizado no tópico anterior, o prequestionamento da matéria que se pretende levar à apreciação do TST, por meio do Recurso de Revista, se trata de pressuposto indispensável para o seguimento do referido recurso.

Nessa linha, não tendo o acórdão recorrido adotado tese própria e explícita a respeito do tema, o Tribunal Superior não poderá examinar a matéria.

Assim sendo, o que a parte deve fazer quando ventilou no seu recurso de natureza ordinária determinada matéria que não foi objeto de apreciação explícita por parte do Tribunal Regional?

O inciso II, da Súmula 297, responde de forma objetiva a esta pergunta:

> **"Súmula nº 297 do TST: PREQUESTIONAMENTO. OPORTUNIDADE. CONFIGURAÇÃO (nova redação) - Res. 121/2003, DJ 19, 20 e 21.11.2003**
>
> [...].
>
> II. Incumbe à parte interessada, desde que a matéria haja sido invocada no recurso principal, opor embargos declaratórios objetivando o pronunciamento sobre o tema, sob pena de preclusão".

Logo, a solução jurídica disponível à parte que abordou no seu Recurso Ordinário matéria não apreciada pelo Tribunal Regional é a oposição de Embargos de Declaração com o objetivo de provocar o Regional a adotar tese própria e explícita a respeito do tema.

Inclusive, o que se depreende do inciso II da Súmula em comento é que a oposição dos Embargos Declaratórios é muito mais do que uma possibilidade. Na verdade, essa providência se trata de uma obrigação da parte que pretende ver apreciado o tema pelo Tribunal Superior, sob pena de preclusão.

Nessa esteira, o que acontece se o Tribunal Regional, em decisão que aprecia os Embargos Declaratórios que tiveram o objetivo de suprir omissão quanto a apreciação de determinada matéria para fins de prequestionamento, declarar que não há omissão alguma e, mais uma vez, não adotar tese própria e explícita acerca de determinado tema?

O inciso III, da Súmula 297, responde a esta pergunta. Senão, veja-se:

> **"Súmula nº 297 do TST: PREQUESTIONAMENTO. OPORTUNIDADE. CONFIGURAÇÃO (nova redação) - Res. 121/2003, DJ 19, 20 e 21.11.2003**

> [...].
>
> III. Considera-se prequestionada a questão jurídica invocada no recurso principal sobre a qual se omite o Tribunal de pronunciar tese, não obstante opostos embargos de declaração".

Com efeito, verifica-se que, nos termos do inciso III, da Súmula nº 297, do TST, considera-se prequestionada a matéria abordada no Recurso Ordinário que não foi objeto de apreciação por parte do Tribunal Regional, mesmo quando provocado a fazê-lo por meio de oposição de Embargos de Declaração.

Dessa forma, verifica-se que a matéria, mesmo não tendo sido verdadeiramente prequestionada no acórdão Regional, é considerada como tal, para fins de interposição do Recurso de Revista, quando a parte opõe Embargos de Declaração e o Tribunal se recusa a declarar a eventual omissão.

3.4 Aspectos polêmicos acerca do inciso III, da Súmula 297 do TST

De acordo com o exposto nos itens precedentes, o prequestionamento se trata de requisito legal para admissão do Recurso de Revista.

Além disso, parte dos estudiosos e operadores do direito justificam a necessidade do prequestionamento para que o Tribunal Superior possa verificar se o Tribunal Regional imprimiu o enquadramento correto do caso concreto à Lei ou à Constituição Federal.

Todavia, também se verificou que o "necessário" prequestionamento passa a ser "desnecessário" quando o Tribunal Regional não adota tese própria e explícita a respeito do tema objeto do Recurso de Revista, mesmo quando provocado a fazê-lo por meio de oposição de Embargos de Declaração.

Diante desse contexto, parte da doutrina levanta discussões interessantes acerca da real importância do prequestionamento como pressuposto de admissibilidade do Recurso de Revista.

Carlos Augusto Marcondes de Oliveira Monteiro (2016, p. 121), nesse sentido, declara o seguinte:

> O prequestionamento, fruto da criação da jurisprudência, é objeto de crítica por parte da doutrina por ter como real finalidade obstar o aumento do elevado número de processos aos Tribunais Superiores. Dentre as principais críticas, merece referência o argumento de que o prequestionamento é inconciliável com a liberdade do juiz na qualificação dos fatos [...].

Acrescenta, ainda, que:

> Limitar o processamento do Recurso de Revista pela criação do pressuposto do prequestionamento é, em final análise, permitir que violações de Lei e da Constituição Federal ocorram na instância ordinária, afastando da instância extraordinária a sua real finalidade. (Ibid., p. 122)

Nessa esteira, Monteiro articula que a real finalidade do prequestionamento seria a criação de uma espécie de filtro para que diminuísse o alto número de recursos admitidos e processados no TST. Argumenta, ainda, que essa finalidade retira do órgão máximo da Justiça do Trabalho a sua razão de existir, qual seja, a de não permitir que violações à Constituição e à Lei Federal ocorram nas instâncias ordinárias pelas quais o processo judicial tramita.

Diante desse cenário, é razoável concluir que a Súmula nº 297 do TST, especialmente no que toca ao seu inciso III, fragiliza o argumento de que o prequestionamento se mostra importante para a admissão do Recurso de Revista, na medida em que este inciso o dispensa no caso de oposição de Embargos de Declaração.

Nesse caso, o TST, desde que preenchidos os demais requisitos, admite, processa e julga os recursos mesmo sem ter prequestionada a matéria pelo Tribunal Regional.

Ora! Se o TST tem condições de processar e julgar recursos que versam sobre matérias não prequestionadas no acórdão Regional e, dessa forma, variavelmente tem condições de eliminar eventuais violações às Leis e à Constituição Federal, por que exigir formalidade prescindível para o conhecimento do Recurso de Revista?

A respeito dessa questão, Manoel Antonio Teixeira Filho (2014) pensa da seguinte maneira:

> A despeito de ser elogiável o escopo da Súmula, neste particular, não podemos deixar de denunciar uma grave incoerência com o discurso tradicional justificador da *necessidade* de o órgão pronunciar-se sobre o conteúdo dos embargos declaratórios. Sempre esteve no centro deste discurso a alegação de que, sem o prequestionamento, o órgão *ad quem* não teria como saber se o *a quo* adotou tese explícita, contrária à lei ou à alguma Súmula do TST, a respeito do tema ventilado no recurso de revista. Ora, bem. Se, nos termos do inciso III da Súmula n. 297, é bastante que o recorrente haja *oferecido* embargos de declaração perante o órgão *a quo*, ainda que este se tenha recusado a julgá-los, como manter-se, neste caso, o argumento de que o prequestionamento é imprescindível para saber-se se o referido órgão adotou tese explícita acerca de determinado tema que constitui objeto do recurso de revista? Salvo melhor juízo, parece-nos que o precitado inciso III da Súmula deita por terra o clássico discurso doutrinário e jurisprudencial acerca da *necessidade* do prequestionamento. (p. 282)

A propósito, realizando reflexão apurada sobre a questão, é absolutamente plausível entender que Monteiro tem razão quando afirma que o prequestionamento nada mais é do que um "filtro" criado para contenção do elevado número de recursos que são levados ao crivo do TST.

No entanto, a criação deste "filtro" pode ser perigosa, uma vez que, sob o frágil fundamento de não atendimento a requisito formal prescindível, violações à Lei e/ou à Constituição podem ocorrer sem que o órgão máximo do Poder Judiciário Trabalhista possa impedir.

Ademais, outra discussão que se levanta diante do inciso III da Súmula nº 297 ora estudada é acerca do substancial aumento do número de oposição de Embargos de Declaração para fins de prequestionamento que abarrota os Tribunais Regionais, fato este que também fez aumentar de forma significativa a aplicação de multas por oposição de embargos protelatórios.

A esse respeito, inclusive, Teixeira Filho (2014, p. 396), declara o seguinte:

> Antes, reiteremos a observação de que a Súmula referida tem sido a responsável direta pela pletora de embargos de declaração, que hoje desaguam nos órgãos da Justiça do Trabalho. Uma das consequências mais visíveis dessa hipertrofia é a crescente aplicação de multas pecuniárias às partes, ao argumento de que os embargos possuem intuito protelatório.

Isso porque os advogados, na dúvida acerca da efetiva existência do prequestionamento na decisão que pretendem recorrer, opõem os Embargos Declaratórios com o fim de não serem surpreendidos com a negativa de admissibilidade do seu Recurso de Revista pela ausência do prequestionamento.

Todavia, nem sempre esses embargos são realmente cabíveis, acarretando, assim, a procrastinação do processo de forma inútil e, via de consequência, a imposição de multa pecuniária ao jurisdicionado por parte do órgão julgador.

Não se pode olvidar, ainda, que, muitas vezes, a linha que divide a existência, ou não, do prequestionamento é muito tênue e pode depender de interpretação subjetiva.

O advogado, nesse contexto, se vê diante de uma situação, no mínimo, intrigante: opõe os Embargos de Declaração e corre o risco de ver o jurisdicionado sofrer penalidade pecuniária por se entender se tratar de recurso protelatório ou não opõe os Embargos Declaratórios e corre o risco do seu cliente não ter o recurso principal admitido por ausência do pressuposto legal?

Nesse aspecto, a Súmula nº 98 do Superior Tribunal de Justiça (STJ) pode socorrer a parte litigante, eis que assevera o seguinte:

> "Embargos de declaração manifestados com notório propósito de prequestionamento não têm caráter protelatório. (Súmula 98, CORTE ESPECIAL, julgado em 14/04/1994, DJ 25/04/1994 p. 9284)."[106]

Logo, diante desse cenário complexo em que o advogado se encontra inserido, é de suma importância que o profissional esteja atento aos fundamentos contidos na decisão que pretende recorrer e se utilize, principalmente, da boa técnica profissional, baseada, sempre, nos princípios de boa-fé e cooperação processual, insculpidos, respectivamente, no art. 2º, inciso II, do Anexo Único da Resolução nº 02/2015, do Conselho Federal da Ordem dos Advogados do Brasil (Código de Ética e Disciplina) e nos arts. 5º e 6º do CPC.

Considerações finais

Como é sabido, o Recurso de Revista se trata de medida recursal, de caráter extraordinário, extremamente técnica, complexa e repleta de requisitos de admissibilidade.

Nessa toada, além dos requisitos de admissibilidade comuns a todos os recursos trabalhistas, o Recurso de Revista exige que a matéria que se pretende levar à apreciação da Corte Superior Trabalhista tenha sido

---

[106] SUPERIOR TRIBUNAL DE JUSTIÇA. Disponível em: <https://scon.stj.jus.br/SCON/sumanot/toc.jsp?&b=TEMA&p=true&t=&l=50&i=51&ordem=@SUB>. Acesso em: 13 jan. 2020.

objeto de análise própria e explícita na instância ordinária, sob pena de não conhecimento. Esse pressuposto recursal se trata do prequestionamento.

Isso se deve, principalmente, aos efeitos atribuídos à espécie recursal (efeito devolutivo restrito). Além disso, a impossibilidade de supressão de instância também se mostra argumento consistente para justificar a necessidade do citado prévio questionamento.

Dentro desse contexto, se faz obrigatório que o Tribunal Regional do Trabalho tenha enfrentado, de forma própria e explícita, todas as matérias e argumentos que se pretende levar ao exame do TST. Caso contrário, o Recurso de Revista não será conhecido e processado e se perderá a oportunidade de possível reforma do julgamento desfavorável.

No entanto, não são raras as vezes em que os acórdãos regionais deixam de apreciar determinado argumento importante deduzido no recurso ou simplesmente não se manifestam acerca de determinada matéria abordada na fase ordinária.

Nesses casos, a Súmula nº 297 do TST elucida que a parte tem a obrigação de opor Embargos de Declaração com o objetivo de provocar o Tribunal Regional a se pronunciar sobre o tema.

Sendo assim, tendo o Tribunal Regional suprido a omissão do julgado, o prévio questionamento se estabelece nos autos e este pressuposto legal se mostra atendido.

Todavia, conforme abordado no presente artigo, parte da doutrina contesta a real necessidade de ser obrigatório o prévio questionamento para conhecimento do Recurso de Revista, ventilando que, em verdade, o estabelecimento de mais este pressuposto teria o objetivo de atuar como uma espécie de filtro para conter o elevado número de Recursos que chegam ao TST todos os dias.

De toda sorte, o que se vê diante disso é que a exigência do prequestionamento fez elevar de forma exponencial o número de Embargos de Declaração opostos no âmbito dos Tribunais Regionais, tendo aumentado, na mesma proporção, o número de multas aplicadas aos jurisdicionados sob a justificativa de se caracterizar os embargos como protelatórios.

Diante dessa celeuma, entende-se que o profissional do direito, responsável pelos atos jurídicos que visam a promoção da justiça, deve se ater a boa técnica profissional, boa-fé e cooperação processual para atender aos anseios do seu cliente com o menor desgaste material e imaterial possível.

Referências

MARTINS, Sergio Pinto. **Direito Processual do Trabalho**. 27. ed. São Paulo: Atlas, 2007.

MONTEIRO, Carlos Augusto Marcondes de Oliveira. **Recurso de Revista**. São Paulo: LTr, 2016.

SCHIAVI, Mauro. **A Reforma Trabalhista e o Processo do Trabalho**. São Paulo, 2017.

TEIXEIRA FILHO, Manoel Antonio. **Sistema dos Recursos Trabalhistas**. 12. ed. São Paulo: LTr, 2014.

O PISO SALARIAL DOS PROFISSIONAIS DA EDUCAÇÃO DA REDE PÚBLICA DE ENSINO

Thais Pereira Polo

Introdução

O presente trabalho tem por objetivo estudar a Lei federal nº 11.738, de 16 de julho de 2008, que regulamenta o piso salarial profissional nacional para os profissionais do magistério público da educação básica, popularmente conhecido como a Lei do Piso Salarial dos Professores.

Uma lei que, desde antes de sua propositura no Congresso Nacional, tem suportado o forte trabalho e campanha de entidades que representam o Poder Executivo nos seus diversos níveis, todavia, o Poder Judiciário, ao defender o não retrocesso da educação pública e a construção jurídica que embasou a Lei nº 11.738/2008, tem feito a lei resistir, não deixando torná-la letra morta.

Neste ponto, interessante rememorar que o parecer da Comissão da Educação do Senado Federal, quando apreciou o Projeto de Lei nº 59/2004 de autoria do Senador Cristovam Buarque, demonstra que a preocupação do legislador se mostra atual, diante dos inúmeros ataques que a Lei federal nº 11.738/2008 vem sofrendo, conforme trecho da relatoria da Senadora Lúcia Vânia em parecer de 01 de agosto de 2006, do seguinte teor:

> "A instituição do piso salarial profissional nacional envolve reivindicação histórica do professorado brasileiro, fundada no entendimento de que a educação é parte essencial de qualquer programa de Estado voltado ao desenvolvimento e à redução de diferenças sociais e regionais (...) os salários pagos aos profissionais da educação não têm correspondido à magnitude de sua função social. De acordo com dados da Pesquisa Nacional de Amostra por Domicílio (PNAD) realizada pela Fundação Instituto Brasileiro de Geografia e Estatística (IBGE) e divulgados em 2003, os profissionais da educação integram a massa salarial situada entre as menos valorizadas do País. Essas constatações geram resultados perversos para todo o sistema educacional e, em suma, para o País. De um lado, o aviltamento salarial reduz a atratividade da carreira docente a jovens profissionais bem preparados. De outro, obriga os que permanecem no magistério a assumir múltiplos empregos e a se aventurar em jornadas de trabalho extenuantes, em evidente e irreparável prejuízo da atualização e aperfeiçoamento permanentes, que são pré-requisitos para o desempenho esperado na carreira. Por tudo isso, iniciativas de estabelecimento de piso salarial nos moldes propostos são necessárias para a inibição do ciclo de reprodução dessas mazelas sociais e, por isso mesmo, meritórias".

Portanto, até mesmo por um dever social, a Lei nº 11.738/2008 merece ser mais bem compreendida e defendida, inclusive sob o olhar do não retrocesso.

1. Histórico legislativo

Para que seja possível identificar a construção jurídica que embasou a Lei nº 11.738/2008, torna-se necessário retroagirmos às décadas de final do último milênio e da primeira década deste novo milênio, período em que a "recém" promulgada Constituição Cidadã reafirmou o direito universal à educação, mas deixava ao limbo a forma de controle de qualidade da educação dos diversos entes federativos.

Cumpre rememorar que desde o texto original do Art. 206 da Constituição Federal já havia previsão de que a educação pública estivesse embasada em diversos princípios, com especial relevo a gratuidade do ensino público e garantia de padrão de qualidade, prevendo, ainda, o piso salarial dos profissionais do magistério público, originalmente previsto no inciso V.

Todavia, a simples menção originária do piso salarial no texto constitucional atraía uma série de conflitos de interpretação, isto pois, até aquele momento, havia um aparente conflito sobre o tema diante da estrutura federativa brasileira, onde cada ente gozaria de autonomia para dispor acerca das questões alusivas aos respectivos servidores e, ainda, logo na virada do milênio, entrou em vigor a Lei de Responsabilidade Fiscal (Lei Complementar nº 101, de 04 de maio de 2000) que passou a exigir maior controle das despesas públicas, especialmente com as despesas com pessoal.

Dessa forma, só seria possível admitir uma lei que tratasse do tema em nível nacional se a estrutura pública garantisse receitas para que todos os entes federados pudessem dispor de recursos para cobrir tais despesas.

Naquele momento, a estrutura educacional pública estava experimentando o antigo Fundo de Manutenção e Desenvolvimento do Ensino Fundamental e de Valorização do Magistério (FUNDEF), instituído pela Emenda Constitucional nº 14, de 12 de setembro de 1996, regulamentado pela Lei federal nº 9.424, de 24 de dezembro de 1996, e pelo Decreto nº 2.264, de 27 de junho de 1997, que passou a garantir a reserva da verba pública destinada para a educação, para financiamento do ensino fundamental, criando, identicamente, um sistema de financiamento do ensino fundamental do Governo Federal.

E a partir desta mesma Emenda Constitucional nº 14/1996, passou a ser organizada a forma da distribuição de responsabilidades e pacto federativo de financiamento da educação pública, prevendo, expressamente, que os municípios passariam a atuar prioritariamente na educação infantil e no ensino fundamental e a União passaria a atuar na função redistributiva e supletiva, de forma a garantir equalização de oportunidades educacionais e padrão mínimo de qualidade do ensino mediante assistência técnica e financeira.

Portanto, aparentemente, a partir do FUNDEF, estaria, então, resolvido o problema de responsabilidade ao cumprimento de leis que impusessem um valor mínimo remuneratório para os professores da educação básica do ensino público, e o financiamento do ensino básico, haja vista que a União passaria a atuar para garantir equalização financeira.

O problema é que o FUNDEF, instituído pela Emenda Constitucional nº 14/1996, estava, parcialmente, previsto no Ato das Disposições Constitucionais Transitórias, com determinação de vigência por dez anos e a regulamentação do piso salarial estava passando a ser discutida a partir do oitavo ano do FUNDEF.

Dessa forma, a regulamentação do piso salarial se aproveitando da estrutura de financiamento do ensino por vinculação de destinação de verba da União só seria possível se o referido sistema fosse prorrogado e tornado definitivo.

Como a história conta, durante a tramitação do Projeto de Lei nº 59/2004, o FUNDEF foi substituído pelo FUNDEB, instituído pela Emenda Constitucional nº 53, de 19 de dezembro de 2006, que, ainda mantido o sistema de distribuição da verba da União para o financiamento da educação básica com vigência temporária de quatorze anos, no Ato das Disposições Constitucionais Transitórias, passou a reafirmar a necessidade de regulamentação do piso salarial dos profissionais da educação da rede pública de ensino, com a transposição da previsão do piso salarial do inciso V para o inciso VIII, do art. 206 da Constituição

Federal e passando a prever prazo para que o referido piso salarial fosse instituído, conforme o art. 60, inciso III, alínea *e*, do Ato das Disposições Constitucionais Transitórias da Constituição Federal, a partir da Emenda Constitucional nº 53/2006.

E logo no dia 28 de dezembro de 2006, oito dias após a promulgação da Emenda Constitucional nº 53/2006, o governo federal publicou a Medida Provisória nº 339, de 28 de dezembro de 2006, passando a prever, expressamente, o atendimento do art. 60, inciso III, alínea *e*, do Ato das Disposições Constitucionais Transitórias da Constituição Federal, com o envio de um projeto de lei regulamentando que o piso salarial para os profissionais do magistério público da educação básica ocorreria em até noventa dias.

Cumpre especial relevo observar que a Medida Provisória nº 339/2006 foi convertida na Lei federal nº 11.494, de 20 de junho de 2007.

Retornando especificamente ao tema do piso salarial, após três anos de tramitação do Projeto de Lei nº 59/2004, que já possuía a aprovação pelo Senado Federal e estava tramitando pela Câmara dos Deputados, o governo federal enviou ao Poder Legislativo o Projeto de Lei nº 619/2007, visando, identicamente, regulamentar o piso salarial, todavia, neste momento para atender a imposição temporal de noventa dias previsto na Medida Provisória nº 339/2006.

Dessa forma, os projetos foram apensados, visando a sua apreciação conjunta e unificação, o que ocorreu, com a predominância da ementa e artigo primeiro, do Projeto de Lei nº 619/2007 de autoria do Poder Executivo, que cita expressamente o dispositivo do Ato das Disposições Constitucionais Transitórias da Constituição Federal, o que gera conflito de interpretação nos dias atuais, haja vista que, após os quatorze anos de vigência do FUNDEB, este método de financiamento da educação básica pela União deixou de ter caráter temporário, passando a possuir previsão no próprio texto constitucional, a partir da Emenda Constitucional nº 108, de 26 de agosto de 2020, que transpôs o art. 60 do ADCT para o art. 212-A da CF/1988.

Ainda, como dito anteriormente, quando o Poder Legislativo passou a procurar regulamentar o piso salarial, ainda na vigência do antigo FUNDEF, findo o lapso temporal de dez anos entre a Emenda Constitucional nº 14/1996 até a Emenda Constitucional nº 53/2006, um dos maiores pontos de reflexão do Poder Legislativo era como criar uma lei impondo, de forma linear, que todos os Municípios brasileiros cumprissem um piso salarial para os profissionais do magistério público da educação básica, haja vista que a realidade financeira, especialmente dos Municípios mais pobres, inviabilizava o seu cumprimento a partir das receitas próprias do Município.

Referida solução do problema havia sido atendida, inicialmente de forma temporária pelas normas do ADCT, cuja solução definitiva só ocorreu a partir do novo FUNDEB, instituído pela Emenda Constitucional nº 108, de 26 de agosto de 2020.

Ocorre que, da mesma forma que foram necessárias emendas constitucionais até que ocorresse a transposição de normas constitucionais vigentes para outros lugares da Constituição Federal, de forma que o FUNDEB deixasse de ter caráter temporário e passasse a possuir caráter, também ocorreu a necessidade de revisão da lei que regulamentou o método de cálculo do valor anual mínimo por aluno do FUNDEB, que possuía identicamente, caráter temporário, para passar a ter caráter definitivo, o que ocorreu a partir da Lei federal nº 14.113, de 25 de dezembro de 2020, que trouxe para o texto da nova lei (Lei federal nº 14.113/2020) o texto da Lei federal nº 11.494, de 20 de junho de 2007.

Ocorre que, também neste ponto, a redação da Lei federal nº 11.738/2008, por procurar atender uma objetividade que as legislações nacionais passaram a tratar na época da tramitação dos projetos de lei que originaram a lei do piso, tanto o projeto de iniciativa do Senador Cristovam Buarque quanto o projeto de iniciativa do Poder Executivo, acabaram apontando como o método de atualização do piso salarial utilizando-se o mesmo percentual de crescimento do valor anual mínimo por aluno do FUNDEB mas, por um excesso de redação, apontou que referido método já estava previsto na Lei federal nº 11.494, de 20 de junho de 2007, cuja norma atendia a uma previsão temporária, que passou a atender a uma previsão fixa somente com a Lei federal nº 14.113/2020, que incorporou o texto da Lei federal º 11.494/2007.

2. A estrutura da Lei federal nº 11.738,

Ainda que singela, dispondo de somente oito artigos, sendo que apenas sete ainda vigentes, haja vista que, ao sancionar a lei, o Presidente da República, na ocasião o Sr. Luiz Inácio Lula da Silva, vetou parcialmente o art. 3º e integralmente o art. 7º da Lei federal nº 11.738/2008, referido texto legal possui uma grande relevância de regulamentação de diversos pontos específicos relacionados ao trato do professor público, da educação básica, perante a sua empregadora, contratante, Administração Pública, que passaremos a discorrer especificamente sobre os seus pontos principais.

2.1 A jornada de trabalho dos profissionais do magistério público da educação básica

Um dos problemas de interpretação, costumeiramente utilizados contra a Lei federal nº 11.738/2008, é o método de contagem da jornada dos profissionais do magistério público da educação básica, isto pois, enquanto a Lei federal nº 11.738/2008 diz em seu art. 2º, § 1º, que a jornada é calculada em horas, o art. 320, *caput*, da CLT, prevê que a jornada do professor horista é calculada em aulas.

Cumpre observar que conforme pareceres do Conselho Nacional de Educação, vinculado ao Ministério da Educação, a orientação é no sentido de que a hora-aula, também chamada de hora-atividade, tenha a duração variável entre 60, 50 e 45 minutos, o que deverá ser de observância dos Municípios empregadores, conforme seus projetos pedagógicos.

Neste ponto, pela ausência de norma específica tratando da duração da jornada do trabalho em hora-relógio, a hora-aula deve ser a unidade de medida a ser considerada, tal como previu expressamente a Resolução CNE/CES nº 3/2007, de 2 de julho de 2007.

Em alguns municípios brasileiros, citamos o Município de Pontal/SP, a legislação local, representada pelo plano de carreira do magistério público municipal, faz a previsão expressa sobre a distinção entre a jornada de trabalho, calculada em horas-relógio, unidades de medida de 60 minutos e horas-aula de 50 minutos.

Dessa forma, lugares como Pontal/SP, para que um professor público, horista, possa receber o valor representativo como o piso salarial, este professor precisa, necessariamente, laborar por 40 horas-relógio, em unidades de medida de 60 minutos, semanais, mesmo que isso represente mais do que 40 horas-aula na semana.

Ocorre que raros são os municípios que fazem esta distinção expressa no texto legal, comumente os municípios, em um formato confuso de legislação, misturam no mesmo texto de lei as partes relacionadas ao projeto pedagógico com as partes que tratam dos direitos e deveres que vinculam a relação de emprego e trabalho do professor público.

Nestes casos, havendo somente o trecho da legislação que trate da duração da hora-aula, sem fazer a distinção entre a duração da hora-aula e da jornada calculada em horas-relógio, deve prevalecer a unidade de medida de horas-aula, para fins de atendimento da previsão de horas do piso salarial.

Em outras palavras, se a legislação local não determina expressamente que a jornada do professor seja calculada em horas-relógio, a jornada deverá ser calculada em horas fictas, por força do art. 320, *caput*, da CLT, fazendo com que, em unidades de medida temporal, cada hora-aula represente uma hora-relógio, para fins de atendimento do cumprimento da jornada de trabalho.

Ainda, somente a título exemplificativo, em municípios como Jardinópolis/SP, a legislação local, que trata sobre o plano de carreira do magistério público municipal, ainda que misturando no mesmo texto de lei as partes relacionadas ao projeto pedagógico, já prevê, expressamente, que a jornada do professor é calculada em horas-aula e prevê que a hora-aula no município tem previsão variável de duração de 45 e 50 minutos.

Portanto, no caso de Jardinópolis/SP, cuja redação da lei local se encontra de forma idêntica à grande parte das legislações locais de diversos municípios, o próprio texto de lei prevê que a jornada seja em hora-aula e que a hora-aula tem uma duração inferior a uma hora-relógio

Neste caso, além da previsão do art. 320, *caput*, da CLT, também se aplica o art. 8º, § 2º, da CLT, obrigando o Poder Judiciário a considerar a hora ficta, equiparando, para fins de jornada de trabalho do professor horista, uma hora-aula a uma hora-relógio.

Inclusive, este é o entendimento do E. TRT-15, conforme julgados RO-0010753-13.2021.5.15.0042, rel. Des. Eduardo Benedito de Oliveira Zanella, RO-0013125-79.2017.5.15.0007, rel. Des. Manoel Carlos Toledo Filho, RO-0011499-42.2019.5.15.0108, rel. Des. Francisco Alberto Da Motta Peixoto Giordani, RO-0010703-17.2020.5.15.0108, rel. Des. Renan Ravel Rodrigues Fagundes, dentre outros.

Portanto, se a legislação local não prevê, expressamente, a distinção entre a duração da jornada do professor horista em unidades de medida de horas-relógio, de 60 minutos, havendo a previsão de que a hora-aula tenha uma duração inferior a 60 minutos, o município empregador está vinculado, para todos os fins, ao cálculo da jornada em unidades de medida de horas-aula.

2.2 O formato de distribuição da jornada de trabalho dos profissionais do magistério público da educação básica

Conforme o art. 2º, § 4º, da Lei federal nº 11.738/2008, a jornada de trabalho dos profissionais do magistério público da educação básica possui, obrigatoriamente, uma proporção máxima de 2/3 (dois terços) da jornada para o desempenho das atividades de interação com os educandos.

Isso significa que, para cada 2 unidades de medida temporal do profissional do magistério público da educação básica para atividades com os educandos, este mesmo profissional passa a ter o direito subjetivo de receber por mais 1 unidade de medida temporal dedicada para as atividades correlatas ao desenvolvimento do seu trabalho.

Referidas atividades correlatas são aquelas reservadas ao professor para exercer uma série de atividades em que se incluem atividades destinadas para preparação de aulas e atividades com os educandos, correção de provas e atividades com os educandos, desenvolvimento de festividades escolares, frequência de cursos e atividades para aprimoramento e capacitação pedagógica e outras atividades úteis e necessárias para o desenvolvimento do trabalho com os educandos, ou seja, são atividades destinadas ao melhoramento e garantia de padrão de qualidade da educação, expressamente previsto no art. 206, inciso VII, da CF/1988.

Ocorre que, para buscar uma forma de burla à legislação, diversos municípios empregadores passaram a defender a tese de que a previsão do art. 2º, § 4º, da Lei federal nº 11.738/2008, está vinculada, exclusivamente, à jornada contratual, ou seja, a jornada ordinária do professor horista, o que discordamos de forma veemente, isto pois, além de não haver referida distinção na legislação, ao desconsiderar o dever de cumprimento do art. 2º, § 4º, da Lei federal nº 11.738/2008, para jornadas extraordinárias, estaria ocorrendo afronta ao art. 4º, da CLT, tornando a jornada extraordinária uma subcategoria abaixo da jornada ordinária.

Veja que para fins de remuneração, a norma constitucional já interpreta de forma oposta, ou seja, a jornada extraordinária não só representa e garante, para todos os fins, os mesmos direitos garantidos pela jornada ordinária, como também lhe garante o pagamento de adicional de horas extras.

Graças à contribuição que o Poder Judiciário promove ao tema, atualmente existem duas vertentes expressadas em jurisprudência pacificada, não permitindo referida manipulação por parte dos municípios empregadores, sendo a Súmula nº 93 do E. TRT-15 e a jurisprudência do TST em julgamento perante o Tribunal Pleno, do E-RR-10314-74.2015.5.15.0086.

É claro que a jurisprudência pacificada do TST deve prevalecer até por questão de hierarquia jurisprudencial, todavia, a Súmula do E. TRT-15 não encontra conflito, em sua integralidade, com a jurisprudência pacificada do TST, merecendo somente uma adequação ao texto, isto é, o texto da Súmula do E. TRT-15 prevê, expressamente, que as horas de atividade extraclasse sonegadas devem ser reconhecidas e pagas com adicional de horas extras, já a jurisprudência pacificada do TST prevê que, se a jornada, calculadas as horas de atividades extraclasse sonegadas, não tenha ultrapassado a previsão da jornada contratual, as horas de atividade extraclasse sonegadas devem ser reconhecidas e pagas sem o adicional de horas extras, restando configurada a hipótese de pagamento das horas de atividade extraclasse sonegadas com adicional de horas extras para a jornada extraordinária.

Inclusive, esta interpretação ficou melhor abordada a partir dos julgamentos seguintes ao julgamento perante o Tribunal Pleno do TST, citamos, RR-11539-61.2018.5.15.0010, rel. Min. Augusto César Leite de Carvalho, RR-12130-55.2017.5.15.0140, rel. Min. José Roberto Freire Pimenta, dentre outros.

Neste ponto, conforme a pacífica interpretação jurisprudencial do E. TST, independente da natureza da jornada de trabalho do professor, o professor faz jus ao período de atividade extraclasse, restando, somente, a aplicação, ou não, do adicional de horas extras, se a jornada, calculadas as horas sonegadas, ultrapassam o período normal de 40 horas-aula semanal.

2.3 A forma de cálculo, no mês, do piso salarial

Outro ponto de extrema relevância e de constante ataque contra a Lei federal nº 11.738/2008 é como ela é verificada e aplicada, diante do contracheque do professor horista.

Sobre este tema, a jurisprudência constitucional, a partir do julgamento da ADI nº 4167/DF, perante o STF, a Corte Constitucional não só reafirmou a constitucionalidade da Lei federal nº 11.738/2008, como o voto do Ministro relator Joaquim Barbosa, não deixou dúvidas, que o valor do piso salarial representa o vencimento e não a remuneração global do professor público.

A referida interpretação se torna clara a partir da leitura do art. 2º, § 3º, da Lei federal nº 11.738/2008, ao determinar que o valor do piso salarial representa os vencimentos iniciais e que a proporcionalização da jornada deve respeitar a mesma proporcionalização do valor do piso salarial.

Em outras palavras, isto significa que o piso salarial deve ser calculado por unidades de horas, ou horas-aula, cujo vencimento, a rubrica referente ao período laborado, ao final do mês, deve representar, no mínimo, o valor do piso salarial, quando a jornada for de quarenta horas, ou horas-aula.

Dessa forma, ao aplicar o valor do piso salarial, atualmente em R$ 3.845,63, este valor deve representar 40 horas, ou horas-aula, semanal e existe um dispositivo da CLT que não pode passar despercebido que, conforme o art. 320, § 1º, da CLT, o mês do professor horista, para fins de pagamento, deve ser representado por quatro semanas e meia.

Assim, o valor do piso salarial deve representar o total de unidades de medida de 40 horas, ou horas-aula, semanal, para um mês constituído por quatro semanas e meia.

Portanto, o valor do piso salarial deve ser fracionado, para fins de verificação do valor da hora, ou hora-aula, em 180 (cento e oitenta) unidades de medida.

No caso do piso salarial atualmente vigente, isto significa que o valor de R$ 3.845,63 representa a quantia de R$ 21,3647 por hora, ou hora-aula.

Existem correntes contrárias à aplicação do divisor de 180, por força do texto da Súmula nº 431 do TST, que prevê o divisor de 200, todavia, haja vista que o art. 8º, § 2º, da CLT, prevê que Súmulas e outros enunciados de jurisprudência editados pelo Tribunal Superior do Trabalho e pelos Tribunais Regionais do Trabalho não poderão restringir direitos legalmente previstos nem criar obrigações que não estejam previstas em lei, e considerando que o professor horista tem a sua remuneração vinculada à jornada prevista no art. 2º, § 1º, da Lei federal nº 11.738/2008, que prevê uma jornada de 40 horas, ou horas-aula, semanal e prevista no art. 320, § 1º, da CLT, que prevê que o mês do professor horista é constituído por quatro semanas e meia, ao atribuir o mês, como constituído por 200 unidades de medida de horas, ou horas-aula, por força da Súmula nº 431 do TST, estaria configurada a ilegalidade da Súmula nº 431 do TST, diante do art. 8º, § 2º, da CLT.

Não estamos, neste ponto, militando pela revogação da Súmula nº 431 do TST, todavia, conforme o seu próprio texto prevê, a divisão de 200 se aplica para trabalhadores que só se socorrem à legislação genérica, o que não é o caso do professor horista, cuja Seção XII, do Capítulo I, do Título III da CLT, que prevê "as normas especiais de tutela de trabalho", prevê normas especiais destinadas aos professores.

Portanto, não é o caso de revogação da Súmula nº 431 do TST e sim a sua não aplicação, haja vista que a jornada do professor está disposta em normas especiais, cujo mês representa 180 unidades de medida de horas, ou horas-aula.

Considerações finais

Conforme se vê, a Lei federal nº 11.738/2008 confere uma grande contribuição regulamentando uma série de direitos dos professores da rede pública de ensino da educação básica, em matérias que vão muito além do piso salarial, tais como o formato de cálculo da jornada de trabalho e do formato de cálculo proporcional do piso salarial, representando um grande avanço, correspondente à magnitude de sua função social e, mesmo diante de insistentes campanhas patrocinadas contra a lei, devendo se manter válida e vigente.

Referências

BRASIL. Planalto. **Consolidação das Leis do Trabalho**. Brasília, DF. Disponível em: <http://www.planalto.gov.br/ccivil_03/decreto-lei/del5452.htm>. Acesso em: 18 jun. 2022.

BRASIL. Planalto. **Constituição Federal**. Brasília, DF. Disponível em: <http://www.planalto.gov.br/ccivil_03/constituicao/constituicao.htm>. Acesso em: 18 jun. 2022.

BRASIL. Planalto. **Emenda Constitucional nº 14, de 12 de setembro de 1996**. Brasília, DF. Disponível em: <http://www.planalto.gov.br/ccivil_03/constituicao/Emendas/Emc/emc14.htm>. Acesso em: 18 jun. 2022.

BRASIL. Planalto. **Emenda Constitucional nº 53, de 19 de dezembro de 2006**. Brasília, DF. Disponível em: <http://www.planalto.gov.br/ccivil_03/constituicao/Emendas/Emc/emc53.htm>. Acesso em: 18 jun. 2022.

BRASIL. Planalto. **Emenda Constitucional nº 108, de 26 de agosto de 2020**. Brasília, DF. Disponível em: <http://www.planalto.gov.br/ccivil_03/constituicao/Emendas/Emc/emc108.htm>. Acesso em: 18 jun. 2022.

BRASIL. Planalto. **Lei Complementar nº 101, de 04 de maio de 2000**. Brasília, DF. Disponível em: <http://www.planalto.gov.br/ccivil_03/leis/lcp/lcp101.htm>. Acesso em: 18 jun. 2022.

BRASIL. Planalto. **Lei nº 11.494, de 20 de junho de 2007**. Brasília, DF. Disponível em: <http://www.planalto.gov.br/ccivil_03/_ato2007-2010/2007/lei/l11494.htm>. Acesso em: 18 jun. 2022.

BRASIL. Planalto. **Lei nº 11.738, de 16 de julho de 2008**. Brasília, DF. Disponível em: <http://www.planalto.gov.br/ccivil_03/_ato2007-2010/2008/lei/l11738.htm>. Acesso em: 18 jun. 2022.

BRASIL. Planalto. **Lei nº 14.113, de 25 de dezembro de 2020**. Brasília, DF. Disponível em: <https://www.planalto.gov.br/ccivil_03/_Ato2019-2022/2020/Lei/L14113.htm>. Acesso em: 18 jun. 2022.

BRASIL. Planalto. **Medida Provisória nº 339, de 28 de dezembro de 2006**. Brasília, DF. Disponível em: <http://www.planalto.gov.br/ccivil_03/_ato2004-2006/2006/mpv/339.htm#:~:text=DAS%20DISPOSI%C3%87%C3%95ES%20GERAIS-,Art.,Ato%20das%20Disposi%C3%A7%C3%B5es%20Constitucionais%20Transit%C3%B3rias>. Acesso em: 18 jun. 2022.

CÂMARA DOS DEPUTADOS. **Projeto de Lei nº 619/2007**. Brasília, DF. Disponível em: <https://www.camara.leg.br/proposicoesWeb/fichadetramitacao?idProposicao=346745>. Acesso em: 18 jun. 2022.

CÂMARA MUNICIPAL DE PONTAL. **Lei Complementar nº 001/2003** – Institui o Plano de Carreira e Remuneração do Magistério Público Municipal de Pontal. Pontal, SP. Disponível em: <http://www.camarapontal.sp.gov.

br/temp/19062022192807arquivo_LeiComplementar_0001-2003.pdf>. Acesso em: 18 jun. 2022.

JARDINÓPOLIS. **Lei Complementar nº 2, de 04 de novembro de 2003** – Dispõe sobre o Plano de Carreira do Magistério Público Municipal de Jardinópolis e dá outras providências. Jardinópolis, SP. Disponível em: <https://leismunicipais.com.br/a1/sp/j/jardinopolis/lei-complementar/2004/1/2/lei-complementar-n-2-2004-dispoe-sobre-o-plano-de-carreira-do-magisterio-publico-municipal-de-jardinopolis-e-da-outras-providencias?q=02+2004>. Acesso em: 18 jun. 2022.

MINISTÉRIO DA EDUCAÇÃO. **Parecer do Conselho Nacional de Educação**. Brasília, DF. Disponível em: <https://www.camara.leg.br/proposicoesWeb/fichadetramitacao?idProposicao=346745>. Acesso em: 18 jun. 2022.

SENADO FEDERAL. **Projeto de Lei do Senado nº 59, de 2004**. Brasília, DF. Disponível em: <https://www25.senado.leg.br/web/atividade/materias/-/materia/66841>. Acesso em: 18 jun. 2022.

SENADO FEDERAL. **Substitutivo da Câmara dos Deputados n° 59, de 2004, ao Projeto de Lei do Senado nº 59, de 2004**. Brasília, DF. Disponível em: <https://www25.senado.leg.br/web/atividade/materias/-/materia/86345>. Acesso em: 18 jun. 2022.

STF. AÇÃO DIRETA DE INCONSTITUCIONALIDADE: ADI-4167/DF. Relator: Ministro Joaquim Barbosa. Julgado em: 27 abr. 2011. Disponível em: <https://jurisprudencia.stf.jus.br/pages/search/sjur196918/false>. Acesso em: 18 jun. 2022.

TRT15. RECURSO ORDINÁRIO: RO-0013125-79.2017.5.15.0007. Relator: Desembargador Manoel Carlos Toledo Filho. Julgado em: 18 fev. 2020. Disponível em: <https://jurisprudencia.trt15.jus.br/documento/48807201/Q8B%5E%29FF7$F3J?highlight=0013125-79.2017.5.15.0007>. Acesso em: 18 jun. 2022.

TRT15. RECURSO ORDINÁRIO: RO-0011499-42.2019.5.15.0108. Relator: Desembargador Francisco Alberto da Motta Peixoto Giordani. Julgado em: 16 jul. 2021. Disponível em: <https://jurisprudencia.trt15.jus.br/documento/63261868/Q8B%5E%29FF7$F3J?highlight=0011499-42.2019.5.15.0108>. Acesso em: 18 jun. 2022.

TRT15. RECURSO ORDINÁRIO: RO-0010703-17.2020.5.15.0108. Relator: Desembargador Renan Ravel Rodrigues Fagundes. Julgado em: 25 out. 2021. Disponível em: <https://jurisprudencia.trt15.jus.br/documento/65884770/5DZ%285CRBFR?highlight=0010703-17.2020.5.15.0108>. Acesso em: 18 jun. 2022.

TRT15. RECURSO ORDINÁRIO: RO-0010753-13.2021.5.15.0042. Relator: Desembargador Eduardo Benedito de Oliveira Zanella. Julgado em: 26 abr. 2022. Disponível em: <https://jurisprudencia.trt15.jus.br/documento/71295196/Q8B%5E%29FF7$F3J?highlight=0010753-13.2021.5.15.0042>. Acesso em: 18 jun. 2022.

TRT15. SÚMULAS DO TRIBUNAL REGIONAL DO TRABALHO DA 15ª REGIÃO. Disponível em: <https://trt15.jus.br/sites/portal/files/roles/jurisprudencia/Sumulas/versao-compilada_SUMULAS_10-06-2020.pdf>. Acesso em: 18 jun. 2022.

TST. EMBARGOS EM RECURSO DE REVISTA: E-RR-10314-74.2015.5.15.0086. Relator: Ministro Vieira de Mello Filho. Julgado em: 16 set. 2019. Disponível em: <https://jurisprudencia-backend.tst.jus.br/rest/documentos/1d420448bd1ab65e087be4232a312ef3>. Acesso em: 18 jun. 2022.

TST. RECURSO DE REVISTA: RR-12130-55.2017.5.15.0140. Relator: Ministro Augusto Cesar Leite de Carvalho. Julgado em: 22 jun. 2021. Disponível em: <https://jurisprudencia-backend.tst.jus.br/rest/documentos/1d420448bd1ab65e087be4232a312ef3>. Acesso em: 18 jun. 2022.

TST. RECURSO DE REVISTA: RR-11539-61.2018.5.15.0010. Relator: Ministro Augusto Cesar Leite de Carvalho. Julgado em: 02 jul. 2021. Disponível em: <https://jurisprudencia-backend.tst.jus.br/rest/documentos/7f03e600bd3199b887d8cf8eae937620>. Acesso em: 18 jun. 2022.

TST. SÚMULA nº 431. Disponível em: <https://www3.tst.jus.br/jurisprudencia/Sumulas_com_indice/Sumulas_Ind_401_450.html#SUM-431>. Acesso em: 18 jun. 2022.

Impressão e Acabamento:
EXPRESSÃO & ARTE
EDITORA E GRÁFICA
www.graficaexpressaoearte.com.br